陇上学人文存

LONGSHANG XUEREN WENCUN

陇上学人文存

潘　锋　卷

潘　锋 著　马继民 编选

甘肃人民出版社

甘肃·兰州

图书在版编目（CIP）数据

陇上学人文存. 潘锋卷 / 李兴文总主编；潘锋著；
马继民编选. -- 兰州：甘肃人民出版社，2024.9.
ISBN 978-7-226-06144-2

Ⅰ. C53；F0-53

中国国家版本馆CIP数据核字第202486582K号

责任编辑：王建华

封面设计：王林强

陇上学人文存·潘锋卷
LONGSHANG XUEREN WENCUN PAN FENG JUAN

李兴文　总主编

董积生　景志锋　副总主编

潘锋　著　马继民　编选

甘肃人民出版社出版发行

（730030　兰州市读者大道 568 号）

兰州新华印刷厂印刷

开本 890 毫米 × 1240 毫米　1/32　印张 11.5　插页 7　字数 300 千
2024 年 9 月第 1 版　2024 年 9 月第 1 次印刷
印数：1~1000

ISBN 978-7-226-06144-2　定价：60.00 元

（图书若有破损、缺页可随时与印厂联系）

《陇上学人文存》第十一辑

编辑委员会

总 序

陇者甘肃，历史悠久，文化醇厚。陇上学人，或生于斯长于斯的本地学者，或外来而其学术成就多产于甘肃者。学人是学术活动的主体，就《陇上学人文存》（以下简称《文存》）的选编范围而言，我们这里所说的学术主要指人文社会科学研究。《文存》精选中华人民共和国成立以来，甘肃人文社会科学领域成就卓著的专家学者的代表性著作，每人辑为一卷，或标时代之识，或为学问之精，或开风气之先，或补学科之白，均编者以为足以存当代而传后世之作。《文存》力求以此丛集荟萃的方式，全面立体地展示新中国为甘肃学术文化发展提供的良好环境和陇上学人不负新时代期望而为我国人文社会科学事业做出的新贡献，也力求呈现陇上学人所接续的先秦以来颇具地域特色的学根文脉。

陇原乃中华文明发祥地之一，人文学脉悠远隆盛，纯朴百姓崇文达理，文化氛围日渐浓厚，学术土壤积久而沃，在科学文化特别是人文学术领域的探索可远溯至伏羲时代，大地湾文化遗存、举世无双的甘肃彩陶、陇东早期周文化对农耕文明的贡献、秦先祖扫六合以统一中国，奠定了甘肃在中国文化史上始源性和奠基性的重要地位；汉唐盛世，甘肃作为中西交通的要道，内承中华主体文化熏陶，外接经中亚而来的异域文明，风云际会，相摩相荡，得天独厚而人才辈出，学术思想繁荣发达，为中华文明做出了重要贡献。

近代以来，甘肃相对于逐渐开放的东南沿海而言成为偏远之地，反而少受战乱影响，学术得以继续繁荣。抗日战争期间作为大后方，接纳了不少内地著名学府和学者，使陇上学术空前活跃。新中国成立之后，人文社会科学领域的专家学者更是为国家民族的新生而欢欣鼓舞，全力投入到祖国新的学术事业之中，取得了一大批重要的研究成果，涌现出众多知名专家，在历史、文献、文学、民族、考古、美学、宗教等领域的研究均居全国前列，影响广泛而深远。新中国成立之后，人文社会科学几次对当代学术具有重大影响的争鸣，不仅都有甘肃学者的声音，而且在美学三大学派（客观派、主观派、关系派）、史学"五朵金花"（史学在新中国成立之后重点研究的历史分期、土地制度史、农民战争史等五个方面的重点问题）等领域，陇上学人成为十分引人注目的代表性人物。改革开放以来，甘肃学者更是如鱼得水，继承并发扬了关陇学人既注重学理求索又崇尚经世致用的优良传统，形成了甘肃学者新的风范。宋代西北学者张载有言："为天地立心，为生民立命，为往圣继绝学，为万世开太平"，此乃中华学人贯通古今、一脉相承的文化使命，其本质正是发源于陇原的《易》之生生不已的刚健精神，《文存》乃此一精神在现代陇上得到了大力弘扬与传承的最佳证明。

《文存》启动于中华人民共和国成立六十周年之际，在选择入编对象时，我们首先注重了两个代表性：一是代表性的学者，二是代表性的成果，欲以此构成一部个案式的甘肃当代学术史，亦以此传先贤学术命脉，为后进立治学标杆。此议为我甘肃省社会科学院首倡，随之得到政界主要领导、学界精英与社会各界广泛认同与政府大力支持，此宏愿因此而得以付诸实施。

为保证选编的权威性，编委会专门成立了由十几位省内人文社会科学领域著名学者组成的专家指导委员会，并通过召开专题会议研讨、发放推荐表格和学术机构、个人举荐等多种方式确定入选者。为使读者对作者的学术成就、治学特色和重要贡献有比较准确和全面的了解，在出版社选配业务精良的责任编辑的同时，编委会为每一卷配备了一位学术编辑，负责选编并撰写前言。由于我院已经完成《甘肃省志·社会科学志》（古代至 1990 年卷，1990 至 2000 年卷）的编辑出版工作，为《文存》的选编提供了坚实的基础和基本依据，加之同行专家对这一时期甘肃人文社会科学发展的研究，使《文存》能够比较充分地反映同期内甘肃人文社会科学的基本状况。

《文存》自 2009 年启动，截至 2023 年，用 15 年时间编辑出版 10 辑共 100 卷，圆满完成了《文存》启动时制定的宏伟计划。如此长卷宏图实为中华人民共和国成立七十周年以来甘肃人文社会科学全部成果的一个缩影，亦为此期间甘肃人文社会科学学术业绩的一次全面检阅，堪作后辈学者学习先贤之范本，是陇上学人献给祖国母亲的一份厚礼。百卷巨著蔚为大观，《文存》和它所承载的学术精神必可存于当代，传之后世，陇上学人和学术亦可因此而无愧于我们所处的伟大时代，并有所报于生养我们的淳厚故土。有鉴于此，我们赓续前贤雅范，接续选编《文存》第十一辑，将《文存》编选工作延续下去，将陇上学人精神传承下去。

因我们眼界和学术水平的局限，选编过程中必定会出现未曾意料的问题，我们衷心期望读者能够及时教正，以使《文存》的后续选编工作日臻完善。

是为序。

李兴文

2024 年 9 月 19 日

目　录

编选前言

　　潘锋先生长期从事区域经济和决策咨询研究，研究重点和方向基本都是围绕甘肃经济社会发展的热点、难点问题展开的，其学术研究和著述涉及面宽泛，是甘肃省具有广泛影响的应用型社会经济研究专家。

　　潘锋（1954—），甘肃临洮人，中共党员。1982年毕业于兰州大学经济系政治经济学专业，先后在甘肃省商业厅研究室、甘肃省人民政府研究室、甘肃省纪律检查委员会、甘肃省政协科教文卫体委员会工作，曾任省政府研究室副主任、省纪委正厅级纪检监察专员、省委巡视组正厅级巡视专员、省政协科教文卫体委员会副主任。同时，还兼任甘肃省商业经济学会、市场营销协会、金融学会、陇台经贸文化交流协会等10多个社团组织的理事、副会长，兰州大学经管学院、兰州商学院经管学院、西北民族大学经管学院兼职教授、硕士研究生导师等职。

　　潘先生长期在甘肃省政府研究室工作，经历了从省政府办公厅研究室到省政府经济技术社会发展研究中心、省政府发展研究中心（省政府研究室）演变的全过程。在研究室工作期间，主要承担省政府领导讲话文稿的起草、调查研究和全省经济社会发展重大课题研究，积累了丰富的应用型研究成果，许多研究成果和观点都被省委、省政府采纳并转化为决策。潘先生在繁忙工作之余，利用便利条件开展研究，先后公开发表《走逆向式发展道路》《商业结构和产业政策实证分析》《创立适应商品经济发展要求的流通新格局》《甘肃财政：如何渡过难关》等论文 70 余篇；完成甘肃对外开放、劳动就业、建立敦煌旅游经济特区、小水电开发、全省投资环境、农村社会保障制度建设、粮食安全等省政府领导交办的重大调研任务 20 余项；牵头和参与研究室组织的甘肃产业政策研究、河西走廊小康工程实施方略、甘肃县域经济发展实证研究、甘肃财源建设实证研究、中小工业企业发展研究等课题研究 20 余项。参与和主持省内众多科研单位科研成果评审 100 多项，并多次担任评委。潘先生主编完成的《甘肃县域经济发展实证研究》一书，荣获甘肃省 2007 年度科技进步三等奖、国务院发展研究中心主持的中国发展研究奖三等奖、2008 年甘肃省社科三等奖、甘肃省第七届优秀图书出版奖；担任副主编的《河西走廊小康工程实施方略》，荣获 1996 年甘肃省科技进步三等奖；参与编写的《甘肃产业政策研究》，荣获 1990 年甘肃省科技进步三等奖；参与编写的《2000 年的甘肃》，荣获 1990 年甘肃省社科一等奖、甘肃省经济学会优秀成果特等奖；参与编写的《摆脱贫困之路探索》，荣获 1992 年甘肃省社科三等奖、甘肃省农业区划成果一等奖。

作为一名区域经济社会研究专家，潘先生是一个崇尚"唯实"，善于向实践学习的"学人"。他对甘肃省情有着深刻的了解，其学术研究和著述基本上都是围绕甘肃经济社会发展的热点、难点问题开展的，其中包括工业、农业、县域经济、科技、教育、文化、卫生、人口、对外开放、劳动就业、财政、商业流通、企业改革、新农村建设等诸多方面。潘先生不仅谙熟经济理论，也十分重视调查研究。大学毕业后，在长达几十年的工作时间里，他经常深入基层、工厂企业和农村社队开展实践调研，足迹踏遍了甘肃的每个地县，深入实际经济管理部门开展调查研究，特别关注宏观和微观经济数据的收集整理和分析。潘先生依据对甘肃经济存在问题的深入研究以及对工矿企业和农村长期的调研分析,站在经济学研究和改革开放的理论前沿,对全省的商品经济和市场经济体制、体制改革、财政建设、区域经济、社会发展等问题进行深入研究和理性思考,尤其对区域经济发展方面的研究独树一帜。正是基于长期的积累,使他在实际研究中,不仅能引经据典,更能引证大量的基础调查数据,对社会经济发展作出研判,为省政府决策提供富有见地的决策咨询意见。

20世纪70年代末到90年代,正是中国经济突破计划经济体制的束缚,逐步走向市场化的重要历史时期,也为经济理论研究者提供了广阔的舞台。这期间每一项改革措施和政策出台,都与经济学家的理论探索和建言献策密不可分。潘先生思想深邃、独立思考,他将经济理论与现实思考相结合,与时俱进地把握时代发展的进程和规律性,充分展现了一个经济学家的责任担当。

潘先生大学毕业后分配到甘肃省商业厅工作,当时正赶上轰轰烈烈的商业改革进入勃兴期。甘肃省商业体制改革中的两权分离,初创于80年代初,勃兴于80年代中期,经历了5年多的好几次反复,当时仍然方兴未艾。1987年,潘先生在深入思考的基础上,撰写了《怎样搞好租赁经营》(《商经学刊》1987年第4期)一文,发表在省内著名学术刊物上。他提出实行两权分离,除大中型企业实行承包经营,小型企业采取直接转为集体所有制、"国家所有、集体经营"和租赁经营等方式。这种改革,使生产关系和诸多经济关系得以调整。并提出了企业所有权与经营权分开的一系列具体措施,受到了省政府和经济界的高度重视,其中不少意见被采纳,为推进甘肃经济改革事业作出了应有的贡献。

随着全国商业零售业态的变化,为使自选市场这一新型商品销售模式能够迅速在甘肃发展起来,潘先生借鉴和总结发达地区的先进经验,撰写了《自选市场之我见》(《兰州经济研究》1987年第4期)

一文，提出自选市场要选择一种适宜自身发展的经营形式和管理方式，如承包经营责任制、资产经营责任制等，牢固确立其法人地位，摆脱传统体制的束缚和行政干预，增强企业活力和发展后劲，并从自选市场的经营方式、价格策略、个性服务等方面提出了甘肃发展自选市场的具体对策，为甘肃实现零售商业经营方式突破性改革作出了理论探索。

1988年1月25日，甘肃省委结合落实党的十三大精神，在全省范围内开展了生产力标准的大讨论，拉开了又一次思想大解放的序幕，形成了人人思议改革、踊跃参加改革、坚决支持改革的生动局面。这一时期，潘先生积极参与当时重要的经济理论和经济改革方面的探讨，多次参加国内关于经济改革和发展的重要研讨会。随着全省经济改革实践过程的迅速推进，他认为还需要在理论上、思想观念上进一步厘清思路。1988年潘先生撰写了《走逆向式发展道路》(《发展》1988年第2期)一文，对改革开放以来，甘肃经济发展的各种条件和流转程序变化进行了梳理。他认为要适应宏观经济结构性变革的趋势，确定今后甘肃经济发展的道路。大胆提出甘肃今后要走一条"以开放对开放，以开放促开发，依靠资源积累，加快经济发展"的逆向式发展道路，并建议将逆向式发展道路作为甘肃经济长期发展方式确定下来，这些研究成果为甘肃在不同阶段区域发展战略的制定提供了有益的借鉴。

进入省政府研究室工作后，潘先生的工作重点是承担每年全省的《政府工作报告》和省政府主要领导的讲话文稿起草，同时他对关乎全省经济社会发展的区域产业布局、经济结构调整、区域协同发展等重大问题和热点问题开展广泛而深入的研究。此时潘先生的研究视野已经不仅局限于商业领域，而是着眼于更高层次、更宽领域的全省经济社会发展问题，其学术研究重点转向应用研究与区域发展方面。

党的十五大,冲破了姓"公"姓"私"的束缚,进一步明确提出了建立社会主义市场经济体制的目标。市场经济,这个曾被视为洪水猛兽的字眼,一时间成了甘肃人使用频率最高的词汇。这一次思想大解放,推动着甘肃的改革开放和着全国的节拍,向着完善社会主义初级阶段的基本经济制度、建立社会主义市场经济体制的目标大踏步地前进。随着市场经济迅速发展,当时甘肃经济结构失调、市场不活跃、流通体制不适应生产发展的矛盾尤为突出,这就需要经济理论研究者对全省市场经济发展作出理性思考和实践探索。2002 年,潘先生撰写了《坚持在邓小平理论指导下前进——纪念邓小平同志视察南方谈话十周年》(《发展》2002 年第 5 期)一文,从理论高度再次提出,牢固确立邓小平理论的指导地位是新世纪改革开放取得胜利的根本保证。甘肃要加快建立社会主义市场经济体制步伐,必须要坚持"三个有利于"的根本标准,进一步增强改革开放意识,鼓励和引导非公有制经济快速健康发展。

针对当时生产资料价格双轨制、消费品市场疲软、菜篮子、企业经营机制不活等问题,潘先生在深入调研和思考的基础上,先后撰写了大量文章,相继在省内不同刊物上发表。如:《商业结构和产业政策的实证分析》(《商经学刊》1988 年第 3 期)、《创立适应商品经济发展要求的流通新格局》(《商经学刊》1989 年第 4 期)、《也谈转换企业经营机制》(《商经学刊》1992 年第 4 期)、《关于发展我省生产资料流通产业化的探讨》(《甘肃物情》1992 年第 4 期)、《进一步加快发展我省商业流通产业的几点思考》(《商经学刊》1994 年第 1 期) 等相关文章。在《创立适应商品经济发展要求的流通新格局》一文中,潘先生对甘肃商业流通结构转换中的流通现状进行了深入分析,提出必须尽快确立商业流通在甘肃国民经济发展中的战略地位,并为深化全省批发流通体制改革提供了思路和方向。在《也谈转换企业经营机制》一文中，他对当时甘肃国有企业的三项制度改革进行了探索，认为改革企业的人事、用工、分配三项制度是国有企业经营机制转换的关键，在国有企业中必须建立起干部能上能下、员工能进能出、收入能增能减的经营机制，为甘肃省全面深化国有企业改革提供了改革的目标和思路。这一系列有关市场经济发展研究的论述与观点，对当时全省市场经济体制改革实践产生了一定影响。

改革开放以来，甘肃从本省实际出发，从不同角度在不同时期提出了"一岸两翼""双带整推""再造河西""工业强省""中心带动、两翼齐飞、组团发展、整体推进""一核三带"等一系列区域发展战略。潘先生紧紧围绕全省区域发展战略，深入思考，广泛开展调查研究。先后撰写了一批文章，相继在不同刊物上发表。如：《关于建立敦煌旅游经济特区的调查与思考》(《经济动态与决策》1992年第56期)、《甘肃：跨世纪的发展战略》(《企业决策参考》1996年技改特刊)、《甘肃经济结构实证分析》(《发展》2001年第9期)、《基于SWOT分析的甘肃县域特色农业发展研究》(《开发研究》2007年第6期)等。

针对甘肃地处内陆、长期封闭、思想保守的实际，在如何解放思想、转变观念、进一步扩大对外开放方面，潘先生进行了深入研究与思考。在省内调研的同时，对新疆、内蒙古等内陆地区以及部分沿海开放地区进行学习考察，形成了《关于新疆对外开放的考察报告》(《经济动态与决策》1989年第19期)，提出了甘肃实施西进东挤战略，必须走甘新联合的路子，实行贸易联合、生产联合、科技联合、信息联合、资金联合、人才联合、劳务联合、运输联合、旅游联合、政策联合10个方面的联合，不仅向世人展示了甘肃对外开放的迫切要求和姿态，也给有关部门提供了具有可操作性的思路和对策建议。基于敦煌独特的文化资源禀赋及所处的地位，如何发挥敦煌在甘肃对外开放中的龙头作用,树立甘肃新形象,再造丝路辉煌,潘先生和他的同事们进行了深入的研究探索,在 90 年代初就提出了建立敦煌旅游经济特区的建议,在《关于建立敦煌旅游经济特区的调查与思考》一文中,提出要集全省之力,按照国际标准,把敦煌建成西部的经济中心,建成甘肃省改革开放效果最好、面积最大的经济区,建成连接亚欧大陆桥的桥头堡。2019 年,甘肃省作出了以敦煌为龙头,敦煌、瓜州、肃北、阿克塞一体化发展为核心,以河西走廊为脉络,以丝绸之路黄金段为拓展支撑,辐射到甘青、甘新等西北旅游大环线,按照"世界定位、国际标准"打造大敦煌文化旅游经济圈的重大决策,并出台了《大敦煌文化旅游经济圈发展规划(2019—2030 年)》。可以说潘先生针对敦煌旅游经济的前期研究成果,为后来省委、省政府作出打造大敦煌文化旅游经济圈的重大决策,提供了理论依据。

针对新时期甘肃区域发展战略,潘先生在《甘肃:跨世纪的发展战略》一文中,为甘肃今后 15 年特别是"九五"时期全省发展战略,从强化农业基础、促进农村经济全面发展、加快工业发展步伐、加强基础设施建设、大力发展第三产业、加强财源建设、努力增加财政收入、实施科教兴省战略、加快民族地区经济和社会协调发展各项社会事业等方面,提出了规划性的对策建议,为甘肃"九五"规划的制订提供了研究思路。

区域经济需要协调发展,但甘肃发展中区域发展不协调、不平衡、经济结构不合理的状况十分严重,县域经济就是一块明显的"短板"。针对这一问题,潘先生经过认真思考,提出在区域经济发展过程中解决"三不"的问题,一定要高度重视县域经济发展,把县域经济发展作为重要抓手。从 2001 年开始,他在全省选择了一些重点县域开展调研,从调查报告到决策咨询报告,从论文到专著,形成了《关于提升县域经济竞争力的几点思考》(《调研报告》2002年第4期)、《加快甘肃县域经济发展的战略思考》(《甘肃县域经济发展实证研究》，兰州大学出版社，2005年)等一批高质量的研究成果，其中一些重要研究思路和观点以专题报告的形式上报省委、省政府，得到了省委主要领导的高度重视。2005年召开全省县域经济发展工作专题会议，对加快甘肃县域经济发展作出了全面部署，并以省委的名义出台了33号文件，制定了相应的优惠政策，在全省选择了13个县进行试点，收到了良好的效果。3年试点结束后，潘先生又对试点情况进行了全面调研总结，提出了新的发展建议。潘先生针对县域经济的研究成果，在甘肃县域经济发展史上具有里程碑的作用。

2002年，甘肃省第十次党代会提出了"工业强省战略"。在此背景下，潘先生在广泛调研的基础上，开展了专题研究，形成了一批高质量的调研报告和论文。2006年，潘先生对全省培育品牌、实施名牌战略情况进行了调研，2007年撰写了《工业强省需要深入实施名牌战略》一文，对全省工业企业实施名牌战略的现状、问题和发展潜力进行了深入分析，提出推进名牌战略应结合工业强省战略中实施的三大结构调整工程，以技术创新为动力，以促进工业结构升级、提高市场竞争力为目标，对全省有色、冶金、石化、机械、电子、信息、生物医药、建材、农副产品加工等行业进行重点培育和发展，变资源优势为品牌优势，创立"甘肃名牌"，以名牌效应带动企业做大做强，这些前期研究成果，对甘肃名牌战略发展规划制定产生了积极的影响。

针对甘肃作为老工业基地，但工农业之间二元结构矛盾非常突出的问题，潘先生撰写了《工业怎样反哺农业》一文，提出要充分发挥甘肃大企业优势，为现代农业的发展提供资金、技术、人才支持，在延长产业链和产品扩散方面带动地方经济发展，以工促农、农工双赢。这些研究成果和观点对日后甘肃工业强省战略的深入推进和实施，产生了重大影响。

　　潘先生除了重点研究区域经济发展问题外，对全省其他社会经济发展中的热点和难点问题也比较关注。财政是国民经济的核心，是由政府在全社会范围内组织的集中性的经济活动。多年来，甘肃财政收支矛盾较为突出，平衡难度大，财税后劲不足，增长乏力，特别是地县财政普遍较为困难，成为制约甘肃经济发展和社会进步的一个突出问题。从 90 年代初期开始，潘先生就对甘肃财政建设问题展开了深入持久的研究。1994 年实行分税制改革后，甘肃财政工作遇到了新的挑战，如何破解难题，领导关心、群众关注、企业期盼。带着这一重大问题，潘先生联合各方开展了深入细致的调查研究，产生了一批重要研究成果，除提供政府领导决策参考外，还从不同角度先后撰写了一批文章，相继在省内不同刊物上发表。如：《甘肃财政：如何渡过难关》(《发展》1993 年第 12 期)、《甘肃财政困难的出路》(《发展》1994 年第 1 期)、《关于解决我省财政问题的若干研究》(《社科纵横》1994 年第 1 期)、《找准财源建设与经济发展的支点》(《发展》2005 年第 10 期)等。

　　在《甘肃财政：如何渡过难关》一文中，他提出为了尽快扭转财政困难，适应新的财税体制的需要，实施"财政渡关工程"，实行增产增收、调整产品结构、压缩不合理开支、节能降耗、保吃饭保重点、清理债务的"增、调、压、节、保、清"行动。针对甘肃财源建设比较滞后的问题，对甘肃财源建设进行了深入调查研究和实证分析，对甘肃财政收入情况进行纵向分析和横向比较，为今后开启财政收入的源头活水提供实证依据。在《找准财源建设与经济发展的支点》一文中，提出了今后一段时期内甘肃财源建设的基本思路，即建立以中央"两税"为主的基础财源，以地方工业和农村支柱产业为主的主导财源，以非公有制经济和第三产业为补充的新型财源，以资源开发和加工增值等新经济增长点为后续财源的稳定、高效、协调配套的梯级财源体系。潘先生有关财政问题研究的一系列政策建议，对于当前甘肃财源建设仍然具有现实的借鉴和指导意义。

建设社会主义新农村，是中央针对我国经济社会发展所处的历史阶段提出的一个重大历史任务。甘肃作为经济欠发达省份，自然条件严酷，农业基础较差，经济社会发展相对滞后，城乡差距不断拉大，同新农村建设的要求相比还有很大的差距，"三农"问题仍然是方方面面关注的大问题。针对这一重大问题，潘先生认为有必要从科学发展观的视角来审视今后相当长一个时期甘肃农业发展究竟应该走什么样的路子。对此他做了大量的调查研究，并在不同刊物先后发表了《对贫困地区农村社会保障制度建设的调研与思考》(《调研报告》2005 年第 12 期)、《新农村建设生产发展是基础》(《甘肃经济与信息》2006 年第 5、第 6 期)、《不同地区失地农民社会保障探析及政策建议——以甘肃省为例》(《发展》2006 年第 6 期)、《甘肃新农村建设中农村文化问题研究》(《现代农业研究》2008 年第 7 期)等文章和调研报告。从产业发展、文化建设、劳动就业、社会保障等多方面提出了一系列促进全省新农村建设的创新性政策建议。特别是在《新农村建设生产发展是基础》一文中，提出了政策惠农、产业强农、工业哺农、流通活农、劳务富农、科技兴农、金融支农、城镇带农、扶贫济农、改革利农 10 个方面的对策建议，引起了省政府领导的高度重视。

劳动就业这一社会普遍关注的突出问题是潘先生长期研究关注的另外一个重点。早在 1990 年他就开始对靖远矿务局、阿干煤矿、窑街矿务局、连城铝厂、连城电厂、兰州炭素厂、窑街水泥厂、西北铁合金厂等一批国有企业子女的就业问题开展了实地调查。依据调查结果，潘先生深入分析了造成就业难的原因，认为由于甘肃重化工业结构特征明显，致使能够吸收大量劳动力的劳动密集型轻工业长期以来发展缓慢，就业渠道受到限制，增加了劳动就业的难度。针对劳动就业形势比较严峻的现状，提出了解决劳动就业问题的若干建议。并将此研究成果形成《关于当前劳动就业问题的调查》调研报告，刊发在《经济动态与决策》（1990 年第 29 期）上，引起了省上决策层的重视，部分建议得到采纳，为全省制订促进城镇劳动就业政策提供了依据。

面对当时农村富余劳动力日益增长、就业形势严峻的问题，潘先生把研究目光投向了农村富余劳动力就业问题上，提出了发展非正规就业缓解农村富余劳动力就业压力的观点。他认为解决农村贫困问题，除了要健全养老保险和社会救济制度外，根本出路在于提高农村富余劳动力的就业水平，而非正规就业就是解决这一问题的重要举措之一。当时全省正处在计划经济体制向社会主义市场经济体制转轨过程中，潘先生的这一观点具有理论创新性。2006 年潘先生将这一方面的研究成果总结提炼，撰写成论文《发展非正规就业实现农村富余劳动力的有效转移》刊发在《西部论丛》（2006 年第 7 期）上。

2008 年 5 月，因职务变动，潘先生调离了工作 20 年的省政府研究室，进入省纪委工作，2014 年又调到省政协科教文卫体委员会工作。到省政协工作后，潘先生笔耕不辍，继续发挥调查研究特长，先后参加了省政协安排的实施创新驱动发展战略、高校科技成果转化、甘肃省世界文化遗产保护和利用情况、关于甘肃省贯彻落实《全民健身条例》情况、县域经济发展等调研，并撰写了多篇调研报告。

2018 年退休后，潘先生继续发挥余热，受邀参加省政协科教文卫体委员会组织的实施创新驱动发展战略、发挥科技引领作用和关于甘肃省医疗卫生人才队伍现状调研，并负责调研报告的撰写，2019 年被省政协聘请编纂《人文甘肃》丛书。多次受邀到各大专院校、企事业单位做甘肃经济形势、甘肃发展战略、西部大开发、县域经济发展、企业改革与发展、党的十七大以来反腐倡廉建设理论与实践等方面的报告。多年来受聘担任甘肃省科技成果评审委员会委员并担任软科学组组长、监督组组长；兰州市科技局科技成果评审专家、甘肃省科学技术情报所科技成果评审专家；中国发展研究奖评审专家。多次受邀参加省内大专院校和科研单位的课题研究和科研成果评审，参加和主持了省内100多项科研成果评审。

追溯潘锋先生的学术研究道路，有这样的鲜明特点：虚实相结合、理论研究和实证分析相结合、调查研究和理性思考相结合、现实需要和前瞻性研究相结合。潘先生的研究立足于为领导决策提供依据，发挥决策咨询和参谋助手作用，在做好本职工作的同时，勤于思考，通过撰写论文进行理论思考。他还注重发挥外脑的作用，充分利用省内科研院所和高校经管院长联谊会的平台，和省内诸多从事经济研究和教学工作的专家教授建立广泛的联系，开展经常性的学术交流、课题研究和科研成果评审，吸取他们的智慧和才能，不断充实自己的思想，启发工作思路。

潘先生的研究领域、学术追求以及科研活动都与甘肃改革开放和社会经济发展息息相关。潘先生在研究中注重学以致用，深入甘肃社会经济生活中获取实实在在的调研资料，把推动甘肃跨越发展作为研究的出发点和目标，他的贡献不仅在于对经济学理论的探索，更在于对甘肃经济社会发展实践的影响。从潘先生20世纪80年代初的学术生涯出发，可以勾勒出甘肃经济市场化改革的方向和区域发展战略的演进历程。由于篇幅所限，这里难以对潘先生研究生涯中取得的诸多重要成果一一详加介绍。本论文集也只限于潘先生公开发表的诸多文章中精选收录了若干篇，但这些研究成果能在一定程度上反映潘先生不同时期的研究重点和方向，希望能够为读者深入了解甘肃经济社会改革发展的历程和演进提供一些助益。

　　潘先生学风严谨、朴实无华、认真求实、注重创新,善于在实践中形成、发展和坚持正确的观点。注重从实际出发,力求每一观点都建立在实实在在的调研基础之上。他始终把理论与实际密切联系在一起,在实践中不断深化理论研究,使理论切实地促进实际工作。潘先生留给后辈的不仅是对甘肃经济社会发展理论和实践方面的贡献,更在于他那份独立思考、不断创新、笔耕不辍的知识分子风骨,堪称后辈学人的楷模。

马继民

2024 年 3 月

政治经济学研究

怎样搞好租赁经营

在社会主义条件下，建立在生产资料公有制基础上的所有权和经营权的适当分离，是生产关系一定要适合生产力性质的规律的具体表现，是现阶段社会主义生产关系的内在要求，也是深化企业改革的重要内容和搞活企业的有效途径。六届全国人大五次会议的《政府工作报告》中强调指出，为了进一步深化企业改革，要把改革的重点放到完善企业的经营机制上，积极探索企业所有权与经营权分开的多种有效形式。

改革的实践，充分说明了在社会主义公有制条件下，把生产资料所有权同经营权分开，不仅具有理论上的客观性，而且具有实践上的必然性。这非但同我们实现共产主义大目标毫不矛盾，而且恰恰是我们跨入共产主义社会所必然经过的一个重要台阶，它只是社会主义商品经济发展到一定历史阶段的产物，而两权最终走向高度结合则是将来发展的必然趋势。从目前看，两权分离已出现了多种形式，如租赁经营制、承包经营制、股份经营制、资产经营责任制等等，这些形式既在不同程度上体现了两权分离的原则，又具有各自不同的特点，在不同情况下发挥着各自的作用，在实践中逐步被人们所认识和接受，并且鼓舞着人们去创造、去探索。虽然这些都还不是一种固定的模式，还不是规范化的改革，但在目前来说，毕竟都是比较有效的改革方式。

回顾改革的历程，我们走过了一条符合客观经济规律要求却不平坦的道路。甘肃省商业体制改革中的两权分离,初创于 80 年代初,勃兴于 80 年代中期,经历了 5 年多的好几次反复,至今方兴未艾。开始时借鉴和引进了农村改革的成功经验,请老"包"进城,在所有商业企业全面推行承包经营,一炮打响,初战告捷。据对兰州市 124 户承包企业的调查统计,1983 年一季度与上年同期相比,商品纯销售增长 10.88%,实现利润增长 42.44%,缴库利润增长 37.1%,企业留成和职工个人收入也有较大增长。但这种改革还只是单纯借鉴农村成功改革的经验,鸿蒙初辟,在企业外部机制都不完善的情况下进行的,还未上升到两权分离的理论高度。因此,时隔不久,就由于传统体制的抵制和人们的非议而夭折了。到了 1984 年下半年,随着开放搞活政策的进一步落实,经济体制改革也逐渐向深度和广度发展。《中共中央关于经济体制改革的决定》明确指出:"根据马克思主义的理论和社会主义的实践,所有权和经营权是可以适当分开的。"在中央的号令下,开始了全国范围两权分离的改革实践,这就从理论上和政策上为改革指明了方向。

商业改革又是一马当先。特别是小型商业企业,按照国务院 (1984)92 号文件规定,推行了三种形式的改革。除直接转为集体所有制这种形式外,"国家所有、集体经营"和租赁经营都是在两权分离的原则下进行的,都是对传统体制的一种突破,并且收到了很好的效果。但是,这种改革形式仍然是很不完善的,在很大程度上受着内外部机制的制约。如政企分开不彻底,外部改革不配套,法人地位不巩固,内部吃"大锅饭"的状况仍未改变,还有许多具体政策仍未落实等等。众多的原因,致使改革又陷入了迷惘之中。许多已经实行了各种形式改革的企业,又想退回到国营的老路上来。兰州市商业系统 1984 年年底实行租赁的企业达到 96 户,到 1985 年年底只剩下 15 户。面对复杂的现实,为什么一种卓有成效的改革总是虎头蛇尾、有始无终呢?究竟是什么因素在从中作梗呢？经过反复的思考和实践，人们逐渐从纷繁复杂的现象中看清了一个东西，终于悟出了其中的真谛：摆脱传统体制的束缚，走两权分离的道路。一个企业的改革成功与否，取决于是否取得了真正的法人资格，具有确切的法人地位，排除了来自各方面法外特权的干扰；是否切实实行了政企职责分开，恢复了企业独立自主的商品生产者或经营者的本来面目；是否采取了符合商品经济发展规律、摆脱行政附庸的改革形式。总结了经验教训，权衡了得失，上上下下又出现了一片租赁声，并且租赁经营在新的层次上被赋予了新的内容，被发掘出了新的威力，从 1986 年 9 月份起又出现了新的高潮。兰州市商业系统的租赁企业由 1985 年年底的 15 户迅速发展到 1987 年年初的 186 户，这些企业同租赁前相比，营业额增长 20%~30%，利润增长了 15%~20%，职工收入增加了 20%~25%。这一时期的租赁同过去相比，体现了新的特色：一是租赁有了法律保障，租赁合同都经过了社会公证，具有法律效力；二是有了政策保障，党政部门和有关部门联合协商，制定了实行租赁经营的试行办法，较好地解决了租赁经营中的有关政策问题；三是强化了承租方的经济责任，要求承租方实行经济担保；四是合同规定租赁期间新增固定资产归承租方集体或个人所有，把承租方的利益同企业发展的前途联结在一起，从而给企业注入了活力，增强和积蓄了发展后劲；五是承租方有权按照按劳分配原则，从本企业实际出发确定符合本企业特点的内部分配办法，调动了承租方和职工的积极性；六是通过招标形式选拔能人，打破了干部终身制，实行了名副其实的经理负责制，促进了企业领导体制的改革，也有助于进一步推动政治体制和干部管理体制的改革。

这一轮改革的实践证明，走两权分离的路子，是符合我国国情和商品经济发展实际的。两权分离、租赁经营的最大好处就是把企业的命运直接交给了经营者，而经营者又直接承担着企业的风险，使经营者的责、权、利得到集中统一。

发展社会主义有计划的商品经济，离不开一个坚实的基础，这个基础就是企业，就是众多充满了生机和活力的企业。实行所有权和经营权适当分离，为企业切实具有自主性、相对独立地从事商品生产和商品经营活动创造了重要前提，有了真正的商品生产者和经营者，才谈得上发展有计划的商品经济。

实行两权分离，租赁经营，解决了一些在现行体制下很难解决的问题，在增强企业活力、促进企业发展方面显示出了它的优越性，其意义不亚于三大改造，同时对整个经济体制改革打开了新的缺口，它所产生的冲击波，对正在改革中的城市商业体制产生了新的强有力的振动。首先，中心商店首当其冲，明显地表现为一个"多余的层次"，面临着解体或撤、并、转；其次，商业行政管理部门和行业管理机构被迫转变职能，改进作风，向宏观指导、经营服务和管理服务转轨；第三，与商业有关的一些部门，也在调整和制订新的适应商业改革和发展的政策和策略，加快了本部门杠杆机制的改革；第四，一些旧的不合时宜的制度章程，条条框框也在进一步更新和充实新的内容。总之，小型企业租赁经营的能量是不可低估的，它对于整个城市经济体制来说，不失为一剂破旧建新的良药。

恩格斯曾经说过："由劳动人民实际占有一切劳动工具，无论如何都不排除承租方和出租的保存。"(《马克思恩格斯选集》第 2 卷 545 页)列宁在十月革命胜利后，也曾把租让制作为实施新经济政策的重要方式而加以推行。这都从理论和实践上充分说明，在公有制的框架内，两权分离和租赁经营是调整生产经营方式的好形式，切断了企业吃国家大锅饭的脐带，增强了企业的自主行为，具有很强的、现实的可行性。

反思之余，我们清楚地看到，两权分离、租赁经营，使生产关系的变革和诸多经济关系得以调整,除了要在理论上、思想观念上进一步有所突破外,还要在实际工作中不断完善和提高。展望下一步,在具体实施过程中,还需要解决好以下几个具体问题。

一、要有明白人当家

企业一旦确定了租赁形式,首要的一条就是要选好承租人。这不仅关系着企业经营的好坏和职工的切身利益,也是租赁成败的关键所在。在实际生活中,由于承租人懂经营、善管理、作风正派而企业起死回生、效益翻番的典型是很多的。相反由于承租人确定不当使企业穷困潦倒、江河日下的也不乏其例。因此,再好的经营方式,如果没有一个能人当家也会把事情办坏。承租人应既是锐意推行改革的开拓者,又是一个脚踏实地的实干家。应当承认,旧的体制和官僚主义埋没了不少人才,许多有才能的人在国营企业中默默无闻,而在实行承包、租赁后却脱颖而出,大展抱负。但是,选择承租人一定要采取招标的方式,为众多的有志之人创造一个均等的机会和条件,开展竞争,有利于选贤任能,疏通"才"路。

二、要取得各级党政的支持和有关部门的配合,
这也是关系改革成败的重要前提

凡是党政以及有关部门支持的地方,改革就顺利,就发展。反之,则停滞,就失败。各级党政的支持,主要应该体现在方针政策上,一是政策要体现改革的要求,为改革开绿灯;二是政策要具有相对稳定性,不能朝令夕改。现在企业最担心的就是政策缺乏稳定性和连续性。一项好的政策出台不容易,要真正落实好更不容易。要保持政策的可行性和稳定性,不能使企业产生跟不上政策变化的疲惫之感。有关经济杠杆部门要努力当好同盟军,要进入改革角色,不能光看戏、

评戏,更不能从维护部门利益的立场出发与改革唱对台戏。要积极主动地支持改革,制订出切实可行的有利于改革的政策,随时解决改革中出现的问题,保证改革健康有序地顺利向前发展。

三、租赁经营要取得切实的法律保障,
将承租者的权利和义务用法律的形式确定下来

以往的承包、租赁,都是企业同主管部门签订合同,这种做法缺乏法律依据,一旦政策有变化,合同也就自行解除。同时强化了主管部门对企业任加干涉的随意性,不利于政企分开,一旦发生问题,出面解决的还是主管部门,而企业则告诉无门。因此,实行租赁,合同必须经过社会公证,使承租人取得法人资格,企业也不再是行政部门的附属物,一切都按照法律程序办,以法律为准绳来解决出现的问题,而不受来自任何一方不公正的干涉,从而强化企业的法人地位。除此之外,租赁企业还应该处理好以下几方面的关系。

(一)处理好国家与企业的关系

两权分离,解决了企业不再吃国家大锅饭的问题,国家对租赁企业依照合同实行宏观指导和监督,企业要在不违反合同和国家各项法纪政令的前提下,自主进行一切有利于搞活经济和企业发展的经营活动,政治上坚持四项基本原则,经济上履行向国家缴纳各项税赋和租金以及社会统筹义务。行政依附关系改变了,但企业对国家和社会的义务还要承担,兼顾国家、企业、个人三者利益的原则仍要坚持,不能置国家利益而不顾来谋取企业利益。

(二)处理好承租者同企业职工的关系

租赁企业的承租人,是企业的法人代表和经营管理的责任人,他既不同于受命于上级部门的经理或厂长,也不是由职工民主选举产

生的代表职工利益的负责人。他从承租的那一天起，就把自己的经济利益同企业的命运融结在一起，休戚相关，荣辱与共。虽然承租人对企业的经营管理拥有全权，但企业经济效益的实现要依靠全体职工的共同努力，客观上就需要正确地处理好承租人与职工的关系。最基本的一点需要明确，承租人和职工之间绝不是雇主和雇工的关系，而是在同一所有制基础上，在特定的经营方式中结成的新型的社会主义同志关系，承租人和职工仍然都是国家的主人，是企业的主人，这一基本的性质并没有因为经营方式的变化而改变。因此，本着三者利益共同提高的原则，承租人必须尊重职工的劳动，尊重职工的主人翁地位和首创精神，关心职工的工作学习、家庭生活、子女就业等有关切身利益的问题，团结互助，齐心协力把企业的事情办好。切不可以"老板"自居，凌驾于职工之上，把职工当作自己谋取私利的"伙计"来驱使，伤害职工的感情和利益。租赁企业的职工同样要尊重和服从租赁人的正确领导和决策，尊重和发挥自己的主人翁地位和作用，监督企业的经营活动，勇于抵制企业经营活动中出现的各种不正之风。切不可自卑为"奴"，忽视了自己的地位，成了光知道干活拿钱的"雇工"。

（三）处理好企业短期行为与长期发展的关系，也就是眼前利益与长远利益的关系

租赁经营是两权定期分离的一种经营方式，一般的租赁期限都是一至三年。合同规定的也只是承租方的短期行为目标，再加上怕政策多变，承租者在租赁期间只考虑短期目标的实现，没有长期打算，缺乏对企业发展的长远规划。这是伴随着两权分离的租赁形式而产生的难以克服的顽症。解决的办法是适当延长租赁期限，把租赁期限的长短作为制约承租人行为的一种手段。还可在合同条款中进一步明确承租者的经济责任，明确规定企业留利中公积金、公益金的合理

比例,在保证承租者和职工收益增加的同时,不断增加企业的投入,积蓄发展后劲,促进企业扩大经营,也可为下一租赁期的承租者创造条件。同时从政策上解除承租者的顾虑,鼓励承租者把自己收益的盈余向企业投资,壮大企业的实力。对新添置固定资产和其他设施,在租赁期满后可折价给承租人,也可以折为股份入股。总之,要把企业的长期发展目标同企业眼前利益结合在一起,绝不能只顾眼前,不顾长远;只顾自己,不顾别人。

(《商经学刊》1987年第4期)

自选市场之我见

自选市场(国外叫超级市场)之所以被誉为商业零售业发展史上的第二次革命,有其历史必然性。首先,社会生产力和科学技术的日益发达,为消费者自由选购商品提供了可能。其次,生活水平的提高,消费心理、消费习惯、消费结构的变化,使消费者产生了自由选购商品的愿望。第三,由于现代生活节奏明显加快,人们用于购物和加工食品的时间相对减少,自选市场为此提供了便利。据测算,顾客在自选市场购买商品所花费的时间只相当于传统商店的五分之一。第四,商业自身发展的需要。同传统商店相比,自选市场的经营品种、商品陈列面积、经营效果均可增加或提高三分之一左右,而营业人员则减少三分之一左右,有利于改善经营,提高经济效益。

自选市场这一新型商品销售形式始创于发达的资本主义国家,在我国则是近几年才出现的。从形式看,大多分布在副食品和百货行业,其中又以副食品居多。从经营情况看,大部分都办得比较好。有关资料表明,全国 27 个省、市、自治区的 145 家自选市场中,有 97 家的营业额、利润额、人均劳效均比过去有明显增加。兰州市定西路百货自选市场和南昌路自选市场,开业一年多,经营品种分别由 500 多种、100 多种增加到 1300 多种和 600 多种;销售分别是 300 多万元和 100 多万元,增加 30% 以上;利润也有较大增长,副食商场开业前年亏损 1 万多元,现已盈利 2 万多元;社会效益也很明显,副食商场先后收到顾客意见近百条,绝大多数是对"哑巴商店"这一新的商业形式的赞扬。

对我国的自选市场，既要看到它同传统商店相比而显示出的优越性，又要看到它毕竟还是新兴之事，尚处在试办阶段，还不能同国外的超级市场相提并论。据笔者调查，目前普遍存在的问题主要是人员多、费用高、货不全、价格贵，顾客需要的商品或买不起，或买不到。据统计，定西路自选市场一次客流量 3900 多人，而真正购买商品的只有 496 人，只占 12.7%。商品丢失、损坏金额占销售额的万分之十八，比封闭式柜台售货规定的万分之三高出五倍多。天水市百货自选市场费用比全公司平均水平高出 2.12%。

1984 年，商业部刘毅部长在全国科技会议上的讲话中指出："建立有中国特色的自选市场，是实现零售商业经营方式改革的一个突破。在目前，部分商品供求不适应的情况下，自选市场通过排选、加工包装，利用价值规律实行优质优价，既可以满足消费者的不同需要，又可以促进商品加工、贮存、包装技术的发展，还会带来商业经营好，高效率，高质量。"这就要求我们开办自选市场不光要以优取胜，更重要的是以廉取胜，以全取胜，既要经营好高档优质商品，实行优质优价，还要经营好与群众生活相关的大路商品，实行薄利多销。要敢于正视市场开放和万商竞争的现实，充分发挥自身的优势，参与竞争，力求发展。在国外，超级市场以价廉物美在商战中取胜，已成为公开的秘密。我国发展自选市场的当务之急应当是扬己之长——购物方便，避己之短——价格贵、费用高、经营范围小，具体要做到以下几点：

——自选市场实行"两权"分离，改革经营管理体制。根据所有权和经营权适当分离的原则，自选市场也要选择一种适宜自身发展的经营形式和管理方式，如承包经营责任制、资产经营责任制等，恢复企业相对独立的商品经营者的本来面目，牢固确立其法人地位，摆脱传统体制的束缚和行政干预，增强企业活力和发展后劲。

——经营的商品要求全、求新、求好。自选市场有货可选,这是最起码的要求。自选市场在拓宽进货渠道、组织适销对路商品、开展多种经营的过程中,尤其要注意同生产厂家建立牢固的商品购销关系,不仅能在商品的数量、规格、品质、花色上优先供应,也可把商品的加工、包装实现在生产环节,既可以保护商品的使用价值,提高商品的可食率和利用率,又能降低经营费用,提高企业的经济效益。

——经营方式要灵活多样。根据企业的实际,采取多种销售形式,既开展零售业务,也开展批发业务;既坐店经营,也可预约供货,上门服务。尽量把生意做大做活,增强自选市场的吸引力和辐射力。内部管理上不能再按老规矩办事,要明确各个经营环节、各个部组的责权利,消除各种掣肘、扯皮,用科学的、规范的管理来加速商品周转,提高效益。

——价格上要求活、求廉,适应不同层次消费者的需要。国外超级市场以廉见长,是因为它有丰富的社会财富作为基础。我国限于目前的生产力水平,一时还不可能提供大量的廉价商品,这就要求自选市场一定要改善经营管理、降低费用、增强企业自身消化能力。目前大部分日用小商品和副食品价格都已放开,自选市场要大胆地运用价格杠杆,制定出一套适用于自身实际的作价办法,对高档耐用商品实行优质优价;对一般大路商品实行时令差价、花色差价、品质差价等;批发环节还可实行批量作价。总之,要采取各种有效手段,发挥价廉自选的优势,薄利多销。

——开展文明经商,优质服务。传统商店采用的是封闭式的售货方式,顾客购买商品是以售货员为媒介实现的,因此,经常发生顾客和售货员之间的矛盾和冲突。自选市场实行开架售货,避免了售货员同顾客之间的直接冲突,但这并不意味着售货员对顾客的服务职能减弱了,相反的是强化了,服务的标准更高了,更规范了。因此,要培养和提高售货员的素质和服务艺术,把热情、礼貌、周到作为商业劳动所要遵循的神圣信条。同时,在新的经营环境里不断创新进取,努力摸索一套适用于自选市场特点的服务规范和程序,更好地为消费者服务,满足其各种消费需要。

(《兰州经济研究》1987 年第 4 期)

走逆向式发展道路

改革开放以来，甘肃经济发展的各种条件和流转程序都发生了变化，要求我们从眼前那些纷繁复杂的短期问题中摆脱出来，认真地考虑更深远、更广泛的长期问题。在这里，最为突出的是，适应宏观经济结构性变革的趋势，确定今后甘肃经济发展的道路，因为它涉及经济、科技、社会长期发展方式的选择。

在世界经济发展中，产业结构的演进大致有两种序列。一种是先从农业入手，使农业得到充分发展，并能提供相当的积累，在农业劳动生产率不断提高的基础上，使相当大的一部分农业劳动力从土地中分离出来，推动产业结构进入以轻工业为主导产业的发展阶段。随着轻工业的不断扩充和发展，一方面从需求的角度为重工业的发展准备充分的市场条件，另一方面从供给的角度为其发展创造积累，提供投入条件。从而使整个产业结构向以重工业和第三产业为主导产业的阶段演进，即所谓产业结构高级化。这是大多数工业国家和新兴工业化国家及地区走过和正在走着的发展道路，我国沿海地区的产业结构也是沿着这个序列演进的。外向型发展战略就是在沿海产业结构高级化过程中，为了解决发展重工业和转移农业劳动力争资金的矛盾，沟通重工业与农业的循环关系而提出来的。另一种是先从资源开发入手，发展以能源、原材料工业为主导产业的重工业，以此为依托向两头延伸，一头发展高技术产业，一头发展加工工业和轻工业，进而带动包括农业在内的整个经济发展。这就是逆向式发展道路。逆向式发展道路，是世界性工业革命的一种特殊形式，它是由特殊的政治原因、历史原因和独特的资源约束条件所决定的。世界上许多国家和地区，都是立足于自己的资源，确定自己的发展方式的。在农业生产基础薄弱、靠天吃饭，而工业资源却又很丰富的地方，首先从资源开发突破，逆向发展，确实不失为一种最佳选择。甘肃几十年来取得的建设成就和走过的发展道路也充分证实了这一点。

一

由于特殊的历史原因和独特的资源条件，甘肃的经济建设，几十年来走了一条符合省情，服务全局，同本省的生产力状况相适应的逆向式发展道路。

中华人民共和国成立后，面对帝国主义反动势力的政治扼杀和经济封锁，共和国急需建立自己的工业基础，建立赖以支撑整个国民经济发展的原材料工业，甘肃的地理环境和自然资源正好适应了这种需求。从自然资源看，甘肃拥有丰富的矿藏，矿冶开发具有得天独厚的条件。国家依托当时我国最大的油田——玉门油矿，在兰州建成了兰州炼油厂、兰化公司、兰州石油机械厂；依托白银铜矿，建起了白银有色金属公司；依托金川镍矿，建起了金川公司；依托丰富的水能资源，建起了刘家峡、盐锅峡、八盘峡水电站；依托丰富的非金属矿，建起了永登、武山水泥厂和兰州平板玻璃厂；依托丰富的皮毛资源，建起了全国最大的毛纺工业基地；依托强大的电能，建起了兰铝、连铝、西北铁合金厂、兰州炭素厂等大型高耗能工业体系。从地理环境看，甘肃地处内陆腹地，是建立后方工业基地的理想地带，一大批军工企业就是因此而建立在甘肃境内的，成为甘肃工业的有机组成部分。因此，从中华人民共和国成立之初开始，甘肃就沿着逆向式发展道路发展经济，这同甘肃的自然条件、矿产资源以及国家的宏观经济布局是适应的,是符合客观经济规律的。

从宏观生产力布局的角度看,为了扭转旧中国留下的严重畸形状况,适应政治、经济的需要,国家依靠中央政府行政力量的推动,在经济建设上实行了几次大的向西转移。第一次是"一五"时期重点布项,国家在甘肃摆了 16 个项目;第二次是"三线"建设,建立了一批军工企业;第三次是东部沿海地区的部分企业向西迁移。这三次转移都从客观上强化了西部的工业基础,为西部工业的发展创造了条件。但这几次转移的出发点和效果都不同,"一五"时期的转移基本上是符合客观经济规律的,为今后相当长的时期内继续实行逆向式发展奠定了基础。而后几次转移主要是从军事备战的需要出发,虽然为以后形成高技术产业群创造了条件,但一开始就同地方经济、农村经济双轨运行,没有融合起来。

从技术经济角度看,甘肃的产业结构也不具备正向演进的条件。正向演进的主要条件和重要前提,就是以农业的充分发展支撑轻工业的发展,一方面是发达的农业能够为其提供源源不断的原材料和积累,另一方面是轻工业在自身发展的同时,能够拿出一部分积累去开拓和发展非农业原材料基地,进而推动重工业的发展,把两大部类有机地结合起来。对于甘肃来说,这两个条件都不具备。农业由于受自然地理、耕地面积、海拔高度、无霜期短、降雨量少等原因的制约,基本上维持在简单再生产的水平上,其生产力水平只能同广大农村人口自然增长本身相适应。多年来社会各方对粮食的需求始终坚挺不弱,粮食问题一直是困扰经济发展的主要制约因素,不可能腾出大量的耕地去发展经济作物,为轻工业的发展提供大量的、源源不断的原料。但是轻工业本身的发展对农产品的需求却呈刚性增长,随着市场进一步放开,在农副产品方面的竞争日趋激烈,羊毛、兔毛、甜菜、药材等"战事"连年不断,农业与轻工业之间的有机联系被一种扭曲的状态所代替。这就决定了甘肃经济发展所需要的积累依靠自身只能是一个微小的系数,重工业不可能在农业、轻工业正向演进中发展起来,而只能依靠来自中央或部门的由外向内的投资积累,以"注入"的形式镶嵌在甘肃这块经济板块中,使外部启动成为甘肃重工业发展的重要动因。

二

逆向式发展方式,拉开了甘肃工业化的序幕。经过三十多年建设,沿着这条道路,甘肃建成了以能源工业为支撑、以原材料工业为主体、以大中型企业为骨干的工业体系。在工农业总产值中,工业产值占到75%,而工业产值中70%又是重工业提供的,显示出重工业比较发达的特征。但从就业构成看,农村劳动力占社会劳动力的71%,又显示出低收入经济的特征。重工业没有把轻工业带起来,工业没有把农业带起来。根本的原因,不在于选择了逆向式发展方式,而在于产品经济模式割断了逆向传递渠道,在农业、轻工业、重工业之间人为造成了裂谷,重工业自我服务,轻工业自我奋斗,农业自我循环,形成了"三张皮"。可以说,逆向式发展,使甘肃找准了在全国经济大系统中的位置,但旧体制又使得甘肃经济难以迅速就位;逆向式发展方式启动了甘肃工业化的进程,但旧体制又使得这种发展只能产生二元结构的结局。

在旧体制下,重工业的发展主要采取"注入"式的积累方式。从中央政府的行为来看,这样做是合理的,是符合宏观经济发展要求的。因为,中央依靠行政手段向甘肃投资,其着眼点就是要以甘肃的原材料与东部的加工工业相配套。但从地方经济发展来看,这种状况却造成了地方经济实力外泄,使本身的发展难以为继,造成了轻工业与重工业之间缺乏相应的配套和协作,重工业同农业更是相距甚远。

轻工业缺乏充分发育的条件,举步维艰,长期自我苦争,投入不足,生产所需要的原材料大部分由省外调入,而由本省重工业提供的原材料却寥寥无几。总是在农业、重工业之间的断裂带上摇摆,两头都靠不实。

重工业的充分发育不断靠"注入",沿着"条条"轨迹运行,形成"注入漏出"型的"闭路循环"。经济协作的链条基本上甩在省外,90%的原材料产品被国家指令性计划调往省外,难以同地方经济相融合,明显地表现为资源"漏斗"、价格"漏斗"和利益"漏斗"。不仅如此,重工业所需的劳动力也明显地表现出"注入"式的特征,资源开发并没有同当地的劳动力资源结合起来。轻工业中的主导产业,如毛纺工业也具有"注入"式的特征,甚至有的轻纺企业的布点,只是在政策性比例失调的情况下,为解决社会问题采用行政的手段规划建立的。

农业发展受自身条件的制约,长期在低层次的水平上徘徊,劳动力无法从土地上游离出来。农民的收入来源单一化,大部分主要靠微薄的粮食收入,而资源开发所提供的增加收入的机会,几乎与当地农民绝缘,制约了农业积累的形成。致使农村人口出现了惊人的稳定,大量剩余劳动力并没有被高度发展的大工业所吸纳,利益漏出造成了城乡之间、工农之间严重的贫富两极分化。

三

改革开放以来,甘肃经济发展的大环境发生了很大变化。东部地区在国民经济调整中,通过发展加工工业和纺织工业,使经济发展收到了巨大的调整效益。与此形成鲜明对照的是,以重工业为支柱的甘肃经济发展却举步维艰,同沿海的差距越拉越大。面对这种状况,如何摆脱被动局面,使甘肃经济腾飞,出现了各种各样的主张。有的主张从夯实农业基础入手,走正向演进的路子;有的主张彻底摆脱逆向式发展道路,从大力发展轻工业入手,来一个"中心开花";有的主张通过深度加工,提高加工工业的比重,改变原材料工业占主导地位的状况。应当说,这些主张都有一定的道理。我们认为,甘肃经济新的发展模式的选择,不能割断历史,不能脱离现实的经济基础,不能离开全国经济的大系统。无论从哪个角度看,逆向式发展道路仍然是今后甘肃经济发展的正确选择。改革的不断深入,冲破了旧体制对逆向式发展的制约;商品经济的发展,为能源原材料等基础工业的发展提供了广阔的市场,特别是沟通了农业、轻工业、重工业之间的逆向式传递渠道;现有的工业基础,为进一步沿着逆向式发展道路前进创造了有利的条件。

具体地讲,改革开放政策的进一步落实,使经济发展每一根神经都受到强烈的触动,中央和地方,地方与地方,国家、企业、个人之间的关系都发生了根本的变化,注入式的开发方式逐渐在弱化,完全依靠国家投资搞资源开发的时代已经过去,区域之间新的经济发展格局正在形成。这种新的经济格局主要表现为以共同市场为基础的利益机制正在萌生,出现了上游产品市场和下游产品市场相互选择的趋向,出现了市场均衡对产业结构的制约机制,被扭曲和倾斜的市场正在按照商品经济的要求逐步转化和发育,内地主导产业的市场前景空前良好。这种状况非但没有改变我们走逆向式发展道路,反而为我们继续沿着逆向式发展道路开发致富提供了机遇。

同时,我们还应该看到,这样的发展态势,仍然没有提供正向演进的可能。从轻工业入手,发展起来后再向两头辐射延伸,这种条件和机遇历史没有提供,也不符合我们的省情。一是难以逾越国家宏观政策对于产业趋同化的控制;二是我们的工业生产不可能一蹴而就,一下子达到沿海地区的发展层次,竞争实力和消费半径相对弱小,受到市场和技术水平的严重制约;三是丢掉了自己的优势,以自己的下驷对人之上驷,在竞争中就不可能取胜;四是就目前产业结构状况,即使把轻工业比重提得再高,但在农业和重工业之间的断层中摇摆这一顽症仍无法治愈,而且在资金紧张的情况下,要以一定时期内牺牲重工业为代价,结果会适得其反。夯实农业基础确实刻不容缓,但产业演进却不能从农业入手,道理很简单,现有的农村生产力水平不足以支撑产业革命。深度加工是结构调整的一个重要内容,但它带动不了整个经济的腾飞。如果原材料工业上不去,只能是无米之炊;在现有原材料存量上做文章,只能是有优无势。而且大规模地上加工工业,仍然避不开产业趋同化的"陷阱"。

分析各种条件和机遇,逆向式发展道路是比较切合甘肃实际的长期发展方式。资源开发,可以为轻工业和农业提供积累和生产要素,可以把资源优势同劳动力优势结合起来,形成农业、轻工业、重工业之间的良性循环。要想把甘肃的轻工业搞上去,首先必须把甘肃自己的原材料搞上去,要想真正夯实农业基础,也必须从资源开发入手。这就是我们的结论。

四

现在,走逆向式发展道路,情况不同以往,发生了很大变化,形势将赋予它新的内容。

一是投入方式变了,由过去单一的直接投资变为拼盘式、多渠道、多形式集资,其结果必然带来利益分配格局的变化,资源开发和原材料分配的一统天下将被打破。

二是区域间经济关系发生了变化,按照等价交换原则来发展经济,已逐渐成为人们共同遵守的准则,实行价格单轨制已成为必然趋势。

三是农村经济条件发生了根本性的变化,有相当一部分农村劳动力从土地经营中游离出来,成为剩余的生产要素,这就为劳动力资源同自然资源的结合创造了条件,并将促使经济成长方式发生根本变化。其原因在于,第一,资源开发提供的增收机会,有可能转化为农村经济的积累机会,进一步促进农村尽快脱贫致富。第二,这两种资源优势的结合,将会加速农村产业结构的进一步调整,促进农村经济实现最大程度的商品化,发展农村二、三产业,带动农村经济全面繁荣。第三,这种结合会使资源开发成为现有工业基础重新组合和发展的黏合剂,优化各产业间的有机构成。第四,这种结合将加速农业剩余劳动力的转移,通过农民收入的增加,为轻工业的发育准备一定的条件,新的运行机制下的资源开发,也将为深加工工业其中包括轻工业的发展创造出必要的生产要素条件。第五,更重要的是,这两种优势结合起来,将使得大企业与小企业之间,全民企业同集体企业之间,工业企业同周围农业之间相互配合,协调发展,促进省内经济开发小区的发育和成长,最终将为弥合农业、轻工业、重工业之间的裂谷,消除二元结构,实现城乡经济一体化创造条件。

全国各省区激烈竞争的局势,要求我们立足优势,发挥优势,沿着逆向式发展道路坚定不移地走下去,已经形成的社会环境也要求我们作出这样的选择。

五

走逆向式发展道路,总的思路是:以开放对开放,以开放促开发,依靠资源积累,加快经济发展。

加快能源开发,相应发展载能体工业,走以能源开发支撑资源开发,以资源开发转化能源优势的路子。能源开发是资源开发的基础,没有能源,资源开发就会放空炮。因此,在资源开发之初,首先就要积极慎重地考虑到能源的承受能力,使能源弹性系数尽量保持在1或接近 1。目前,甘肃省能源建设,具备了开发条件,但缺乏开发实力,完全靠国家拿钱已不可能,应当更多地着眼于自谋出路,自费开发,自我发展。要把视野放得更宽一些,利用甘肃省原材料走俏的有利时机,吸引外资搞开发,争取在不太长的时期内消灭能源"赤字",以足够的能源保证资源开发的顺利进行。

把资源开发同产业结构调整结合起来,走系列开发,两头延伸,以大带小,以重促轻,协调发展的路子。选择能全面带动地方经济发展的主导产业,培育战略产业,从启动项目突破,带动深度加工。产业结构的调整要符合逆向式发展的要求,整个生产力布局都要围绕资源开发来进行,以此来带动甘肃省的加工业和轻工业的发展,带动集体经济、个体经济和私营经济的发展,带动整个农村经济的发展。

四面八方,敞开大门,地上地下资源一起放开,走以资源开发推动经济发展的路子。以补偿贸易的形式吸引外资,以资源换取开发资金,以资源换取资源,以原材料换取原材料,以资源积累推动资源开发。使资源充分得到利用,使继续开发得到补偿,健康有序地向前发展。

依靠改革开放,增强发展后劲,依靠放宽搞活,自我积蓄实力,走以资源养资源,滚动发展的路子。以开放对开放,以改革对改革,以放宽对放宽,以调整对调整。在价格实行"双轨制"的情况下,原材料产品的平市价价差,应当全部用于资源开发的二次投入;在价格实行了单轨制后,也要从原材料产品的销售收入中集中一部分,作为资源开发基金,使得投入的链条不至于中断,始终保持资源开发的后劲。

有水快流,肥水早流,统一规划,协调发展,走大中小并举,内外并举,多成分、多层次开发的路子。不要怕吃亏,不管别人赚多少钱,只要我们自己能赚,就要积极创造条件去干。总之,凡是有利于发挥优势,有利于促进本省经济发展的事,只要看准了,就要大胆去干。要以最优惠的条件吸引外国人来开发,以自己的优势吸引对方的优势,以自己的肥水引流对方的肥水,走开发路,发资源财。

立足资源优势,搞开发区,建立商品基地,走小区开发、配套发展的路子。以黄河上游经济开发建设为契机,以兰州、白银、临夏为中心,以西成铅锌基地和金川镍基地为两翼,建立开发区。并根据省内各地不同的资源和优势,建立一些独具特色的经济开发小区和开发性商品基地。开发区内实行比特区更优惠的政策,项目自立,资金自筹,人员自聘,工资自定,价格放开,盈亏自负。还可以划出一定的区域,成片出租承包,让外省或外国人独立开发,搞建设。

结束语

逆向式发展道路并非是一条坦途,我们面对着许多困难和希望,有许多政策还不配套,有许多新的领域需要我们去涉足,有许多新理论等待着我们去揭示,有许多重大的课题需要进一步研究和论证。比如资源优势和劳动力优势怎样结合,农业、轻工业、重工业之间的逆向传递带动机制怎样建立,农业如何为逆向式发展道路发挥支撑作用,科学技术如何在逆向式发展中发挥作用,逆向式发展中所需资金如何筹集等等。

我们主张,把逆向式发展道路作为甘肃经济的长期发展方式确定下来,只是从总体战略讲的,并不排除总体上逆向发展条件下的局部正向演进,也不排除一定期间内加工业和轻纺工业超前发展,更不反对有客观基础的深度加工增值。实际上,就是在实行生产资料价格单轨制后,如果不正确把握前进方向,"资源富省、财政穷省"危险仍然有可能出现。因此,我们主张,走逆向式发展道路必须做到几个同步:资源开发同农村劳动力转移同步、原材料工业发展同加工工业发展同步、深度加工同产业结构调整同步、城市经济发展同农村经济发展同步。这里讲的同步,不是齐步走,而是逆向传递机制作用下的配套发展。

(《发展》1988 年第 2 期)

创立适应商品经济发展要求的流通新格局

十年改革,给甘肃流通领域带来了生机,注入了新的活力,各方面都发生了很大变化。流通市场正在按照商品经济的要求进行改造,新的流通格局正在新旧两种体制交替转换的"阵痛"中孕育。

一、结构转换中的流通现状

(一)消费品流通在总体上基本按照商品经济的要求运转。计划管理的商品由改革前的 188 种减少到 4 种,部分工业品实行了顺加作价,过去统一作价的 1615 种小商品改为协商定价;在产品经济条件下建立起来的"一、二、三、零"经营体制已被"三多一少"、竞争式、开放型经营所取代,城乡分工被城乡通开所取代;工商、农商、商商之间的横向经济联合,使商业企业取得了群体效益,出现了一批新的产销结合、联购联销和贸易中心等商业形式;迅速发展的专业市场把流通和地方经济发展融合在一起,沟通了城乡之间、生产与消费之间的联系,以专业市场为轴心兴起的民间商业,以货郎担、长途贩运为主要形式的走村串乡、赶集赴会,弥补了商业部门之不足,延伸了流通渠道,满足了城乡不同层次的居民消费。

(二)生产资料流通价格实行调放结合的"双轨制",打破了指令性计划一统天下的僵死局面,使经济生活显出生机和活力。但是,这种计划体制同市场机制相伴生的体制,在活跃了经济的同时,也给经济生活造成了混乱。在物资贫乏的条件下实行"双轨制",反而使流通环节增多。"双轨制"本来是改革的产物,而它产生的某些后果却和改革的目标和要求背道而驰,变成了一个人造的"怪胎","倒爷"的天堂,成为歪风邪气赖以滋生的土壤和温床,打破了生产资料流通的正常秩序。就甘肃而言,"双轨制"并没有改变不等价交换的现状。90%的原料产品仍然以平价调往省外,省内生产资料市场货源不足,60%~70%的原材料靠议价购进。消费品市场基本上是省外做我们的买卖,省内本地产品的市场份额只占30%左右,70%左右的消费品货源依靠省外。这种不合理状况,造成了"双向依赖""反向两头在外",使甘肃流通成了一个"先天不足、营养不良、后天失调"的"畸形儿"。

(三)生产要素市场开始发育。金融垄断的体制有所松动,金融机构之间的资金拆借业务广泛开展,城市和农村信用社的规模正在不断扩大,证券交易市场也已出现,融资渠道趋于多元化。劳务市场、技术市场、信息市场、企业产权市场也开始纳入市场体系。但从另一方面,市场体系尚不成熟,各类市场发展很不平衡,基本上仍是一个商品市场,其他市场配套不上;资金市场还不完善,劳务市场才具雏形;技术市场还不健全,而且技术成果的交易链条甩在省外,每次成交都是省外大于省内。就是从商品市场看,也存在着流通范围不广的问题。全省现有乡、镇1532个,而城乡集贸市场只有1425个,还达不到一乡一市,一乡一集。而且发展很不平衡,地区布局东密西疏。秦安小商品市场、张家川皮毛市场、甘谷成衣市场、洛门蔬菜市场等大部分专业市场都集中在东部。

(四)流通条件发生了新变化。农村商品经济的发展,使农副产品商品量大幅度增长,为扩大流通提供了物质条件。除了粮油以外,其他农副产品都已放开,实行市场调节。工业企业自主权不断扩大,企业不仅增强了组织生产的权力和活力,而且支配产品的自主性也在增强,统配式的产品流通格局变为计划收购、合同订购、议购、选购、代购代销、联营联销、工业自销等多种购销形式。购销渠道由独家经营变为多渠道、多形式。但是,由于利益驱动,流通职能逐渐同地方经济发展脱钩,赚钱的事大家抢着干,微利而对地方经济有利的事就却步不前。经济搞活、市场开放,增大了流通的容量,调动了全民、集体、个体、社会各行各业经商的积极性。但是,也出现了"多条、多块、多极"的无政府状态,市场要素缺乏合理的配置,调控市场的机制并未建立。

(五)生产和消费状况发生了变化。由于工业布局和宏观控制等方面的原因,经济生活中出现了"两个膨胀"。加工工业的膨胀造成原材料短缺,使生产资料流通始终处于紧运行的振荡之中,而且加工工业平面扩张式的膨胀,紧紧追逐着消费热点,集中在生活日用必需品上,产品档次低,更新换代慢,在人们生活必需品得到基本满足后,产品换代升级却滞后于消费结构的变化。消费膨胀造成市场供给不足,供求缺口拉大。1984 年,主要日用工业品中,供不应求的占 15.82%,供过于求的占 30.61%;到 1988 年,供不应求的占 27.4%,供过于求的下降到 19.3%。居民购买力的膨胀加速了消费结构的疾变,再加上国外及沿海地区的传递示范,使人们把消费热点集中在少数高档耐用消费品上,并且热点转移的周期短、速度快,形成了市场上的短缺和过剩并发症。这种并发症的流行,给商业部门的经营带来了难度,一时间,搭配、拼盘、易货、串换等各种五花八门的购销形式层出不穷。消费饥渴超出了人们正常的支付能力,而涨价和传递示范驱动下的消费心理和消费情绪变化却促使人们超前消费、贷款消费,未富先豪。1987 年甘肃省人均国民收入 629.93 元,折合 406.61 美元(按 1:1.55 计算),基本上还处于低水平的温饱阶段,平均每百户城镇居民电视机、收录机、洗衣机和电冰箱的普及率分别达到 105.1%、64.8%、80.4%、10.4%,已相当于 1966 年日本人均收入超过一千美元时的水平。需求的突发和过猛,牵引出了供给和价格同向上涨的反市场现象,需求牵引出的价格过快上涨已司空见惯,虽然价格上涨同家庭消费现代化的全民意愿和迫切要求形成尖锐的心理对抗，但"越买越贵、越贵越买"，甚至"一边骂一边买"的社会现象依然故我。

(六)整个流通结构发生了根本性的变化，但价格改革却没有同步跟进。消费结构变了，生产结构调整滞后；流通规模扩大了，经营方式和经营手段滞后，整个市场上的结构性矛盾非常突出。1982年，我们正在起劲叫喊粮棉油不够，同时又发现仓容不足。截至1989年，全省共缺粮食仓容4.4亿斤，而且现有的仓容，急需更新改造的又达23.56亿斤。我们刚刚惊慌失措于猪肉库存不足，各地胀库、农民卖猪难的信号又接踵而来。这里，既有价格指导的因素，也有技术手段不适应的问题，导致流通受阻，"买难卖难"的呼声难以平息。

二、发展方向和任务

(一)商品经济逐步向高层次发展。流通对生产的反作用逐渐变为正面导向作用，新的流通观念正在潜移默化中被人们所接受，流通的范围越来越大，流通的方式越来越多，这一切都要求我们在流通发展战略上作出新的抉择。

(二)流通的发展方向，要同商品经济的发展方向相一致。在今后一段时间里，它的主要任务就是要在经济发展的基础上，促进市场发育，完善市场体系建设，为整个经济结构调整服务，为经济体制改革服务，为人民生活服务，为广大农村的脱贫致富服务，为黄河上游经济开发服务。

(三)基本的思路：改造旧的，建立新的；放活大的，放开小的；调整原有的，开发新型的。改造旧的，建立新的，深化批发流通体制的改革。一是批发结构多元化，但必须以国营批发商业为骨干。为了便于宏观调控，应对不同成分的批发经营范围进行明确划分。二是批发体系网络化，根据商品的自然流向，按照经济区域合理配置批发机构。

以城市为依托,以大中型批发企业为骨干,建立和发展网络辐射型批发体系。三是批发经营企业化,真正成为自主经营、自负盈亏的经济实体。国家只是运用税收、信贷、价格等经济杠杆,运用产业政策调控批发市场,改善企业的外部环境,实行间接宏观控制,用法律手段规范企业行为,维护市场的正常秩序。四是改造贸易中心,使其办成经营服务功能配套的批发交易场所,办成常设期货市场,逐步取代现行供货会制度,办成大型企业集团。五是建立新型的企业群体和批发集团。建立工商、商商之间跨地区、跨部门的集团型企业,更能发挥生产企业的生产能力和纯商业批发企业流通网络的销售能力,有利于解决好工商之间为争夺某一产品而出现的工业自销和商业收购之间的矛盾。产地批发企业可以将产地的产品打进销地市场,建立长期的销售基地;而销地批发企业则可以利用产地有声誉的产品来满足销地市场的需要。

搞活大的,放开小的,完善零售市场。各类大中型商业零售企业要继续实行"两权分离",真正引入竞争机制、风险机制,完善"一包五改"(即承包经营责任制,改革领导体制,改革组织管理机构,改革劳动人事制度,改革分配制度,改革企业经营机制),首先从内部积蓄活力和动力。按照多层次、多形式的要求扩大购销网络,自由组合联销集团,实行联购分销,增加经营品种,提高经营水平。推行规范化服务,提高服务水平,以优良的经济效益和社会服务效益为社会商业作出示范。小型商业企业要继续实行"改、转、租",大企业可以兼并小企业,在竞争的风浪中优胜劣汰。要发展一批具有经营特色的名店、专业店,促进零售商店向着专业化分工的方向发展,使商品市场的发展与不同层次的消费需求相适应。

调整原有的,开发新型的,合理调整流通结构。一是调整市场的所有制结构,巩固和发展各种经济形式并存的流通格局。从甘肃省的实际出发,在继续发展壮大国营商业的同时,集体、个体、私营商业成分也应占适当的比重。要鼓励他们从事市场急需的服务行业和经营项目,补缺门,填空档,弥补市场的断层和不足。二是商品流通渠道实行全方位通开,编织一张间接直接渠道并存、长短渠道连接、纵横渠道交错、干支渠道配套的四通八达的商品流通网。三是在发展商品性消费的同时,开发服务性消费领域。四是国营商业储运设施要继续对社会开放,向社会各方面提供服务。

三、政策与措施

(一)生产资料的流通,要尽快创造条件由"双轨制"向"单轨制"过渡。凡是能作为商品的原材料产品,都要尽可能地将其纳入市场流通,不断扩大市场份额,包括省内省外的物资交易。要继续扩大和完善物资交易市场,调动社会闲散物资进场交易,更重要的是吸引省内外生产企业进场交易,用市场交易这一经济办法来改造旧的东西部关系,使东西部的物资供应关系由现在的指令性调拨关系逐步发展成为以等价交换为原则、以经济合同为基础的市场调节关系。从近期看可以实行"统一销价、价差返还",使计划内物资市场化。还可以实行"统一销价,价差返还,进入市场,一步到位"。就是生产企业实行计划内和计划外产品同一出厂价,企业由上交产品改为上交价差,省计委由分配物资改为分配价差,用价值补偿代替实物分配。这是从生产、流通到消费的全方位改革,生产、流通可以一步到位,有利于产需直接见面,促进企业按市场需求组织生产,用户也得到了实实在在的选择权,同时有利于制止物资交易中的不正之风。解决"双轨制"的问题,除了从价格本身做文章外,更重要的是要在价格之外创造一个比较宽松的供求环境,即控制需求。因为要彻底放开价格,必须使供求关系比较缓和,最好是供略大于求,这比在供给短缺的情况下放开价格,风险要小得多。

（二）要把解决供求矛盾作为发展生产的出发点，建立一批稳定的商品货源基地，实行产销一体。这并不是排斥社会分工带来的进步，而是产销关系的一种更新，目的是要解决新旧体制交替时期，市场随机因素所引起的供求大波动。没有稳定的货源基地，就没有稳定的市场供给。市场上供求动荡，客观上也要求工商联手，密切合作，通过产销联合，建立日用消费品生产联合体，建立小商品生产基地。要抓好关系市场大局的敏感商品的基地建设，建立副食品产销协作区。主要城市的副食品生产基地要逐步由近郊向远郊和农区扩展；在原有副食品生产基地的基础上，采取产销双方共同规划、联合投资的办法，与具有副食品生产优势的地区建立产销协作区，稳定供货关系，双方利益共享、风险共担，逐步缓解城市副食品供给的总量性和结构性短缺的矛盾。

（三）尽快建立统一管理社会商业的机制。为解决市场分割、部门分割、管理政出多门的状况，需要建立一个社会商业的管理系统，统筹规划和指导整个流通事业的发展。这几年来的改革，只是着眼于企业，从微观入手，宏观改革也只是强调主管部门实行政企分开，简政放权，而对整个市场的管理却左顾右盼，迟迟不见动作，致使搞活了企业，搞乱了市场。所谓统管社会商业，就是不管原来的所有制状况，隶属关系如何，凡是在国内市场上从事商品流通活动的一切商业企业和单位，都要由政府统一的管理部门管理。应改变目前对市场商业组织形式的审批办法。今后，所有涉足流通的商业成分，都要先由商业主管部门或行业主管部门进行审核，审核合格后，再由工商行政管理部门发证，从事经营活动。与此同时还要建立行业协会，作为民办的行业管理组织形式，综合指导本行业的发展，协调和解决行业发展中出现的问题，辅佐主管部门履行好管理职责，逐步建立起社会商品流通市场管理的新秩序。

（四）大力建设专业市场。专业市场在农村中具有一定的经济辐射力,是发展农村商品经济的着眼点和城乡市场体系的融合点,也是新的商品流通体制的热点。一个市场的形成,就可以带动周围一大片地区的商品经济发展。近几年来,甘肃省出现了一批面向全国、深购远销的大中型专业市场,成为发展农村二、三产业的可靠依托,成为农民进入流通的重要场所,经济功能不可估量。各地都可以结合自己的经济优势,有什么商品就发展什么市场,以此带动本地经济的腾飞和脱贫致富。政府要对市场建设给予极大的关注,在土地占用、资金筹集、政策环境等方面给予优惠和支持。还可利用管理市场的收入和社会集资的形式,筹集市场建设基金,本着谁出资谁使用的原则,对提供资金投入者使用市场营业设施给予优先和照顾。除当地商贾外,还可吸引省内外客商进行交易,把当地经济发展同市场联结在一起,以流通促导经济发展。

（五）制订适度的消费政策。在市场供应不足的条件下,不应当片面强调鼓励消费、刺激消费,应当合理地引导居民消费,努力拓宽消费面,加快消费领域的深度开发,把群众集中在高档耐用商品上的热点引导和转移到其他方面,把商品消费转移到服务消费上去。通过发行股票、中长期债券等,把一部分消费基金转化为生产基金,减轻结余购买力对市场形成的压力,使消费结构同生产结构相适应。同时要消除由于传递示范、相互攀比而产生的消费盲点,使居民的消费力同收入水平相适应。努力发展生产,尽量满足群众的即期消费,减轻由于延迟消费而造成的市场压力。严格控制社会集团购买力的增长,发扬艰苦奋斗的光荣传统,政府要廉洁,党政干部要做崇俭黜奢的表率,带动整个社会风气的根本好转。

(《商经学刊》1989 年第 4 期)

也谈转换企业经营机制

企业经营机制转换的改革，虽然破题不是今日，13 年来企业各种形式的改革，无一不是围绕这个问题进行的。但是应该说，从 1991 年开始的商业"四放开"，特别是邓小平同志南方谈话以来，企业普遍开展的人事、用工、分配三项改革，才把转换企业经营机制改革提到了突出的位置。改革的环境和条件更加趋于成熟，尤其是政府职能的转变，为企业转换经营机制创造了良好的外部条件。

企业经营机制转换，既是一个理论问题，又是一个实践问题。从理论上讲，企业作为一个具有法人资格的独立生产者和经营者，在生产经营和内部各项管理上拥有绝对的自主权，不应该是我们目前所要改革的，以三项制度为主要内容的企业经营管理方面存在这样那样的问题。但事实并非如此，在长期以来形成的社会经济政治发展模式里，在高度集中的经济体制和政治体制为背景的经济环境中，企业还不是真正意义上的独立的经济法人，而是依附和从属于政府和主管部门、受制于其他综合部门和杠杆部门的"畸形儿"。13 年来的改革，几乎都是围绕着政企分开、简政放权、搞活企业而开展的，因此说它又是一个实践问题。这些年来，随着实践的发展，改革经验的不断积累，企业改革从理论上也不断得到完善并趋于成熟。转换企业经营机制，把企业推向市场，目的是使企业得到解放，真正成为自主经营、自负盈亏、自我发展、自我约束的经济实体，增加生产经营上的活力、动力和压力，提高经济效益。但是企业经营机制的转换不可能一蹴而就,而是要经过一个量变到质变的渐进发展过程。过去企业改革的实践,虽然处在企业经营机制转换的量变之中,但每一次量变都取得了可喜的成果,经济的发展,市场的繁荣,流通事业的扩大,无一不是这一量变的结果。只要我们加大改革力度,切中要害地改,实实在在地改,就能够实现量变到质变的飞跃,促进商品经济的发展。

一、以邓小平同志南方谈话为动力,进一步解放思想,清"左"破旧

从改革开放初始,上上下下就都在强调解放思想,但这一任务始终没有完成。我们常讲沿海地区经济发展如何快,与我们的差距不断在拉大。细分析,造成这种状况的原因,除了中央赋予的特殊政策和得天独厚的区位条件外,重要的一条还在于我们思想认识上有差距。主要表现在现代化商品经济观念淡薄,发展社会化大流通、大商业的意识还不浓厚,在许多问题上见事迟,行动慢。而传统的流通观念、小商品经济和产品经济条件下形成的经营方式、一大二公的流通组织结构仍然在起作用。要说解放思想,破除旧观念、旧方式的任务更重,而右的东西, 即所谓学习和移植资本主义国家发展商品经济所运用的成功技术和管理经验,不是太多了,而是太少了。在发展商品经济这个问题上,小生产方式、产品经济模式、"左"的冠以革命字眼的思想意识和倾向的危害更大。流通在社会再生产诸环节中处于至关重要的位置,在组织经济活动中,抓流通和抓生产同等重要,在一定条件下甚至比抓生产更为重要。社会化的大生产要求社会化的大流通与之相适应,没有社会化的大流通,社会化大生产的秩序也就无从建立。从这个意义上讲,解放思想流通要先行。从改革的发展历程看,改革最活跃的部分是流通, 改革开放的浪潮也始终把商业企业推向前

沿。因此,要加大改革的力度,必须进一步解放思想,破旧立新,冲破狭隘封闭、传统的落后观念的束缚,树立现代化大流通的观念,来一次"文艺复兴"式的思想大解放,重塑新形势下商业企业的形象。

二、三项制度改革是企业经营机制转换的关键

改革企业的人事、用工、分配制度,是深化商业企业内部改革,转换企业经营机制的一个重要内容。旧的三项制度越来越不适应商品经济的发展,相反还减弱了企业发展的活力,严重压抑了职工的积极性。只有横下一条心,来革除其弊端,并赋予其新的内容,建立干部能上能下、职工能进能出、收入能高能低的激励机制和竞争机制,才能使老企业焕发青春,新企业更加充满生机和活力。

一是在企业人事制度上破除"铁交椅",实行干部聘任制,打破干部和工人界限,建立平等竞争、择优聘任的新的干部管理制度。改革企业用人制度,首先要从破除干部的"铁交椅"入手,没有了"铁交椅",才能激发企业领导的危机感和责任感,增强事业心,才能把自己的名利与企业的命运连接在一起,一损俱损,一荣俱荣,再不会像从前那样有恃无恐,只许他砸别人的"铁饭碗",而不愁自己的"铁饭碗"。要建立"能者上、平者让、庸者下"的干部制度,对那些智无良谋、技无高能、干无本事的干部,坚决予以撤换,绝不能让事业迁就人。对下来的干部一律就地免职,或在企业内量能安置,决不再搞"易地为官"。采取这种办法,在整个干部体制彻底改革之前,对"铁级别"至少有所触动,对于调动干部职工的积极性,激励企业的竞争意识,将产生积极的作用。

二是在企业用工制度上要打破"铁饭碗",建立能进能出、竞争择业、组合优化的劳动机制。用工制度的改革,就是要在企业经营机制的关键环节上有所突破,按照"国家宏观调控、企业自主用工、多种形

式并存、全员劳动合同"的思路进行改革。首先要建立人员在社会范围内流动的机制，为企业用工制度改革创造一个良好的外部环境，企业和职工都可以双向选择，这样做有利于激发职工的主人翁热情，调动他们的积极性。其次，要让企业内部的劳动力始终在上岗下岗、减员补员的动态中运行，就能造成对劳动岗位竞争的气氛，促进劳动力整体素质的提高。第三，建立和完善企业内部待业保障体系。职工在岗和待岗并不存在人格高低之分，而只是劳动技能和素质上的差距。对待岗人员不应歧视，而是要对他们进行妥善安置，为他们开辟新的就业门路，鼓励他们兴办"一店两制"企业，从事为企业经营管理服务的其他工作。

三是在企业分配制度上彻底打破"铁工资"，实行工效挂钩，按劳取酬。职工的收入分配，核心是要真正实行各尽所能，按劳取酬。首先要解决好企业同国家的分配关系。其次在企业内部实行联销、联利为主要形式的工效挂钩，上不封顶，下保基本生活费。奖勤罚懒，奖优罚劣，使职工群众切实体会到干多干少、干好干坏就是不一样，从而激发和调动职工奋发向上、不断进取，为国家、企业和职工自己创造更多的物质利益的责任感和积极性。

三、转变政府职能，为企业经营机制的转换提供一个良好的社会氛围

社会发展史表明，生产力的不断发展，要求生产关系与之相适应，经济基础要求上层建筑与之相适应。同样，企业经营机制的转换也要求政府部门的职能与之相适应。多年来企业经营机制之所以理不顺，同政府职能没有转变不无关系。从企业经营机制转换的内容来看，无不涉及政府和部门的条块制约。13 年前就给企业扩权，时至今日权利还没有到位。《企业法》颁布快 4 年了，仍很难贯彻，实施细则也是迟迟不能与企业见面。改革的实践证明，改革不能只改下面，不改上面;只改企业,不改部门,政府部门的职能不转变,为企业改革保驾护航就是一句空话。在企业和政府部门这一对矛盾中,矛盾的主要方面在部门。从结构功能学的角度来看,具有什么样的结构,就具有什么样的功能。管理体制决定经营机制,经营机制决定企业的活力。要按照商品经济和商品交换的法则来发展流通事业,不改变现行的管理体制是不行的。但就矛盾的运动形式看,企业则处于主动地位,只有企业改革的不断深化,才能对政府部门职能的转变提出更新更高的要求。从目前情况看,企业改革与政府职能转变还存在一定的差距,企业想的往往不是职能部门讲的,企业盼的不一定是职能部门所要干的。因此,政府职能部门的职能转变一定要加快步伐,在有些方面甚至要超前一些。要做到这一点,首先要转变和增强自己的角色意识,由单纯的行政管理向管理服务的方向过渡,在历史现实的坐标中重新寻找自己的位置。要突破过去那种狭隘的思维定式,不要遇事不看是否有利于企业的发展,而是先问姓"社"还是姓"资",先定政治属性;办事不是先允许实践和探索,而是先看上面有没有文件;干事不是先看是不是符合省情和当地的实际,而是先看别人干了没有,是否有"先例",是否越过"雷池"。在许多情况下,允许实践和探索,就预示着成功的开始,即便出现问题也是局部的。如果一开始就亮"红灯",那整个改革就无法进行,就会成为一个影响到全局的大问题。在许多时候,我们往往都是自设禁区,自我束缚,对许多好的改革措施不敢及时给予肯定,等待观望,慢拍运行,我们出经验,人家出成果。如在零售企业实行百元销售额工资含量,早在 8 年前我们就曾提出试行,但由于种种原因没有推开,人家外省已搞得轰轰烈烈,而我们仍在亦步亦趋。要真正做到为企业改革保驾护航,政府职能转变必须要和企业经营机制转换同步进行,树立服务于企业,服从于改革和发展的思想。面对改革中出现的新事物不要老摇头,持否定态度。对于有些比较大胆的改革设想,不要轻易拿笔勾掉。而是要多想一点,帮助企业出主意,水路不通就帮助他们走旱路,多提一些具体的意见和建议。只要是符合"三个有利于"的原则,就应当大胆支持企业去干。只有这样,才能真正起到为企业保驾护航的作用。

(《商经学刊》1992 年第 4 期)

深刻领会"抓大放小"战略推动企业改革步伐

"抓大放小"是党中央着眼于整体搞好国有经济、加快国有企业改革而提出的战略方针。甘肃工业经过几十年的发展,已具有一定的基础,但从总体上看,水平还比较低,经济规模比较小,发展后劲还不足。要改变这种状况,就必须发挥优势,扬长避短,进一步加大改革力度,使老工业基地焕发青春,加快发展步伐。要实现这一目标,做好"抓大放小"这篇文章就显得尤为重要。

一、只要抓住"关键的少数",就可以把握整个国民经济的命脉

全省现有 189 户国有大中型企业,占全省企业总数的 2.8%,是甘肃经济的支柱;产值占到 65%,实现利税占到 74.7%,是财政收入的主要来源,具有举足轻重的地位和作用。为使这"关键的少数"继续发挥更大的作用:

首先,要按照"产权清晰、权责明确、政企分开、管理科学"的基本要求,加快转机建制的步伐。已确定的 34 户试点企业要加快实施进度,认真落实好各项改革措施,实现制度创新、技术创新和管理创新,为指导和推动面向企业的改革积累经验,创造条件,做好准备。

其次,要加大企业股份制改造的步伐。按照《甘肃省国民经济和社会发展"九五"计划和 2010 年远景目标纲要》提出的要求,除少数特殊行业和生产特殊产品的企业改为国有独资公司外,大多数企业应改为多个投资者持股的有限责任公司,少数符合条件的可改为股

份有限公司。要在规范、完善和向社会公开发行股票方面再下功夫。

第三,加快企业技术改造和新产品开发。紧紧把握有利时机,用好用活国家赋予兰州市优化资本结构试点政策,从自身的特点和优势出发,选择一批基础好、技术成熟、见效快的项目和有市场、技术含量高、有竞争力的产品,进一步加大资金投入力度,上水平,上规模。

第四,加速产业结构调整。当前甘肃省工业经济中的两个80%的问题(一是重工业占全部工业总产值的80%左右;二是国有工业总产值占全部工业总产值的80%左右),应当引起足够的重视。要选择一批市场竞争力强、有技术优势、符合国家产业政策的骨干企业,采取对劣势企业和中小企业兼并、合并或联合等途径,迅速增强其实力。并以拳头产品为龙头,以产权关系为纽带,形成一批代表甘肃省优势行业和名牌产品的企业集团。

二、坚持"三个有利于"标准,真正放开搞活小企业

相对大中型企业来说,数以万计的小企业在经济总量中,难以起到决定性的作用。甘肃省小企业比重大,且多为小而全,生产成本高,设备老化,技术水平低,管理粗放,效益不高。放开搞活小企业,要着重解决产权责任不明、管理体制不顺和运行机制不合理的问题。改革的形式,要从当地和企业实际出发进行探索,不搞一刀切、一个模式。对那些与大中型企业生产关联度较高的企业,通过联合、兼并、划转、委托,以大带小来发展;对活力较强的企业,进一步放开生产经营,鼓励其继续发展;对产品不适应市场需求的小企业,通过联合、兼并、股份合作制、承包、租赁、出售、拍卖等形式进行改制改组;对长期亏损、扭亏无望、资不抵债的小企业实行破产,采取破产收购、抵押租赁等做法重新起步。在"放小"的改革实践中,认真贯彻落实邓小平反复强调的"三个有利于"的标准原则,大胆地探索创新,从政策上扶持小企

业放开搞活。今后地县以下原则上不应作为单一投资主体创办国有企业,要更多地组建多元投资主体的企业,及其他非公有制的独资企业。

三、认真处理好"抓大"和"放小"的关系,实行以大带小、以大促小

"抓大",就是要抓重点、抓骨干。以资本为纽带,连接和带动一批企业的改组和发展,形成规模经济,为企业创造自主经营的良好环境。"放小",是指放活、搞好小企业。在甘肃省的工业结构中,"二元"结构特征比较明显,一头是技术水平、管理水平和集约化程度比较高,生产规模比较大的一大批大企业,一头是分布范围广、数量多、产品技术和管理比较落后的地县企业,以"抓大"促"放小"大有文章可做。真正发挥大企业在经营、管理、资金、技术等方面"长袖善舞"的优势,帮助手持"旧船票"的众多小企业,依托和登上实力雄厚的"大客船",不失为一条搞活小企业、盘活存量资金的良策。

"放小"同时可以补充配套"抓大"。放开搞活小企业,是相对于传统计划经济体制下的"管住管死"而言的,它绝不意味着国家对这些小型企业放弃不管。小企业进一步放开搞活了,既可以建立和形成为大企业配套服务、从事专业化生产经营的企业群体,也可以吸纳更多的劳动力,创造市场活力,减轻大企业的负担。"搞好大的"与"放活小的",是整个国有企业改革中不可偏废的两个方面,可以构成合理的国民经济结构和市场主体结构。正确处理二者之间的关系,各有侧重,联动配套,对于搞好整个国有企业改革将是大有裨益的。

四、加强领导和部门协调,抓好各项政策的贯彻落实

深化企业改革是当今经济体制改革的重点,是全党、全国的共同任务。为了使改革顺利推进,必须全心全意依靠工人阶级。各级政府

和各有关部门要做具体有效的工作,加强协调,积极主动帮助企业解决资产和不良负债,处理资金不合理占用,加快资金周转;努力解决企业电力、资金供应紧张等问题。企业主管部门要真正树立公仆意识,坚决克服不负责任、办事效率不高、扯皮推诿的不良作风,切实为企业的改革和发展提供优良的服务,创造宽松的环境。同时,要积极推进失业、养老、医疗保险等社会保障体系和社会化服务体系建设,为促进企业改革和发展创造必要的社会条件。

(《统计分析决策》1996 年第 6 期)

坚持在邓小平理论指导下前进
——纪念邓小平同志视察南方谈话十周年

　　1992年年初,在我国改革开放和社会主义现代化建设的关键时刻,邓小平同志视察了南方几个城市,针对当时国内外形势发表了一系列重要谈话。他以高超的哲学方法论、丰富的知识和远见卓识,集中全党和全国人民的智慧,科学地总结了党的十一届三中全会以来我国实行改革开放、发展经济的重要经验,提出并创立了建设有中国特色社会主义的科学理论。10年后,我们回顾当时的情景,联系这些年来的发展,深深感到这一理论的无比正确。没有邓小平理论的指导,不坚持以邓小平理论为指导,就没有今天的大好局面。生动的实践证明,我国的改革开放和现代化建设事业要取得成功,离不开邓小平理论的科学指导。在新世纪的征途上,我们重温邓小平理论,更是倍感亲切。

牢固确立邓小平理论的指导地位,是新世纪改革开放取得胜利的根本保证

　　高举邓小平理论伟大旗帜,把邓小平理论作为指导我们思想的理论基础,这是我们党发展历史的经验总结。几十年来,我们党都非常重视理论武装和理论指导。中国共产党自诞生之日起,就把马克思列宁主义确立为自己的指导思想。党的七大,把马克思列宁主义的理论与中国革命具体实践相结合而产生的科学思想——毛泽东思想确

立为我党的指导思想，这是总结建党 24 年经验所作出的历史性抉择。又过了 52 年，党的十五大又把邓小平理论确立为党在新时期的指导思想，这是我们党对改革开放和社会主义现代化建设的成功实践作出的经验总结，完全代表了全中国人民的心愿。十一届三中全会以来，我们党之所以能够迅速纠正"左"的错误，排除右的干扰，开创改革开放和现代化建设的新局面，各项事业都取得了举世瞩目的成就；之所以能够面对风云变幻、纷繁复杂的国际局势和国际共产主义运动遭受的挫折，经受住了严峻考验，从根本上说，就是高举了邓小平理论的伟大旗帜。实践证明，作为对毛泽东思想的继承和发展的邓小平理论，是指导中国人民改革开放、胜利实现社会主义现代化的正确理论。在当代中国，只有把马克思主义同当代中国实践和时代特征结合起来的邓小平理论，而没有别的理论能够有效地解决社会主义的道路、前途和命运问题。高举邓小平理论伟大旗帜，在政治上、思想上和工作上牢固确立邓小平理论的指导地位，既是马克思主义理论学说在当代中国发展的历史必然，也是从我国改革开放和现代化建设的成功实践中得出的不可动摇的历史结论。

高举邓小平理论伟大旗帜，牢固确立邓小平理论的指导地位，是实现新世纪战略目标的根本保证。党的十五大在科学分析国际国内形势的基础上，提出了新世纪前 50 年中国经济和社会发展三个重要阶段的奋斗目标。能否顺利实现这一宏伟目标，关键在于我们能否在思想上和工作中牢固确立邓小平理论的指导地位。历史已经跨入新的世纪，我们既面临着良好的发展机遇，又面临着严峻的挑战以及各种复杂的矛盾和困难。对甘肃这样一个经济欠发达地区来说，始终坚持以邓小平理论为指导，坚持走建设有中国特色社会主义道路，加快发展，努力改变落后面貌，就显得尤为重要。因此，我们要迎接挑战，克服困难，加快发展，就必须高举邓小平理论伟大旗帜，用邓小平理论来统一全省上下的思想，把各方面的力量凝聚到社会主义现代化建设事业上来，努力把甘肃的改革开放和现代化建设不断推向新的阶段。

高举邓小平理论伟大旗帜，牢固确立邓小平理论的指导地位，是加强党的建设和干部队伍建设的迫切需要。坚持、加强和改善党的领导，建设一支坚强有力的干部队伍，是建设有中国特色社会主义事业的关键所在。加强党的建设和干部队伍建设，前提和基础就是要坚定不移地用邓小平理论武装每一个党员、干部的思想，充分发挥党的思想政治优势。这些年来，一些党员干部在关键时刻把握不住方向，在一些重大原则问题上是非不清，阵线不明，党性党风观念淡薄，政治敏锐性不强，在工作中发生这样那样的偏差，追根溯源，都与轻视思想政治建设、没有在思想上和工作中牢固确立邓小平理论的指导地位有关。因此，要把党的指导思想变成每一个党员干部的行动指南，就必须以思想政治建设为重点，不断提高政治素养和理论水平。只有这样，才能把党的建设和干部队伍建设搞好，才能在任何复杂困难的情况下坚持正确方向，排除各种干扰，把我们的事业不断推向前进。

完整准确地把握邓小平理论的科学体系，自觉运用邓小平理论指导工作

坚持以邓小平理论为指导，一是要深刻认识和把握解放思想、实事求是的精髓。能否做到解放思想、实事求是，是衡量党员干部是否在思想上和工作中牢固确立邓小平理论指导地位的一个重要标志。甘肃是一个经济发展比较落后的省份，从客观上讲，地处内陆，区位条件和发展环境都比较差，从主观上讲，受"左"的思想影响和旧的传统观念的束缚比较严重。面对新的形势和任务，要加快建立社会主义市场经济体制的步伐，必须更加注重思想解放和观念更新。要坚持"三个有利于"的根本标准，把发展生产力作为考虑问题、部署工作的出发点和落脚点，凡是符合"三个有利于"标准的，都要大胆地试、放手地干。要进一步增强改革开放意识，坚持以改革求发展，以开放促发展，破除小成即满、小富即安、看摊守业、不思进取的消极意识，树立勇于改革、大胆实践、不断创新、敢为人先的思想，始终保持开拓进取的良好精神状态。要科学认识公有制经济的内涵，坚持走公有制实现形式多样化的路子，大胆利用一切反映社会化生产规律的生产经营方式和组织形式。要明确非公有制经济是社会主义市场经济的重要组成部分，鼓励和引导非公有制经济快速健康发展。要正确认识社会主义初级阶段的分配形式，坚持实行按劳分配为主体、多种分配形式并存的制度。要按照党的十五大精神，结合"三个代表"重要思想的学习和优化发展环境大讨论，再来一次新的思想大解放，以此推动改革开放的新突破，推动经济建设和各项社会事业的新发展。

二是要深刻认识和牢牢把握社会主义初级阶段的基本国情。社会主义初级阶段理论，是邓小平理论的基石，也是邓小平理论的重要组成部分。我们要牢固确立邓小平理论的指导地位，就要在思想上和工作中坚持一切从社会主义初级阶段的实际出发。只有正确认识我国目前所处的基本国情，才能加深对邓小平理论和党的路线、方针和政策的理解，深刻认识我们党为什么要实行现在的路线、方针和政策，而不实行别的路线、方针和政策。甘肃底子薄，发展条件差，生产力水平低，主要人均经济指标一直低于全国平均水平，加快发展，缩小差距，摆脱贫困落后面貌，任务更具有长期性、复杂性和艰巨性。我们要立足这个省情，更加自觉和坚定地从初级阶段这个最大的实际出发，牢固树立"发展是硬道理"的观念，千方百计加快发展。只有加快发展，才能使人民群众尽快富裕起来，增强党和政府的凝聚力和号召力;只有加快发展,才能增强综合实力,繁荣科技、文化等各项社会事业;只有加快发展,才能有利于解决前进道路上遇到的各种矛盾和问题,保持社会大局的稳定。

三是要深刻认识和牢牢把握什么是社会主义、怎样建设社会主义这个根本问题。什么是社会主义、怎样建设社会主义是邓小平理论的核心。党的十一届三中全会以来,邓小平同志正是抓住这个核心问题,深刻揭示了社会主义的本质,把对社会主义的认识提高到了一个新的科学水平。三中全会前我国社会主义建设中出现的曲折和失误,改革开放后我们在前进中遇到的一些困惑,归根结底都在于对这个问题没有完全搞清楚。因此,要牢固确立邓小平理论的指导地位,必须在思想上解决好这个根本问题。我们要以党的十五大精神为指针,进一步明确什么是社会主义初级阶段有中国特色社会主义的经济、政治和文化,怎样全面推进甘肃的社会主义经济、政治和文化建设。要加快国有企业改革和发展步伐,坚持以公有制为主体、多种经济成分共同发展。要在推进农业产业化上迈出更大步伐,发挥比较优势,发展特色农业,推动整个农村经济的发展。积极实施开放带动战略,努力提高对外开放水平。切实加强民主法治建设,依法治省,推进政府的廉政勤政建设,维护社会安定团结,切实加强社会主义精神文明建设和文化建设。

四是要深刻认识和牢牢把握党的“一个中心、两个基本点”的基本路线。党在社会主义初级阶段的基本路线,是邓小平理论的集中体现。毫不动摇地坚持党的基本路线,是20多年来我们党最可宝贵的经验,是我们事业胜利前进最可靠的保证。我们要坚持以经济建设为中心,坚持把改革开放同四项基本原则统一起来,围绕解放和发展生产力这个根本任务,正确处理改革、发展、稳定的关系,把改革的力度、发展的速度和社会可以承受的程度统一起来,在社会政治稳定中推进改革和发展,通过改革和发展来实现社会的政治稳定。

牢固确立邓小平理论的指导地位,关键要在学习上狠下功夫

改革开放以来, 在邓小平理论指导下, 经过全省人民的艰苦努力,甘肃提前一年完成了"九五"计划,提前四年实现了翻两番的战略目标。现在,我们正处在实现第二步战略目标并向第三步战略目标迈进的关键时期,为了顺利实现新世纪的宏伟发展目标,必须高举邓小平理论伟大旗帜, 进一步深入学习和深刻领会邓小平理论的精神实质。既要从总体上学习和领会它的基本观点和基本精神,力求完整、准确地把握它的科学体系, 也要联系自己的思想实际和工作实际进行系统钻研和理解。邓小平理论贯通哲学、政治经济学、科学社会主义等领域,涵盖经济、政治、科技、教育、文化、民族、军事、外交、统一战线和党的建设等诸多方面。只有使学习向各个领域深入,结合思想和工作实际学,不做表面文章,才能常学常新,学出成效。

大力弘扬马克思主义的学风,坚持理论联系实际,在运用邓小平理论解决实际问题上狠下功夫。随着改革开放和现代化建设的不断推进,经济生活中存在的一些深层次矛盾不断暴露,市场经济条件下的一些新情况、新问题不断显现。因此,运用邓小平理论指导工作实践, 必须着眼于对实际问题的理论思考, 着眼于新的实践和新的发展。改革开放和现代化建设的实践迫切呼唤理论为之导向,为我们提供立场、观点和方法,来研究和解决改革、发展和稳定中出现的各种矛盾和问题。我们要充分发挥邓小平理论对实践的指导作用,善于总结经验,把实践经验上升为对规律性的认识,不断提高马克思主义的理论素养,提高分析和解决实际问题的能力。

高举邓小平理论伟大旗帜, 不仅要求我们各级党员干部要善于运用邓小平理论来改造客观世界, 而且要求我们在改造客观世界的

同时不断改造主观世界。特别是在深化改革、扩大开放和建立社会主义市场经济体制的新形势下，要不断提高领导水平和执政水平，不断增强拒腐防变的能力，就更需要加强主观世界的改造。改造主观世界，最重要的就是要树立马克思主义的世界观、人生观和价值观，坚定共产主义信念，坚持讲学习，讲政治，讲正气，身体力行共产主义道德，做到大公无私，清正廉洁，服从大局，艰苦奋斗，全心全意为人民服务。

（《发展》2002 年第 5 期）

应用研究与区域发展

商业结构和产业政策的实证分析

流通体制的改革,给整个经济建设注入了活力,商品流通状况明显好转,市场机制的地位和作用与日俱增。但是,市场活中有乱,各种结构性矛盾表现得十分突出。如何按照有计划商品经济的要求,做到"国家调节市场,市场引导企业",是一项复杂的系统工程。因此,作为整个产业政策重要组成部分的商业产业政策研究,就成了摆在我们面前的一项既现实又艰巨的任务。

一、甘肃商业发展现状的实证分析

1978 年以来,甘肃的商业结构发生了重大变化,呈现出一些新的发展趋势和特点。

(一)商品收购和销售出现了结构性变化

一是省内商品收购的增长幅度大大超过省外购进。1986 年省内购进商品 54.28 亿元,比 1978 年增长 2.56 倍,年平均递增 17.2%;省外购进商品 9.15 亿元,比 1978 年增长 11.8%,年平均递增 1.4%。二是省内工业品购进增长快于农副产品。1986 年省内工业品购进 33.5 亿元,比 1978 年增长 2.78 倍,年平均递增 18.1%;农副产品购进 20.41 亿元,比 1978 年增长 2.3 倍,年平均递增 16.1%。三是外贸出口商品收购增长快于内贸商品。1986 年外贸出口商品收购 5.03 亿元,比 1978 年增长 3.16 倍,而同期的内贸商品收购增长了 1.62 倍。四是耐用消费品收购量增长快于吃穿商品。1986 年同 1978 年相比,洗衣机、录音机、电冰箱、电视机、电风扇分别增长 8~122 倍;猪牛羊肉、鲜蛋、粮食、卷烟、酒、干鲜果、食用植物油、家禽、食糖、水产品增长 21%~8 倍;呢绒、各种布、胶鞋、针织内衣裤、皮鞋、服装、绸缎增长 21%–32 倍。五是消费品零售额增长快于农业生产资料零售额增长。1986 年同 1978 年相比,居民消费品零售额增长 2 倍,年平均递增 14.7%,占社会商品零售总额的比重由 69.3%上升到 78.1%;而农业生产资料零售额只增长 32.28%,比重由 19.6 下降到 9.8%。

(二)市场商业所有制结构发生了变化

集体、个体商业发展迅猛,占社会商品零售额的比重逐年上升,而且发展速度快于全民商业。1986 年同 1978 年相比,全民、集体、个体商业在社会商品零售总额中所占比重由 63.3:36.7:0 变为 49.5:39.4:11.1,增长速度分别是 1.18 倍、1.67 倍、12 倍。城乡集市贸易有了很大发展。1987 年同 1978 年相比,集市总数增加了 1.68 倍,贸易成交额增长 13 倍。

(三)社会商品购买力增长快于消费品零售货源增长,城乡居民收入大幅度增加

1986 年同 1978 年相比,社会商品购买力增长了 1.99 倍,年平均递增 14.68%,而消费品零售货源只增长了 1.6 倍,年平均递增 12.66%;1978 年到 1987 年 10 年间,农民人均纯收入增长了 3 倍,职工平均工资增长了 1.27 倍。城乡居民每人每年消费水平由 1982 年的 205 元增加到 1986 年的 350 元,其中农民由 144 元增加到 234 元,非农居民由 558 元增加到 971 元。

(四)居民货币收入与居民储蓄同步增长,边际储蓄倾向持续上升

1982 年到 1985 年,居民货币收入每年以 16%~28%的速度增长,边际储蓄倾向持续上升。居民储蓄每年以 40%的速度增长,边际储蓄倾向分别达到 11.48%、72.93%、38.7%、53.65%。边际储蓄倾向上升,

说明甘肃省居民日用消费品需求已基本满足，即由过去的短缺转向了常规消费,消费热点集中在新型高中档商品上。

(五)农民对非农居民零售额的增长快于农业总产值增长,农副产品商品率提高

1982—1987 年,农民对非农居民零售额每年以 20%以上的速度增长,而同期农业总产值的平均增幅却只有 7.56%。农副产品商品率逐年上升,由 1978 年的 23.7%上升到 1987 年的 41.3%,表明农村产业结构调整和商品经济的发展已取得重大突破。

(六)社会集团购买力增长超过居民消费品购买力增长

1982—1986 年的 5 年间, 社会集团购买力年增长分别是 6.9%、13.58%、34.73%、2.08%、25.22%;而居民消费品购买力年增长分别是 6.95%、10.02%、13.92%、11.98%、18.62%,除 1982、1985 年外,其余各年份均超过居民消费品购买力增长。

(七)消费结构有了很大变化

1978 年同 1986 年相比,吃的比重由 39.58%下降到 30.98%;穿的比重由 19.4%上升到 28.43%;用的比重由 34.57%上升到 36.39%;烧的比重由 6.44%下降到 4.5%;城镇居民人均居住面积由 6 平方米增加到 7.54 平方米;城镇每万人拥有自行车由 3259 辆增加到 4670 辆,农村由 731 辆增加到 1238 辆。消费结构的变化带动了流通规模的扩大。1978 年到 1987 年的 10 年间,社会商品零售总额增长了 2.1 倍,其中,消费品零售额增长了 2.57 倍,农业生产资料零售额增长了 55.34%,农民对非农居民零售额增长了 12.8 倍。

二、问题透视

从现状分析可以看出, 甘肃省的流通领域和消费领域呈现出一派繁荣兴旺的景象,虽然有些方面发展不平衡,总是能够从一个侧面

反映出甘肃省整个商品经济发展状况。但从另一方面来看,还存在着这样那样的问题,制约着经济更进一步发展,有些甚至已成为瓶颈,长期困扰着经济建设的步伐。

(一)市场环境不宽松

先天不足。市场结构受到生产结构的严重影响,农业生产基础薄弱,靠天吃饭,消费品工业发展比重工业相对滞后,工业经济协作的链条甩在省外,省内市场需要的日用消费品60%以上要靠省外购进和调入,而且多年来基本上是一个常数。

营养不足。随着市场进一步开放,计划商品减少,商品供应方式由分配式和调拨式变为直接采购、拼盘交易和易货贸易,市场供应出现了很大空档,供求始终处于紧张状况中。虽然甘肃省是原材料省,但大部分产品由国家计划调拨,真正能用于串换商品的紧俏物资却是微乎其微。

消化不良。商品流通受交通运输的制约,省内产品外运受限,省外产品经常不能如期到货。商业仓储设施简陋落后。许多商品,特别是常年生产季节消费、季节生产常年消费的商品,以及肉、禽、蛋、菜等鲜活农副产品难以及时调运储存,卖难买难的呼声此起彼伏。

供求失衡。社会商品可供量同社会商品购买力的差额逐年扩大,1981—1987年每年形成的商品零售货源,除1982年比较接近社会商品购买力以外,其余各年均少于社会商品购买力。1981年二者的差额只有1.07亿元,1986年就增加到9.18亿元。不仅总量上失衡,结构也不尽合理。据1988年预测,甘肃省市场供应的290种主要工业产品中,供不应求的80种,占27.4%;供求平衡的154种,占53.3%;供过于求的56种,占19.3%。

(二)流通结构不合理

行业结构不合理。零售和饮食业发展快,服务业发展慢;零售行业中,家用电器、糖烟酒副食商品发展快,五交化商品发展慢;百货行业中,服装、时新商品发展快,小商品、传统商品发展慢;服务业中,盈利大的旅馆业、照相业发展快,浴池、洗染、修理业发展慢。1987 年全省浴池业比上年减少 43.72%,洗染业减少 29.21%。特别是县以下浴池更少, 全省 86 个县只有 20 个浴池, 近 77%的县没有浴池。1986年,以城镇人口为服务对象,每一浴池和洗染店服务人口分别是 11.3 万人、7.2 万人,1987 年又分别增加到 17.3 万人、10.16 万人。

批零结构不合理。随着批发企业安排市场和"蓄水池"职能的日益弱化,批发朝着多元化方向发展,专业批发发展相对缓慢,零售兼营批发却星罗棋布。这种多元化的批发体系,盲目刺激生产,造成了市场供求的混乱,同时影响统一的市场批发网络的形成。

企业结构不合理。目前的企业模式仍然是大而全、小而全,综合经营店多,专业店少,跨行跨业的多,以副营挤主营的多,尤其是仓储、运输企业的专业化、社会化程度差。

(三)市场发育迟缓

市场体系不顺,百家经商,分头作战,政出多门,宏观失控,市场调节随机性大,作用力倾斜,市场无人负责,国营商业主渠道作用处于两难境地。

市场机制不配套,发育不全。基本上仍是一个商品交换市场,资金、劳务、信息、证券交易以及其他生产要素市场发育迟缓。

流通渠道上通下塞,此通彼塞,城乡市场分离的状况虽有一定程度的改变,但还没有真正通开,工业品下乡和农副产品进城时有波动和阻塞。

(四)经营方式不适应

横向联合搞不起来。主要原因:一是受整个产业结构的制约,商品经营同原材料工业联不起来;二是消费品工业基础薄弱,在货源上工商相争,缺乏一盘棋的思想;三是受比较利益原则的左右,和省外能联,和省内却联不起来,和集体能联,和全民却联不起来。

价格运行轨迹不顺。价格政策实行"双轨制",这是不容置疑的事实,但在具体执行中,却表现为管一头,放一头,死一头,活一头。集体、个体商业利用这种价格政策受益很大,发展很快,而全民所有制尤其是国营商业的经营却受到很大限制,无法在同等条件下开展竞争。1985年农副产品经营放开,集市贸易价格每年都以两位数上涨。1978—1984年7年间,集贸市场物价上涨幅度最高达到8.78%(1980年),最低只有0.04%(1982年),而1985、1986、1987年则分别达到16.6%、15.1%、29.5%。1987年集贸市场上的粮、油、菜、肉禽蛋、水产、干鲜果等六大类农副产品成交量达到42.71万吨,相当于城市国营商业同类商品零售量的51.34%。其中,猪肉63.2%,牛肉90.4%,羊肉1.49倍,鲜蛋5.71倍,家禽6.73倍,水产品41.8%,蔬菜3.71倍。市场放开,给人民生活提供了便利,而价格上涨又使群众的实际生活水平下降。

(五)发展后劲不足

一是商业投入产出比例严重失调。一方面,在全省基本建设投资中,商业投资所占比重由1983年的4.85%下降到1986年的2.18%,同期的更新改造资金所占比重也由5.56%下降到4%。另一方面,如果抽象掉商业经营当中的政策性亏损因素,1979—1986年国营商业累计上缴财政各种利税7.9亿元,而省财政拨付的商业网点设施资金只有550万元,仅占上缴数的0.69%。

二是企业留利水平低。利改税后,商业留利比前有所增加,但由于企业规模小型化,留利分散,小型企业绝大部分人均留利都在200元以下,如统筹集中使用,与改革放权的精神相悖,而分散到各企业,又办不了什么事。

三是历史包袱沉重。双退人员逐年增加,基本上几名在职职工就要负担一名退休职工，饮食服务业情况更糟，基本上是"两人抬一人"，甚至"一人背一人"。

四是商业网点破旧。"老、少、边、穷、破"网点比重大，且改造困难，新网点又无力建造，企业仅有的一点钱，只能维持一般的修修补补，许多网点处于勉强营业状态。而且商业网点多集中在城市的闹市区，新建的居民住宅区、工矿区、郊区布网很少。

五是仓储设施落后陈旧。数量少，仓容小，许多企业由于没有仓库，商品只好露天堆放，损失浪费很大。

六是从商人员素质差。全省国营商业系统中中专以上程度的只占 3% 左右，40% 的职工需要进行初级技术培训。社会从商人员的素质就更低。

(六)市场消费压力日益增大

购买力实现率低，结余部分逐年沉淀。社会集团购买形成消费重头，增长速度超过国民收入。1986 年同 1978 年相比，国民收入增长 1.14 倍，年平均增长 10%，而同期的社会集团购买力却增长了 1.97 倍，年平均增长 14.6%。

社会商品购买力实现率

	1981	1982	1983	1984	1985	1986	1987
社会商品购买力(亿元)	35.06	37.33	42.98	54.07	64.23	80	
社会商品零售总额(亿元)	32.81	35.22	38.9	46	58.4	68.4	80
实现率(%)	93.58	94.34	90.48	85.07	90.92	85.51	

国民收入中的消费率下降，消费不足十分明显。甘肃省消费率 1981 年上升到历史最高水平 77.81%，从 1982 年开始逐年下降，1986 年只达到 65.81%。主要是由于消费行为倾斜，热点商品不足，使一部分消费基金不断通过各种金融媒介转化为积累基金。

结余购买力的雪球越滚越大，对市场形成了潜在的压力。1987年年末结余购买力累计达 58.95 亿元，其中城乡居民储蓄 47.28 亿元，手持现金 11.68 亿元。相当于 9 个月的社会商品零售总额，大大超过了 1987 年年末全省库存商品总额 45.74 亿元，一旦冲击市场，后果很难料想。消费面过窄，很难实现即期消费。居民消费需求主要集中在商品市场上，集中在高档耐用消费品和副食品上，而且消费的欲望又远远超过了生产的可能，消费选择出现偏差，空间狭小，很难将热点转移到其他方面。

三、商业结构调整的初步设想

（一）用改革统揽全局，尽快建立适合省情、符合客观经济规律要求的流通机制

以发展的要求进行改革，以改革促进发展，尽量减少新旧体制所产生的摩擦，缩短新旧体制转换的进程。

（二）调整市场结构，巩固和发展各种经济形式并存的流通格局

从甘肃省的实际出发，集体和个体经济成分的发展应再快一些，在市场流通中所占比重应再提高一点，层次应再高一点，步子迈得再大一点，活跃经济的作用发挥得更好一点。尤其要鼓励他们从事市场急需的服务行业和经营项目，弥补市场的"断层"和不足。

（三）调整企业结构，大力提倡企业间的租赁、兼并和企业的拍卖

国营商业的发展要相对集中，要上规模，上水平，发展大店、中心店、示范店。对小型企业能租赁的就租赁，能拍卖的就拍卖，发展方向应是小型化、专业化。对拍卖企业的收入，除清偿债务，职工养老金外，应集中起来，专款专用，连同国家投入和企业集中出来的那部分资金，作为商业建设基金。一是用于建新店或联合体的投资；二是用于调整商业布局和行业合理配置等方面；三是用于商品货源基地建

设,规模生产,规模经营,解决小生产同社会大需求之间的矛盾;四是用于资源开发,发展商办工业,或者同生产企业现成的生产设施结合,建立专门为商业经营服务、产销直接见面的专业化车间。

供销合作店组也可以直接出卖给有钱、有经营能力的农民,这是在恢复"三性"基础上的进一步深化。

(四)大力发展股份制经济,尽快建立与其相配套的证券交易市场

这是减轻消费压力,把储蓄直接转化为投资的最好形式。提倡一些发展前景广阔,信誉好,而资金短缺的大企业从社会筹集资金,发行真正意义上的股票(而不是债券),把一部分消费基金从性质上转变为生产基金。从甘肃省情况来看,居民如能将 10%的消费基金用来购买股票,就会有 5 个亿的货币转化为生产投入,这对于解决当前经济发展中资金短缺的矛盾,不能不说是一件大好事。

(五)要把解决供求矛盾作为发展生产的出发点

尽量把经济协作的链条拉到省内,发展省内日用消费品生产,最大限度地满足供给。以市场引导生产,以生产调节供给,把商品购买力的提高建立在商品可供量增加的基础上,上质量,填空档,补缺门,尽量弱化对外省商品货源的依赖程度,弥补省内市场需求结构、消费结构与生产结构之间的"断层",逐步形成甘肃省日用消费品生产、流通之间的自我循环体系。

四、商业产业政策研究的初步思路

(一)产销一体化政策

这是随着商品经济发展出现的一种新趋势,并不排斥社会分工带来的进步,而是工商关系的更新具体内容有农副产品产销一体化,克服目前产销分割的状况。高档耐用消费品产销一体化,这类产品生命周期短,更新换代快,市场信号灵敏,客观上要求工商联手,密切合

作。长线产品产销一体化,更好地发挥商业腿长、耳灵、渠道多的优势,以最快的速度把商品销售出去,同时促使生产部门加快产品更新,多生产稳定市场大局的商品,如肉、菜等,搞基地联合,规模生产和经营。

(二)强化企业行为的政策

所有企业都要从本企业的实际出发,建立适合其所有制性质和经营形式的企业机制,摆脱行政附属地位,真正做到相对独立,自主经营,自我发展,自负盈亏。供销合作社要强化自身的自治、自主、自动行为,办成真正的合作商业。个体商业要随着发展,逐步向合伙经营和店铺化过渡。国营商业企业内部,要实行国家资金和企业资金分账管理制度,强化企业的盈亏责任。严格区分政府行为与企业的经济责任,实行委托制和代理制。对关系国计民生和稳定市场大局的商品,要建立储备基金,解决好"蓄水池"问题。企业受国家委托经营这部分商品的盈余照章纳税,发生亏损由财政补贴,或者实行定额补贴。国营企业职工的"双退金"要尽快实行社会统筹和社会保险,减轻企业由此带来的压力。禁止社会各方对企业的一切不合理摊派,克服企业办社会的状况。社会各部门兴办的商业和福利性的浴池、食堂、招待所等,都要对社会开放经营,逐步实行企业化。

(三)改革税制

取消国营商业批发部门代扣营业税的规定,以利于国营商业批发扩大经营。个体工商户的税赋采取"一条鞭法",由工商、税收、城建、环卫部门联合,定期核定营业额,统一征收一道税费,然后再按各部门应得份额分配。好处在于简化手续,方便个体经营。

(四)专业化政策

商品经营专业化,这是商业发展的方向,也是商业工作多年来一直要求达到的目标。批发企业内部要继续分专划细经营,有条件的专业科、经营部应当独立核算、自主经营、自负盈亏。零售商业、饮食服务业要按照市场细分原则,大办一些专业店、特色店、传统风味店等。商业储运企业的业务和设施也要对外开放,实行专业化经营。

(五)横向联合政策

从有利于生产流通的整体效益出发,重新组合产销之间、商商之间新型的流通格局,发展企业集团这种能带来规模效益的组织形式。具体形式有:以名优产品为龙头的工商联合销售集团,以商办工业为龙头的农副产品供产销一条龙企业,批发商业联合集团,工商、商商合办的股份公司,批零结合的连锁商店,还有跨地域的商业联购分销、分购联销等。对以上各种联合形式,都需要制订出相应的、与之配套的政策,促其发展。

(六)市场商品经营结构政策

从市场供应短缺的实际出发,对不同的商品实行不同的购销政策和管理办法。关系国计民生的商品经营要加强计划性,影响市场大局的商品应委托国营商业和供销合作社专营,人民基本生活必需品和一些回笼货币的拳头商品,要划分商业经销和工业自销的比例,严格按合同办事。按照商品的重要程度分别采取指令性计划、指导性计划管理和市场调节。

(七)规范市场行为的政策

面对一个开放的市场,不足的市场,基础脆弱的市场,有必要针对市场上的一切商业行为制订相应的法规和政令,加以指导和约束,做到有法可依。所有涉足市场交易的经营者,在遵守法纪和执行政策上要一视同仁,为竞争者创造一个对等的政策环境。

(八)统管社会商业的政策

为解决市场分割、部门分割、管理政出多门的状况,由目前的"多条、多块,多极"的模式向适度集中统一管理过渡,需要建立一个社会商业的管理系统,统筹规划和指导整个社会的商业发展。实行宏观调控,管理职能的主体不再是经营管理,而是"统筹、协调、服务、监督",宜大不宜小,宜粗不宜细,宜宽不宜窄,宜活不宜死,宜放不宜收。除了行政手段和法律手段外,还要赋予其一定的经济手段,将国家每年给商业的投入集中起来,建立商业发展基金,用以扶助薄弱行业(主要是社会必需的)的发展和关键性的大型商业设施建设。同时,还可考虑建立商业银行或商业融资公司,作为商业结算中心和资金融通、拆借中心。资金来源主要依靠国家用于商业的投资、拍卖小型企业的收入、商业内部集资等。

建立行业协会,作为民办的行业管理组织形式,综合指导本行业的发展,出面协调和解决行业发展中出现的问题。同时可以代表行业直接同政府对话,辅佐主管部门履行好管理职责。

(九)培育市场机制的政策

要加速完善市场体系,改变目前单一的商品市场的状况,建立包括资金、信息、劳务、证券交易市场以及其他生产要素市场在内的完整配套的统一市场体系。

(十)相关性政策

商业产业政策研究,不仅仅是商业部门的事,政策的制订和执行中还要受到其他有关经济杠杆部门的制约,需要税收、物价、信贷等有关部门制订相应的配套政策。否则,光靠商业一家制订的政策,在许多情况下就行不通,落不实。

(十一)技术进步政策

商业企业和职工素质的低水平,已成为制约商业发展的关键因素,需要制订有关商业培训和教育方面的政策。商业教育院校和各类培训中心,要向社会全面开放,要把各行各业包括集体、个体在内的从商人员都作为教育培训的对象,长期深造、专业学习和"短、平、快"

培训班相结合,以提高整个社会的商业素质。国营商业批发企业和零售企业,要继续坚持推行规范化标准化管理和服务,力求在管理和服务中促质量,上水平,以此示范于其他商业行为,从而主导市场的社会主义方向。

(十二)行业发展政策

针对行业的不同特点,制订相应的发展政策。一是稳定发展常规产业,二是努力开发新兴产业,三是改造提高传统产业。鼓励、稳定、限制相结合,对发展前景广阔的行业,要创造一个优化的政策环境,大开绿灯,鼓励其发展。对发展前景黯淡、社会效益不佳的行业要出示黄牌警告,甚至出示红牌处罚。以此使行业之间达到最佳配置。

(十三)地区布局政策

商品流通的发展,是以第一、第二产业的发展为前提的,作为第三产业,只是作为配套产业而存在。因此,在地区布局上也要围绕第一、第二产业的发展而进行,按照经济区划、合理流向的原则、客观经济规律的要求来进行。商网建设要同生产发展和人民生活方便程度相适应,继续坚持批发下伸,"七五"期间,争取在全省400多个集镇中有一半以上建立批发下伸点。

(十四)适度平衡的投资政策

多年来,商业为工农业生产和人民生活服务,为国家提供积累作出了巨大贡献,但商业自身的发展却受到很大影响。为了改变投入产出比严重失调的状况,应当在大的方面不影响投资倾斜的前提下,适当增加对商业的投入。

(十五)适度消费政策

在生产发展相对稳定、市场供应不足的条件下,不应当片面强调鼓励消费、刺激消费,应当制订适度的消费政策,合理引导消费,努力拓宽消费领域,把群众集中在高档耐用商品上的热点引导到其他方面,如商品住宅、旅游消费等。同时要消除由于传递示范、相互攀比而产生的消费盲点。尽量满足群众的即期消费,减轻由于延迟消费而造成的市场压力。

(《商经学刊》1988 年第 3 期)

关于新疆对外开放的考察报告

为了加快向西开放的步伐，根据省政府领导的指示和开展西进东挤战略研究的需要，我们于3月28日至4月14日就新疆对外开放,特别是向西开放情况进行了专题考察。先后同新疆维吾尔自治区政府和自治区经济研究中心、对外开放办公室、计委、经贸厅、乌鲁木齐海关、伊犁州政府等20多个部门和地区进行了接触和座谈,参观了霍尔果斯口岸和几家工厂。

通过考察,我们感到新疆维吾尔自治区各级党委和政府向西开放的战略意识浓,决心大,行动快。自治区党委和政府把对外开放当作一着硬棋来走,经过几年的实践,因地制宜地提出了"全方位开放、向西倾斜""内引外联、东联西出"的对外开放战略,把向西倾斜的重点放在对苏开放上,要求各部门把对外开放的主要精力用于对苏开放。自治区十分重视对外开放战略和政策研究,创办了《新疆对外开放战略研究内参》,制订了对外开放的一系列办法和规定,扩大了对外开放的区域和渠道。自治区政府多次组织有关部门和团体进行出访和洽谈,最近又主持召开了对外经济贸易工作会议,研究部署扩大对外开放工作。上述做法,使新疆对外开放的环境逐步优化,吸引力越来越大,发展的前景非常广阔。

考察中我们感到,随着中苏关系正常化步伐的加快,国内向西开放的竞争日趋激烈。各省区,特别是东南各省跨过甘肃省直接与新疆联合起来形成了"闯西口"的潮流,我们已有"近水楼台不得月"的失落感。但我们同时也感到,省政府把向西开放提高到战略地位,作为一项重要工作摆到议事日程上,主要领导亲自抓,这一决策是十分正确和非常必要的。甘肃是新疆的近邻,双方合作的前景十分广阔,只要因势利导,抓住机遇,在向西开放中,我们是可以大有作为的。

一、以对外贸易为先导,带动对外开放的全面发展

新疆的向西开放,是以对苏贸易作为主体和先导的,中华人民共和国成立以来,经历了中华人民共和国成立初期到 1962 年的活跃、1962—1982 年中止、1983—1988 年逐步恢复到迅速发展的时期。后一时期的特点是,单一的国家贸易形式变成了多层次、多渠道的贸易形式,贸易额和易货品种都有较大幅度的增长。1986 年 1 月,中苏两国政府首次达成苏联中亚五个加盟共和国、三个边疆地区与我国新疆维吾尔自治区开展边境贸易的协议。同年 6 月,国家经贸部和新疆维吾尔自治区批准成立了新疆维吾尔地方贸易进出口公司,与苏联的全苏东方外贸公司结为对口贸易伙伴。8 月,新疆派代表团在哈萨克斯坦首都阿拉木图举办了商品展销会,拉开了双方地方贸易的序幕。1988 年,新疆进出口成交额达 7.58 亿美元,实际进出口额达 4.08 亿美元,出口创汇 2.99 亿美元,较上年增长 34.1%。对苏贸易创历史最高纪录,进出口总额完成 3330.9 万美元,其中出口 1682.7 万美元,比上年增长 1.29 倍;进口 1648.2 万美元,较上年增长 88%。在对苏贸易中,地方贸易额与大贸额平分秋色,而且增长速度远远超过了大贸的增长速度。出口商品品种由 1986 年的 11 种扩大到 39 种,进口品种由 1986 年的 14 种扩大到 47 种。

新疆西向贸易的做法主要有以下特点:

(一)机构健全。新疆共批准成立了 14 个地方进出口贸易公司,组建了自治区对外开放领导小组,由自治区常务副主席任组长,分管

经贸工作的副主席任副组长,所有涉外工作部门——外办、旅游局、海关、外汇管理局、经贸厅、中国银行的一把手是领导小组成员。领导小组下设办公室,作为常设机构,统一协调涉外工作。

(二)方式多样。新疆的边境贸易分三个层次展开。一是自治区一级,由专业公司统一归口对外新疆地方贸易公司,负责对苏联和东欧国家的贸易,喀什丝路进出口贸易公司负责对巴基斯坦和西亚各国的贸易;二是新疆边境州、县与毗邻的加盟共和国进行地方贸易;三是准备开放一些边境城镇如霍城县清水镇,允许苏联边民入境搞互市贸易。除上述三个层次的贸易交往外,新疆还同苏联的对等城市互设了展销商场:乌鲁木齐市红山商场、伊宁市工业品贸易中心、霍城县百货商店分别与苏联的阿拉木图市、塔尔迪库尔干州和潘菲洛夫县的商店建立了对等的选货关系。双方还互相举办商品展销会,定期或不定期地看样订货。近几年新疆每年都在苏联搞展销。1988年5月,苏联和巴基斯坦分别在伊宁、喀什举办地方性商品展销会;8月,伊宁、喀什又要到对方回展。

(三)政策优惠。自治区实行对苏出口的商品一律不纳关税、从苏联进口的商品减半征税的政策,调动了地方进出口贸易的积极性。

(四)区域广阔。新疆对外开放的县市,已由1985年的4个扩大为25个,主要城市和地区已全部对外开放。已恢复开放的口岸有霍尔果斯、红其拉甫、吐尔尕特三个,其他口岸如巴克图、吉木乃以及航空港也在积极作开放前的准备。开始初步形成对印、巴、苏、蒙的区域辐射和多元交流的开放格局。

新疆依靠得天独厚的地缘优势和中央给的优惠政策,在对外开放中已迈出了一大步,但也存在着一些制约因素。一是国家政策的制约,如:①国家规定新疆不能到外省组织货源对苏出口,也不得把从苏易进的货物销往外省。而新疆自己的产品满足不了苏方的需求,易进的商品如化肥、钢材、钢琴等，又不为新疆本身所能消化。虽然新疆在具体做法上对中央的禁令有所突破，但在总体上仍未改观。②规定大贸有外汇留成，未给地方货易授予外汇留成权，影响了地贸业务的进展和企业供货的积极性。③对进口的主要物资如钢材、化肥配额控制很严，限制了地贸额的扩大。二是对外贸易中独家经营的局面仍未打破。享有对苏贸易经营权的14家公司中，有8家是原有的专业外贸公司，5家地、州公司仍然统管所在地的大贸和地贸业务。三是大贸和地贸经营条件不对等，地贸易进的货物采取归口管理的办法，影响以进养出和经营企业的积极性。四是经贸厅注重考虑直属企业的利益，对地贸公司支持、指导不够，甚至制约地贸发展。五是目前向西开放的硬环境差。交通运输路线长，运输手段单一；通信设施落后；口岸建设缓慢，仓储设施简陋。

因此，甘肃省要向西开放，必须贸易先行，带动全面开放。这是因为：

（一）中苏关系正常化后两国经济贸易关系肯定会有较大的进展。同时，外汇短缺、商品互补性强这一共同特点决定了两国更适于成为贸易伙伴。

（二）我国同苏联及东欧国家的经济过去都是单一的计划经济，目前都处在改革和建立商品经济运行机制的过程中，不具备向外投资的条件。因此，贸易仍是对外开放的主渠道。苏联、东欧国家已给地方、部门、大企业下放了直接外贸经营权，也有利于我们开展外贸活动。

（三）苏联市场消费品紧缺，给我们提供了扩大贸易的机遇。

（四）西亚各国虽拥有大量"石油美元"，但由于我国西部的投资环境差，近期内还难以大量引进外资。因此，我们的开放只能以贸易为先导，逐步向其他领域扩展。

为了有效地发挥对外贸易的先导作用，当前应抓好以下几项工作：

（一）继续深化外贸体制改革，建立一个有利于调动各方面积极性的对外贸易机制。一是要坚决实行政企分开，省外经贸委只履行行政管理职能，负责全省对外经济贸易的政策研究和宏观管理，各专业外贸公司直接承担进出口任务和地方财政的经济责任。二是要打破独家经营的外贸局面，成立甘肃省地方贸易进出口公司，实行"自找货源、自行销售、自求平衡、自负盈亏、自主管理、自行谈判"，专门承担对苏联、东欧及西亚诸国的地方经济贸易业务。三是要继续给有条件的生产企业直接赋予地方外贸经营权，使其在规定的范围内直接开展对外贸易。

（二）积极组织和参与对外贸易订货会、洽谈会、展销会。鼓励有条件的企业到边境或国外设立贸易窗口；选择几个大型百货商店同苏联的对等商店建立直接贸易联系，互相选兑商品；鼓励有条件的商业企业和个人积极参加边境互市贸易；发展记账贸易、堆货贸易、寄售贸易等多种贸易形式，并积极探索同苏联、东欧国家开展现汇贸易的途径。

（三）对承担外贸出口商品生产任务的企业，在资金、原材料、能源、运输、技术改造等方面适时给予扶持。

（四）有效地调整甘肃省出口产品结构，以适应对苏贸易发展的需要。对于能够打入苏联市场的产品，要逐项研究，提出方案，加快技术改造步伐，上批量、上水平、增能力，争取提高市场占有份额。要加强出口商品生产基地和出口专厂（车间）的建设工作。

（五）科学合理地组织易货贸易。对易货贸易中易进的一些重要物资，按照"谁易进、谁受益"的原则，由易进企业自行平衡；对一些易进的国内专营商品，可以由易进企业同专营部门联营，利益均沾；对一些紧缺商品，可以收取一定额度的外汇，用于扶持出口创汇产品的生产,以进养出;对一些平衡难度较大的商品,由省计委和物资管理部门协助易进企业平衡调剂。

二、以经济技术合作为主要内容,推动对外开放向纵深发展

为了夯实外贸基础,增强外贸后劲,必须把外贸与经济技术合作有机地结合起来,促进商品生产的发展。新疆在这一方面看得准、抓得紧,一旦拿定了主意,就动员各方面的力量积极组织实施,采用多种方法扩大宣传与交流。1987 年,全区对外签约并履行合同的利用外资项目有 40 个,实际利用外资 4500 多万美元。1988 年,新疆加强了对外经济技术合作的活动,5 月在苏联乌兹别克斯坦加盟共和国首都塔什干举办的商品展览会上,除签订 4918 万瑞士法郎的进出口商品合同外,还签订合办企业、合作生产、"三来一补"、科技合作等项目意向书 30 份;7 月,在北京举行的新闻发布会上发布的 93 项合作项目中,有 63 项是合资合作项目,总投资 2.29 亿美元。类似的对外经济技术合作项目发布会、洽谈会、商品展销会还在乌鲁木齐、香港、大阪、布拉格等地举行过。利用外资的地区,已从我国港澳地区、日本,扩大到美国、英国、加拿大、法国、丹麦、瑞典、澳大利亚、联合国国际组织和机构。1988 年,新疆共新增利用外资项目 5 个,协议资金 2071 万美元;争取到的外国政府贷款和无偿援助项目 11 个;通过各种渠道引进外资 6900 多万美元,是前几年引进外资的总和。1987 年共派出对苏经济技术合作团组 29 批,与苏联签订经济技术合作项目合同、协议和意向书 49 份。

新疆的做法对我们不无启示。借鉴新疆的经验,我们在对外经济技术合作方面要:

(一)认清形势,把握机遇。中苏关系正常化以后,双方经济技术合作的前景十分广阔。苏联的技术比西方技术更适合甘肃省的实际,加之"一五"期间苏联援助我国建设的 156 项重点工程中,就有 16 项在甘肃省,双方工程技术人员有过较多交往,有着良好的合作基础。苏联远东地区和西亚各国的开发与建设需要大量劳务,尤其是两伊停火后,伊朗庞大的重建计划更需要大批的劳力和传统产品。在这些方面,甘肃省大有文章可做。中东石油美元充斥,仅海湾国家就有约 4500 亿美元的资金亟须寻找投资场所,其利率低,附加条件少,只要甘肃省能优化投资环境,就有可能引进我们所需的资金。所以,我们必须把握住这个机遇。

(二)制定优惠政策,改善合作环境。甘肃省至今还没有出台一个具体的对外经济技术合作的优惠政策,这就增加了部门、企业开展对外经济技术合作的难度,也使国外客商顾虑重重,至少感到我们的政策缺乏透明度。因此,必须尽快制定一些切实可行的优惠政策,以鼓励和吸引外商、外资同我们合作。

(三)加大宣传力度。组织有关部门和企业尽快筛选一批具有吸引力的经济技术合作项目,通过新闻发布会、贸易洽谈会、组团对口考察等形式,利用报刊、电台、电视台等新闻媒介,动员官方的、民间的各种力量进行宣传,扩大影响,吸引外商。

(四)建立劳务培训基地,提高劳务人员素质。对欲输出的劳务进行有计划、有组织的教育和技术培训,实行劳务出口合格证制度,保证输出合格的劳务。

三、以科技、文化、宗教、旅游、侨务等多元交流为桥梁和纽带,促进全方位开放

新疆充分发挥了侨务、旅游、科技、文化等交流的作用,促进了对外开放和经济的发展。新疆全区在国外有外籍华人和华侨 35 万人,他们与新疆有着千丝万缕的联系。从 1979 年开始,回来探亲观光的

人逐年增多,1988年达到1.57万人。通过他们与新疆的往来,扩大了新疆在国外的影响,为新疆的建设吸引了资金和技术。1987年9月,新疆维吾尔自治区举办第二次经济协作洽谈会,有100多名侨胞参加了洽谈。洽谈会谈成合资、合作、独资、补偿贸易项目39个,其中侨务对象投资的有27个,占69.3%;协议引进资金10484万美元,其中侨务对象7925万美元,占76%;已经落实引进资金5115万美元,其中侨资4591万美元,占90%。1980—1988年,共落实合资项目23个,其中侨胞、港胞投资15个;合作项目3个,独资企业2个,全是侨务工作对象的;补偿贸易项目11个,其中7个是侨务工作对象投的资。自1986年以来,自治区共接受侨胞捐资586万美元。截至1987年年底,全区已有侨属企业52家,拥有资金250万元。

新疆的旅游业发展很快。1978年以来的11年内共接待游客20多万人,创汇6500多万美元。游客数和创汇每年增长30%,高于全国水平。这次考察中,我们感受最深的是新疆旅游工作很有特色。一是指导思想明确,旅游部门紧紧围绕自治区经济发展和对外开放展开工作。二是旅游部门领导很有战略眼光和经济策略。他们针对新疆的三大旅游资源(文物古迹、民俗民情、自然风貌)和国外游客的不同兴趣,制定出为巴基斯坦人搞经商旅游、苏联人搞探亲旅游、欧美人搞民俗旅游、日本人搞古迹旅游的方案。与此相适应,又制定出与苏联、巴基斯坦并通过苏、巴推荐第三国搞一日游、三日游、五日游、七日游的措施,利用新疆的地理风貌,吸引外国游客搞沙漠游、草原游、民俗游、汽车拉力赛、登山、赛马和各项运动会。与内地省市联系,搞联合旅游;与荣毅仁的中信公司挂钩,接待高智能旅游团组以吸引技术;与苏联的阿拉木图协作拍摄一些电视片,互相作宣传,取得了明显效果。三是体制合理,政策完善。新疆的旅游业政企分开,旅游公司与旅游局在经济上脱钩,所得税、能源交通基金返还旅游企业用于还贷和发展旅游事业。旅游业的发展产生了良好的经济和社会效益；扩大了新疆与国外的联系，已同 43 个国家的 121 个旅行社建立了业务联系，1987 年共接待国外游客和华侨、港澳同胞 5.9 万人，比上年增长 26.1%；增加了地方收入，1987 年全区旅游创汇 1850 万美元，比上年增长 32.1%。塔吉克自治县全县只有 1200 人，1987 年仅旅游业收入就达 300 万美元，相当于 1987 年全县工农业的总收入；随着旅游业的发展，促进了交通业的发展，新疆航空公司从 1986 年起扭亏为盈，增购了 4 架大飞机和 2 架小飞机，红其拉甫通往喀什的 420 公里土路也于 1987 年全部铺设了柏油。

新疆对外科技交流也比较活跃。与土耳其、阿联酋、巴基斯坦等国家互派科技代表团考察、访问，与日本、美国、加拿大等国也有一定的技术来往。与苏联的科技交流进展较快，1987 年 3 月从苏联引进了"撒马尔罕科学院 2 号"棉种；7 月，自治区科委在莫斯科参加了中苏科技合作分委会会议，并与哈萨克斯坦、白俄罗斯两个加盟共和国达成了开展科技合作的一些协议；8 月，自治区科委先后与吉尔吉斯斯坦、哈萨克斯坦、乌兹别克斯坦三国经贸代表团就农业、畜牧业、水利、石油、建材、冶金、地质矿产等领域的合作交流进行了洽谈；9 月，自治区邀请东欧驻华使馆的科技外交官参观了新疆。1988 年秋，新疆积极筹备参加了在莫斯科举办的"中国科技日"。新疆社会科学院、新疆大学等科研单位和院校随后也派学术团体访问了西亚、中亚的一些国家和地区。

甘肃省科技、文化、旅游、民族、劳务等在对外开放中具有一定的优势，大有可为。一是石油、化工、冰川沙漠研究、地质勘探、有色金属冶炼、机械电器等方面有一定的优势。二是甘肃省为先秦文化和北朝文化的重要发祥地，也是敦煌学、花儿和"丝路花雨"的故乡，考古学上典型的母系氏族和父系氏族文化遗址也在甘肃省。三是旅游资源丰富,驰名中外的敦煌莫高窟和月牙泉、神采各异的麦积山石窟和炳灵寺石窟、黄教第三大寺拉卜楞、星罗棋布的临夏清真寺,以及古丝绸之路,已越来越引起外国人的兴趣。四是甘肃省信仰伊斯兰教的人有 120 多万,这些民族和中亚、西亚许多民族在血缘上和宗教感情上有着千丝万缕的联系。临夏素有"小麦加"之称,中华人民共和国成立前国内就有"远朝麦加、近朝临夏"的习俗。改革开放以来,临夏在国外的知名度越来越高,几乎成了国外穆斯林来我国访问时的必顾之地。五是侨务工作对象 2 万多人的亲属分布在 54 个国家和地区,他们的职业构成和社会知名度均比较高。例如甘肃省在中东的侨胞中,搞企业的居多;在美国的侨胞中,就有 400 多名知名度较高的知识分子。因此,在扩大甘肃省与国外的交流以及引进资金、技术方面,侨务工作大有可为。

如何发掘甘肃省的这些潜力,发挥甘肃省的优势,扩大对外开放,我们认为应该从如下几个方面入手:

(一)强化管理体制。为了加强对外开放的统一领导,必须有一个与此相适应的管理体制。建议成立由一位副省长挂帅,省计委、外经贸委、研究中心、财政、税务、物价、物资、中国银行、外办、旅游等部门主要负责同志参加的对外开放协调领导小组,负责对外开放的宏观管理,协调各部门的关系,研究制定有关政策、计划和实施方案。凡领导小组决定的有关涉外事宜,各单位要一律执行。领导小组下设办公室,配专职主任。办公室可设在省政府,也可与省计委外经处合署办公,办公室主任兼计委副主任。

(二)把民族和宗教优势转化为经济优势。1. 优化贸易环境和投资环境,建立临夏伊斯兰经济开发区,并依照民族区域自治法的规定,赋予其特殊政策,支持其以多种方式吸引西亚、中亚穆斯林到开发区经商旅游,争取国外投资或无偿援助。2. 建立旅游商品和民族特需用品生产基地。3. 鼓励少数民族走南闯北搞经商和组织穆斯林劳务大军。

（三）大力发展旅游业。1. 提高旅游管理部门的素质,加强旅游调研工作。2. 改革旅游管理体制,实行政企分开,放宽旅游政策,建立敦煌旅游经济开发试验区和国际旅游城。五年内,对旅游企业实行税前还贷,所得税、能源交通基金全额返还,以支持其自我发展。3. 加强旅游宣传,编写多种文字的宣传材料,通过多种媒介宣传甘肃。4. 开辟新的旅游景点,如尽快发掘安西榆林窟、祁连山"七一"冰川、文县天池、山丹军马场等风景区。5. 改善交通条件,与新疆联合开辟国际空港,改造通往九寨沟、炳灵寺、安西榆林窟的公路。6. 开辟新的旅游项目,如汽车、摩托车赛、赛马、骑骆驼等。7. 开发旅游产品,努力提高商品性收入在旅游收入中的比重。

（四）调动多方面对外交流的积极性。1. 开展同苏联、东欧、西亚的软科学交流,适当的时候由省政府组织一个综合考察团,统一作综合性的调查研究,为省领导的决策提供建议和依据。2. 鼓励科学院、兰州大学苏联东欧研究室、兰石、兰炼等单位利用与苏联的关系扩大来往。3. 文化部门利用杂技、武术、民族歌舞、敦煌学研究等活动,与中亚、西亚进行来往,也可以开展商业性的对外演出和展览,宣传甘肃,创汇增收。4. 教育部门可通过互派专家讲学、代培留学生和学术交流,积极与苏联和中东国家扩大联系。5. 侨务和宗教部门也要主动在国外寻找代理商、经纪人、信息员,为进一步发展甘肃省与中亚、西亚的经济往来牵线搭桥。6. 地方议会间的对外交流也有待于开拓。

（五）抓紧培养外语适用人才。省教委尽快组织安排开设中学俄语课,并牵头调动大专院校和社会俄语、阿语人才的积极性,尽快开展培训俄语和阿语人才的工作。

四、以甘新联合为主要途径，打开西部通道

由于自然地理条件及国家政策方面的原因，甘肃向西开放必须走与新疆联合的道路。因为这既是双方利益之所系，也是双方愿望之所在。我们在新疆期间，从政府领导到基层单位，都有与我们联合的强烈愿望。自治区副主席金荣辉同志邀请甘肃省的政府领导赴新疆考察，洽谈联合事宜。甘肃省许多地、市也与新疆有关地、市结成了友好地、市。同时我们也看到，外省区在这一方面已走到了我们前面。现在几乎所有省、市都派人到新疆做了考察，而且大多是省、市领导亲自带队。目前已有十几个省提出要在新疆设立办事处，60多家企业和单位申请在霍尔果斯口岸设立窗口。相比之下，我们的工作有些滞后，在新疆仅有一两个窗口、劳务工作站和商业厅驻新疆办事处，而且因缺乏省政府出面，这两个窗口还是"黑人黑户"。为此，建议政府把甘新联合当作向西开放的一件大事来抓。

开展甘新联合，首先应加强省际联系。建议由省上主要领导带队，尽快赴新疆考察，进行两省区之间的最高级首脑会晤，为今后的联合奠定基础。省级各有关部门可从自己的实际出发，带上项目，先行进疆，同对口部门进行实质性接触，为省领导的考察做一些前期准备。争取在考察期间就资源开发、经济合作、联合对外等一些实质性问题达成协议，尽量争取落实一批项目，使甘新联合能够有一个良好的开端。其次建议省政府尽快考虑在新疆设立办事处，统一指导和协调甘新联合及向西开放工作。

根据两省区的实际，发展甘新联合可以采取以下10种具体形式：

（一）贸易联合。根据西部市场需求和对苏易货贸易的特点，按照"联合对外、互惠互利"的原则，对易出的商品由两省区共同组织货源，对易进的商品由两省区共同开辟市场，共担风险，利益均沾。具体

组织形式可采取联营、代理,甚至买断。要克服怕吃亏的思想,不要做一锤子的买卖,不要急功近利想一口吃成个胖子。微利保本就可以干,让新疆多得一些利益,我们的商品就能多占领一些市场。

(二)生产联合。立足于省内现有生产能力的发挥,充分利用新疆优越的资源条件和政策环境,共同开发,合资办厂,兴办生产联合体。特别要在塔北油田的开发中,发挥甘肃省在石油勘探、开采、机械制造、石油化工等多方面的优势,大显身手。鼓励省内大中型企业组成企业集团,到新疆承包、租赁、兼并企业。

(三)科技联合。建立两省区科研技术联合协作关系,兴办科研联合体,共同开展科技交流、新技术开发等。据了解,仅塔北油田开发中的许多技术攻关项目,甘肃省就有能力和优势去拿下来。

(四)信息联合。现在许多事情往往由于信息不灵而贻误时机,好的开发项目迟迟得不到开发,好的技术得不到应用。因此,有必要建立两省区间的信息网络。省区级的信息中心宜尽快联网,建立长期的合作关系,打破封锁,互通情况,定期交流。

(五)资金联合。经济开发中的一个重要因素是资金,有些开发项目单凭一个省的力量是无法承担的,尤其是在治理整顿的环境中更是如此。但每一个地方并非没有潜力可挖。因此,应该开放两省区的资金市场,大力开展资金融通和拆借,省区间可以跨境发行股票、债券,联合集资;同时还可以联合起来向中央要政策,如申请建立西部开发银行等。

(六)人才联合。积极开拓人才市场,联合开发人才资源,在共同利益驱动下,鼓励人才在两省区间流动,相互领办和承包企业。对开发中急需的专门人才,可以联合组织力量进行培训。在人才使用上相互调剂,发挥其特长,用以巩固人才队伍。

(七)劳务联合。在这一方面,两省区合作的前景是十分广阔的。

西亚、中亚各国的劳务市场需要我们联合去开发,新疆的大规模开发也需要甘肃省的劳务大军去支援。甘肃省目前在新疆做工的劳务近12万人,其中包括统一组织的、投亲靠友的、自流的等等,全年总收入可达1亿多元。这些劳务主要从事摘棉种粮、建筑盖房、烧砖制瓦、挖盐开矿、家庭服务等,还有一些领域尚未涉入。新疆地大物博,劳动力稀缺,为甘肃省的劳务输出提供了市场,只要我们能抓住机遇,主动与新疆联合,就会有一个大的发展。

(八)运输联合。不论是"东联西出",还是"西进东挤",交通运输问题始终是一个致命的制约因素,需要两省区联合去解决。如何发挥兰新、陇海线和即将开通的北疆铁路的运输能力,以及解决塔北油田的油运等,需要两省区共同去研究。许多问题需要两省区相互支持、合力解决。

(九)旅游联合。充分发挥两省区旅游资源的优势,通力开发旅游景点和旅游项目,开辟新的旅游路线,共同开发旅游产品,联合组团考察,相互宣传,互相介绍游客,联合组织丝路全程旅游等。

(十)政策联合。为了给今后的发展创造一个优良的政策环境,两省区应就共同关心的问题在政策上相互给予照顾,并就某些问题在政策上达成默契,共同研究制订一些有利于两省区开发和开放的优惠政策。

(《经济动态与决策》1989年第19期)

2000年的甘肃对外开放

实行对外开放是党的十一届三中全会以来坚定不移的基本国策,是不可阻挡的历史潮流。甘肃地处祖国西北内陆,经济发展长期处于半封闭的落后状态。实践证明,越落后的地区越要实行开放政策,积极利用国内外有利条件,以天下之长,补自己之短,以开放促开发。因此,敞开甘肃大门,对国内外实行全方位、多层次、大跨度的开放,是振兴甘肃的一个关键因素。面对其他省区对外开放的迅猛发展,以及我们与先进地区差距的进一步加大,加快甘肃省开放步伐已刻不容缓,势在必行。应该深入研究甘肃对外开放的形势、问题和有利条件,进一步明确我们对外开放的指导思想、基本目标和对策,以促进甘肃对外开放迅速、健康地发展,以崭新的面貌迎接2000年的到来。

一、对外开放的程度和规模不断扩大

1979年以来,甘肃省认真贯彻对外开放的方针,敞开大门,开发致富,对外开放有了突破性的进展。对外往来已发展到世界的五大洲60多个国家和地区。1979—1988年,来访的国宾和各方面的友好人士共计2.08万人,年均2000多人,相当于1978年的10倍。出国人员也大幅度增加,十年来,全省共派出5000多人,分赴世界50多个国家和地区进行友好访问、洽谈生意、开展科学技术合作与交流。专业人员出国已占出国总人数的 70% 以上,劳务人员占 20% 左右。对外开放和部分对外开放的市、县、区已有 52 个,先后与国外城市和地区建立了三对友好关系。

1979—1988 年,甘肃对外贸易已同 50 多个国家和地区建立了经贸关系,年出口创汇突破 1.5 亿美元,利用外资合同额已达 3.53 亿美元。已同日本、美国、中国香港等 20 多个国家(地区)有了经济技术合作关系。先后聘请各类外国专家 532 名,引进先进技术设备 320 多项。在国外建立合营企业 6 家,营业额 1000 多万美元。对外承包工程 42 项,建筑总面积 34 万平方米,合同额达 2 亿美元,对外劳务输出也有新的进展。接受国外援助 119 项,金额 6126 万美元。执行国家对外援助项目 26 个,总金额 3 亿多元。旅游业和对外文化、艺术、体育等交流日趋活跃,已接待海外游客 17 万多人次,创汇 4000 多万美元。1987 年以来,对苏联、东欧国家的经贸工作有新的发展,执行国贸合同 1458 万美元,地方贸易也开始发展。对国内开放开创了新的局面,省内 220 多个部门、企业和地县政府同全国 28 个省市建立了长期对口协作和横向经济联合关系,已落实协作、联合项目 3000 多个,引进省外资金 10 亿多元。以上各项对外开放工作,加强了甘肃省的基础设施建设,促进了省内原材料、轻纺和机电工业的发展,对加快甘肃省农村脱贫致富及资源开发步伐、改变贫困面貌发挥了积极作用。

二、差距与优势并存,开放潜力巨大

从纵向看,甘肃对外开放取得了显著成绩。但与兄弟省区横向对比,甘肃省的开放程度小,步伐慢,尚属落后。1988 年甘肃出口创汇额名列全国第 26 位,对外经济技术合作的领域还很狭小,引进资金、技术的规模不大,劳务输出仅仅是起步,"西进通道"尚未真正开通,整个对外开放工作还远远赶不上形势发展的需要。

当前制约甘肃省对外开放深入发展的主要因素:一是由于受长期封闭的影响,思想保守,观念陈旧,视野狭小,对国外知之甚少,许多人缺乏紧迫感和责任感。二是开放政策有待完善,如发展易货贸易、横向经济联合等方面缺少比较成熟、完善的政策和办法,引进外资的政策出台过晚,国家对我们的政策投入也少,既不像沿海那样放得开,也不像对相邻省区那样优惠。三是外贸体制改革进展缓慢,独家经营的思想未能打破,严重影响出口创汇的大幅度增长。四是投资环境欠佳,对国内外客商、资金的吸引力小,基础设施较为落后,交通运输紧张,通信手段落后,配套资金短缺。五是外贸商品收购价格过死,外贸企业缺乏积极性,出口商品基地和专业出口发展缓慢;外贸工作效率低,一些环节上的扯皮往往贻误时机;出口的一些单位不用汇,用汇的不少单位不创汇,政策导向和经济调节上如何调动出口企业的积极性、增强用汇单位的偿还能力是一大问题。六是区位条件差,地处内陆,没有海陆口岸,客观上给对外开放带来了困难。

甘肃的对外开放同时具备独特的优势条件,主要是:第一,国家政策和投资将从区域倾斜转向产业倾斜,即转向优先发展农业、能源、原材料工业,加速西部开发与开放,已提上国家的重要议事日程,这是甘肃省对外开放的良好机遇。第二,甘肃土地面积辽阔,拥有丰富的矿产资源、能源资源、农副土特产资源、旅游资源,这为甘肃省的对外开放提供了基本条件,极大地吸引着国内外资金和技术。第三,经过40年的社会主义建设,甘肃已经形成了特色突出、实力较为雄厚的工业体系;农业生产近几年连获丰收,为对外开放奠定了经济基础。第四,民族、侨务等对外开放工作大有可为,甘肃有1.5万户海外侨民和外籍华人,分布在54个国家和地区,省内有10多个少数民族,特别是有 130 多万穆斯林群众,他们与中东、西亚许多国家有往来,发展民族贸易、民族旅游、民族劳务输出的前景很广阔。第五,以苏联、东欧和西亚为主要目标的向西开放,已成为我国对外开放的战略选择之一,产业和资源的互补为甘肃省发展西进贸易提供了良好的机遇和广阔的市场。1990 年北疆铁路与苏联中亚铁路接轨,国家准备修建武威南至吐鲁番的铁路复线,这将极大地改善甘肃对外开放的环境条件,有利于我们以交通促进向西发展,东西并举,双向对外开放。

三、对外开放战略的基本对策

甘肃的对外开放,必须敞开大门,以开放带开发,以开发促开放,以丰富的资源、优惠的政策、良好的环境、真挚的诚意,广泛吸引国内外的资金、技术、人才和客商,积极发展对外经济贸易和合作,联合开发建设甘肃,使之赶上历史潮流,才能实现经济振兴。基本对策是:

(一)解放思想,开拓竞争,抓住机遇,重振丝路

要坚决贯彻执行党和国家各项改革开放的方针、政策,虚心向先进省区学习,更新保守的传统观念,不断增强开放意识。放开手脚,主动出击,勇于开拓创新,敢于承担风险,充分利用各种机遇,积极改变滞后的开放局面,振兴现代丝绸之路。

(二)加强对外开放的组织领导和队伍建设

改革调整涉外机构,成立甘肃对外开放协调领导小组,负责对外开放的全面管理和协调工作,研究制订发展战略、有关政策和实施方案,提高办事效率。建立起适合开放需要的管理机制,加强对各项开放工作和涉外部门的宏观管理和政策指导,在治理整顿和深化改革中积极对外开放。要培养涉外人才,严明外事纪律,加强廉政建设,提高队伍素质。

(三)完善政策,加强基础建设,不断优化对外开放的社会经济环境

要把甘肃省对外开放推向一个新高度,必须有吸引力的政策体系做保证。尽快制定和完善地方性的对外开放政策和规定,同时落实并用好用足现有的出口创汇、引进外资等优惠政策,使国内外的客商乐于同我们合作与投资。要加强交通、通信和其他基础性设施建设,加强金融、保险、信息等各项服务体系建设。

(四)官民并举,多方合作,多渠道、多层次、多行业对外开放

适当增加政府代表团出访,建立和巩固与国外地区、城市的友好关系,积极发展地方性的外贸、外经合作。在统一领导下,对外开放工作要向民间延伸发展,个人、集体、社会团体、工商企业、科研学术单位都可以积极发展相应的对外业务往来,增加相互了解,促进甘肃发展。政府要为民间对外开放提供宏观指导和有效的服务,官方、民间共同打开各种对外开放的渠道。

(五)发挥优势,扬长避短,在较高起点上对外开放

对外开放不仅仅是与外国人做生意,根本目标是:通过对外开放,加速开发本省资源,强化工农业基础,加快农村脱贫致富,推动甘肃产业结构调整和技术进步,发展深精加工,实现增殖战略,使资源优势尽快转化为经济优势。要充分利用现有的基础和优势,利用五个开发试验小区的建设,依托主导产业部门和大中型骨干企业,直接参与国内外市场竞争,发展对外经济技术合作,追赶国内外先进水平,实现局部超越。以基础条件或资源条件较好的重点城市、重点地区的率先开放带动全省的开放。

(六)积极扩大出口创汇,带动对外开放的全面发展

要建设一大批出口商品生产基地,提高产品质量和档次,调整出口结构,开拓多种贸易方式,建立巩固的外部市场,加强进出口管理,

使出口创汇稳步增长。通过贸易先导、产业联动,建立起各种对外联系与合作关系,拓展其他方面的开放工作。

(七)敞开大门,以利用外资和对外经济技术合作为主要内容,推动对外开放不断向纵深发展

要明确引进与合作的范围,拟定具体项目,公开发布,广为宣传,主动联系,积极洽谈,重点突破,带动全盘。

(八)开阔视野,以旅游、科技、文化、民族、侨务等多元交流为桥梁和纽带,促进甘肃对外开放多途径、多元化发展

充分利用旅游资源和少数民族聚居的优势,在适当时机建立甘肃省的旅游和少数民族对外开放试验区,把甘肃对外开放推进到更广阔的领域。

(九)西进东挤,东西互补,两翼齐飞,全方位开放

要抓住当前国家向西开放、新的亚欧大陆桥即将开通的大好时机,以甘新联合为主要途径,打开"西进"通道,加快发展与苏联、东欧和中东各国的贸易和经济技术合作,使"走西口"尽快取得实质性的进展,迅速扭转这一翼十分薄弱的状况,由远离海外变成就地西进。同时,继续扩大东部国际市场占有份额,巩固和发展对港澳、日本、欧美的传统经贸关系,逐步实现互补互促的东西全方位开放。

(十)国内国外开放并重,大力发展省际横向经济联合与协作

只有搞好对国内的开放,才能壮大对国外开放的实力。甘肃省拥有资源、能源、原材料和工业基础较强的优势,要扬长补短,借优补劣。积极扩大和东部沿海地区的横向联合,借助其资金和技术发展甘肃经济,巩固和开办新的"窗口"企业,充分利用沿海省区的对外渠道和口岸。同时,大力发展"西西"联合,当好"二传手",共同开放与开发,致富繁荣。

(十一)加强对全省外汇和外债的统一管理

要坚持创汇和用汇相结合,量收为支,严禁不合理进口,选准有限目标,集中使用外汇和国外贷款。根据负债能力,积极而慎重地引进外资,合理充分地利用国外援助的现汇、赠款,努力增加旅游、劳务等非贸易外汇收入,实现全省外汇收支基本平衡,保证各项对外开放工作顺利发展。

(魏武峰、马才斌、温友祥等主编:《2000 年的甘肃》第十一章,甘肃人民出版社,1991 年)

关于发展甘肃省生产资料流通产业化的探讨

流通是国民经济的血脉,在整个国民经济发展中具有十分重要的地位和作用。流通功能的强弱直接影响着社会再生产能否正常运转。经济史表明,任何国家任何时期经济发展水平的高低、速度的快慢与流通的发展有着直接的关系。发达国家和我国沿海发达地区经济飞速发展的事实,充分证明了这一点。落后地区经济之所以发展缓慢,一个很重要的原因就是流通对生产的促进和带动作用发挥得不够。

甘肃的经济发展的主要特征是以原材料工业为主导产业,在整个经济结构中,重工业比重占到50%以上,在轻重工业中重工业又占到70%以上。长期以来,原材料工业一直是甘肃省工业的主导产业,这一优势所在使甘肃人民引以为豪,也使以加工业为主的沿海地区称羡不已。但是,由中央政府以行政力量所推动的甘肃资源大规模开发和工业化进程,促进了甘肃现代化经济的成长,但这种现代化工业板块的形成,并没有给甘肃人民带来相应的富裕,资源开发和优势发挥带来的是利益的转移,抑制了地方经济的发展成长,形成了目前这种十分典型的二元经济结构的格局,整个经济循环流程不合理的状况十分明显。从实物流程看,甘肃生产的原材料多年来一直有90%左右被国家指令性计划调走;就生产消费而言,大部分装备、加工工业和轻工业所需的原材料70%来自省外;就生活消费而言,省内所需日用品70%来自省外,而且多年来几乎一直是一个常数;从价值流程看,甘肃生产的原材料产品按照指令性计划渠道廉价流向东部,而东部深加工产品却在加工增值后又回流到本省市场。这种循环流程造成甘肃与全国在经济效益之间明显的落差。从表层看,问题出在产业结构上,也就是说,资源型产业并没有繁育和带动深加工产业的发展。但从深层来看,问题的症结在于以指令性计划为指导,以行政手段为动力的国家资源配置方式,窒息了市场流通在资源配置中的作用,从而产生了甘肃经济发展中特殊的产品价值实现方式。上游工业与下游工业之间的循环关系,越过了市场,通过远程辐射在省外得以实现。为了保全国建设的大局,甘肃的原材料产品支撑和推动了东部沿海地区加工业的迅速发展,而给甘肃却造成了巨大的利益漏洞。

面对这样一种状况,我们曾设想走加工增值的路子,把甘肃省的资源优势和原材料优势真正转化为经济优势,实现富省富民。但这一合理的设想在客观上却受到诸多因素的制约。从外循环来看,加工工业的膨胀对原材料的刚性需求总是把甘肃的主导产业置于平面扩张和病态运转之中,加工工业的一次次景气冲动,迫使我们不得不把主要力量投放在原材料工业上,省内仅有的一点积累大多数都用于周期长的资源开发项目,没有更多的余地来考虑其他产业的发展。从内循环来看,省内的加工工业与原材料工业的耦合不紧密,尽管加工工业的比重也在不断上升,但大多数都是轻纺工业和农副产品加工业,而真正与原材料加工所配套的产业却没有发展起来。我们的加工优势并没有优在原材料产品的加工上,从而无法在省内形成原材料生产加工的良性循环。

在长期的经济建设中,生产资料流通发挥了很大的作用。1991年全省物资系统销售额达25.7亿元,比1983年翻了近两番。面对生产资料流通中出现的多种流通形式和多种价格,物资部门积极参与市场调节,大力组织省内外的协作串换、品种调剂、带料加工、清仓利库等,对满足省内工业生产,特别是对乡镇企业发展起到了积极的作用。随着生产的迅速发展，客观上要求生产资料流通规模在深度和广度上与之相适应，特别是如何通过流通功能的发挥，把甘肃省的原材料优势真正转化成加工业优势和经济优势，把流通对生产的反作用转化为正面的导向作用，这也是市场疲软给我们的重要启示，流通活满盘皆活，流通不活经济就会失去生机。从目前的流通现状来看，已经无法适应这一点，这同我们过去对流通的地位和作用重视不够有关，也同流通本身的发展缓慢有关。因此，要促进经济长期稳定协调发展，必须对流通的地位和作用给予足够的重视，要把生产资料流通作为一个大产业来办。

从甘肃的实际来考察，实现生产资料流通的产业化，具备了一些有利条件，也有一些制约因素。从有利条件看，一是在改革开放的大气候中，计划经济和市场调节有效运行机制的逐步建立，市场供求矛盾的缓和，为生产资料流通的改革和进一步发展提供了一个宽松的外部环境；二是省内得天独厚的资源和原材料优势，为生产资料流通规模的不断扩大奠定了雄厚的物质基础，而且随着生产的不断发展而壮大；三是通过 40 年来的艰苦奋斗，我们已经拥有相当规模的基础设施，这是生产资料流通进一步发展的基本条件。截至 1990 年年底，全省物资系统已拥有经营企业 168 个，固定资产原值 1.85 亿元，自有流动资金 0.14 亿元，库房 476 万平方米，各种载重车辆 332 台，物资库站中的笨重装卸劳动基本上实现了机械化和半机械化；四是拥有一支以国营为主体、社会其他方面为补充的经营队伍。除物资系统的 487 户企业外，还有"产供销一条龙"企业自设流通机构 700 多个，20 多个生产主管厅局自成体系的流通机构 1000 多个，商业、供销、外贸等部门的 1000 多个；五是生产企业和流通部门对兴办生产资料流通产业有着强烈的愿望和积极性。

制约因素主要有：一是为保全国经济建设的大局，短期内原材料产品的指令性计划比重不可能有大的降低,价格也不会放得很开,这就在一定程度上影响着甘肃省生产资料流通规模的扩大;二是市场体系不健全,生产资料市场发育不良,市场引导企业的机制还没有完全形成;三是随着市场调节份额的不断扩大,流通部门在指导思想、经营方式和经营手段等方面还存在着一些不适应的状况;四是流通部门的整体素质不高,特别是企业的经营管理水平和职工队伍的素质有待于进一步提高。

基于以上分析,我们认为,发展甘肃流通产业是大势所趋,势在必行,有利条件与不利因素并存,现实困难与发展机遇同在。只要我们勇于和善于不失时机地把握机遇,努力克服工作中出现的各种困难,以流通功能的充分发挥来带动整个经济的发展是大有希望的。国家物资局局长说:根据流通发展的一般规律和我国物资流通的实际情况,实现 90 年代物资流通发展与改革的目标可分为两个阶段,"八五"阶段的重点是修跑道,加强设施建设,提高管理水平,为后一阶段的起飞打下坚实的基础;"九五"阶段主要是大大推进物资流通的产业化、国际化、社会化和现代化进程。

从甘肃的实际出发,物资流通和发展的总体思路应该是:努力强化流通意识,增强流通功能,深化流通体制改革,积极创造条件,逐步建立计划经济与市场调节有机结合的运行机制,建立高效、畅通、可调控的物资流通体系,努力壮大国营物资企业的实力,进一步发挥其主渠道的作用,开拓市场,大力促销,调整结构,提高效益,把保供工作提高到一个新的水平,力争"八五"打基础,"九五"上规模,为实现国民经济发展第二步战略目标服务。

一、必须对流通在社会再生产中的地位和作用进行再认识

生产决定流通,流通反作用于生产这一浅显的道理已为众多人们所熟知。在以产品经济为特征的大背景下,整个经济运行轨迹完全遵循着生产决定一切的原则,生产什么就销售什么,流通被视之为生产的附属物,流通模式也表现为高度的统购统销,价值规律被摒弃在市场之外,没有发挥其应有的作用。改革开放以来,产品经济的模式被打破,社会主义有计划的商品经济发展使流通的作用表现得越来越突出,市场调节的份额越来越大,流通对生产的反作用逐渐向正面导向转化。然而,就整体来讲,流通作用的发挥仍同商品经济的发展不相适应,1989年下半年以来出现的市场疲软,就充分地表现出流通的滞后效应。特别是物资流通长期以来受生产资料不是商品这一传统观念的束缚,流通的规模和范围都比较狭小,作为甘肃省优势的大宗原材料产品,根本就没有纳入市场流通,而是以国家指令性计划的方式调往省外,使原材料优势无法体现为流通优势。在经济发展的政策取向和工作部署上,处处表现出重生产轻流通的倾向,对整个流通事业的发展缺乏长远的打算,缺乏系统的稳定的发展政策和发展规划,对出现的问题总是采取应急的方式,头痛医头,脚痛医脚,而且更多的是采用行政干预的办法。现代化经济的发展,在很大程度上取决于现代化流通事业的发展,总结历史的经验教训,抓流通和抓生产同等重要,从某种意义上讲甚至比抓生产更为重要。因此,我们对流通问题必须要有一个全新的认识,对流通的地位和作用要给予充分的肯定,坚决克服对待流通问题可有可无、可重可轻、可主可次、可抓可不抓,只是作为权宜之计的短期行为。从政府部门到企业,在组织经济生活和安排生产中,一定要把流通作为出发点,确立一种新的逆向思维方式,根据市场需求组织生产,然后通过市场在满足需求的同时,实现其产品价值。在原材料产品的优势转化上,尤其是要重视和发挥流通的功能,把生产优势真正变成经济优势。以流通为媒介沟通上游工业与下游工业、原材料产品与加工工业之间的有机联系,促进和引导以大带小、以重带轻、以城带乡战略措施的实施。总之，要从产业化的高度来认识流通的重要性，把流通意识贯穿于整个经济活动的始终。

二、建立计划经济与市场调节有机结合的流通机制

流通作为社会再生产的重要环节，是计划经济和市场调节的最佳结合点，解决好流通问题，是发展社会主义有计划商品经济的客观要求。计划经济和市场调节经济运行机制的确立，使国民经济各个方面都发生了很大的变化，生产资料流通也不例外，出现了一些新的情况。一是过去由物资系统独家垄断的经营局面，已被多种经济成分、多条流通渠道、多种经营方式所代替，形成了一种新的充满竞争的流通格局。如国家对生产资料实行指令性计划、指导性计划和市场调节三种管理形式，根据供求情况划分的四种购销方式（指令性、合同订购、产需衔接、自由购销）。据已统计的经营生产资料流通机构，全省已有 3100 多个，而且其他流通形式的经营比重不断上升，而物资部门的经营比重相对下降，1990 年物资系统的物资销售额只占全社会的 14%。二是物资流通中市场调节的部分不断在增加，纳入管理的品种不断在减少。就物资系统本身来说，计划外物资已经超过了计划内经营量。1990 年全省生产、生活消费生产资料 154.93 亿元，其中 99.8 亿元是通过计划外采购、供需衔接、协作串换、保量不保价等市场调节方式解决的，比重占到 64.4%。全省物资系统销售 21.63 亿元，其中指令性计划以外销售 14.53 亿元，占到 67.2%。到 1991 年，比重又上升到 74.2%。钢材、木材、水泥、有色金属材料和化工原料等主要品种连续五年的实物销售量中 60% 以上是靠计划外组织的。三是随着生产的发展，总需求大于总供给的矛盾在总量上趋于缓和，过去靠批条子走后门才能拿到的东西，现在在市场上都能买到，而且有些品种价

格还低于计划内。这种新情况在客观上为甘肃省流通产业的发展提供了良好的机遇,有利于我们立足省内优势扩大对外交流,把经济搞活。但从另一方面看也相应地增加了物资经营的难度,指令性计划物资比重不断下降,而且合同履约率低,价格高,这种状况不但影响经营企业的经济效益,而且也影响着生产企业的物资供应。

流通是生产和消费的中介,是市场作用过程的反映,搞活经济必须把计划与市场有机地结合起来,发展流通同样需要这样做。如果说过去的生产资料流通比较多地体现了行政方式,那么,对新形势下的生产资料流通应该更多地体现经济的方式。就目前情况看,改变现行的生产资料分配格局,只有在加工工业有了相当发展后才有可能,并且这一格局的调整还会遇到既得利益的刚性制约。但不是说我们就无所作为,我们应该积极创造条件,把商品经济和商品交换的常规和惯例引入生产资料流通中来,通过市场去实现其商品的价值,用发展商品经济的办法来防止利益流失。国家指令性计划调拨的这一块,短期内不可能有大的调整,但我们至少可以把省内的这一块活起来,形成一个小气候。随着生产的发展,主要原材料产品留省的比例不断增加,对这一部分的生产资料我们并不反对通过向省外辐射获取差价收入,这从流通行为本身和追求经济利益的动机出发,是无可非议的,但我们并不能满足与此。从国民经济长期稳定协调发展的需要出发,更应该立足打出去引进来,用我们的优势去吸引对方的优势,用我们的肥水引流对方的肥水。就是通过这一部分产品的远程辐射,把沿海发达地区的资金、技术吸引到甘肃,促进和带动省内资源的进一步开发和加工工业的发展,形成原材料生产、流通转化、加工业发展这样一个有机的产业循环链。要根据各类物资的重要程度和供需情况适当减少指令性计划物资品种;对国家合同订购、产需衔接和定点定量不定价的指导性计划物资应运用经济的手段、法律和行政的手段对其购销活动和资源流向进行导向。同时要加强计划调节功能，以利于合理确定生产建设规模、调整产业结构和产品结构，提高资源配置效益。对于省管的这一部分物资，在保持总量平衡的情况下，要继续放开搞活，打破地区界限，允许各地区各部门各企业之间开展物资串换，余缺调剂，互通有无。允许计划内外物资借垫，改变过去那种买酱油的钱不能打醋的状况。国营物资部门和企业要继续发挥主渠道作用，特别是要管住管好重要生产资料的批发，政府应从政策上给予扶持和倾斜，以增强"国家队"的实力和活力。在搞好批发业务的同时，要积极参与市场竞争，适时调整经营结构和经营方式。对于那些省内货源比较充足的产品，可以实行"四就"直拨，开展无库存经营。对那些关系到国计民生的重要物资应建立必要的储备，储备品种的确定一定要稳妥慎重，储备基金的来源可以是原材料产品的差价收入，也可以由财政返还利润，还可以采取银行贷款财政贴息的办法。由于指令性计划每况愈下，省内生产所需原材料供应越来越依赖市场调节，物资部门应该加强采购，积极组织货源，同时，克服惜售思想，做到勤进快销，最大限度地满足省内生产的需求。

三、以改革开放为动力促进物资流通产业化的形成

实现 90 年代物资流通的发展目标，最根本的是要靠进一步深化改革。十年来的改革开放使生产资料流通格局发生了很大变化，促进了流通产业的发展，而这些变化和发展又为改革提供了新的任务和要求，为了促进物资流通产业化、社会化、现代化的进程，必须以改革开放为动力，用改革的办法来解决发展中出现的问题。

（一）继续深化物资流通体制改革

一是要巩固和发展以国营为主体、其他经济形式为补充的物资流通新格局。调动各方面的积极性，各打各的优势仗，保供促销，从深

度和广度上促进流通产业的发展。二是要建立物资部门的宏观调控体系,形成包括物资、计划、外贸、价格、信贷、税收、审计、工商行政管理等各种经济杠杆和监控手段在内的宏观调控系统,提高宏观调控的统一性、及时性和有效性,保证物资流通健康有序的发展。三是物资部门要进一步转变职能,从目前只管国营转变到对全社会重要物资的综合管理。协同计委编制全社会物资平衡计划,定期开展对市场供求形势的分析预测,及时采取措施促进总量平衡和结构平衡,按照国家产业政策的要求采用指令性计划、合同订购、定点定量供应、自销物资导向销售等办法,区别重点和一般,统筹兼顾,合理配置资源。

(二)不断理顺价格,为"并轨"创造条件

改革开放以来,生产资料价格实行了调放结合双轨运行,这种计划与市场相伴生的运行机制,搞活了经济,搞活了流通,但也给经济生活造成了混乱,价格双轨制本来是改革的产物,而它产生的某些后果却与改革的目标和要求背道而驰。在物资短缺、供求矛盾比较突出的情况下,不具备物资价格改革的条件,而在供求矛盾相对平缓、经济环境比较宽松的条件下,理顺价格比较容易,风险也比较小。经济的发展和改革的不断深化,也把价格改革推到了前台。因此,要抓住这一有利的时机,积极稳妥地进行价格体制改革。根据调、放、控、管相结合的原则,逐步理顺价格关系,除了国家定价的品种以外,省管物资应根据不同情况继续实行调放结合。对关系国计民生、垄断性强、供求弹性小、资源制约大的产品,要通过价格调整,逐步并为计划价格;对供求弹性较大、竞争性较强的产品应逐步放开计划价格并入市场轨道;对少数还不具备并轨条件的产品,应逐步缩小计划内外价差,加快向单轨制过渡。要继续扩大企业和部门的价格管理权限,特别是对那些价格弹性大、市场变化快的产品,应该由经营单位根据市场变化情况自主定价,物价部门只是管好物价总水平,只要控制指数不突破,对具体品种价格的高低就不要过多地干涉。

(三)大力发展生产资料市场,不断完善市场体系

国家国民经济和社会发展十年规划和"八五"计划纲要,把扩大生产资料市场,建立健全在国家指导和管理下全国统一的市场体系,列为 90 年代我国经济发展和体制改革的一项重要内容。近几年来,甘肃省生产资料市场发育有了很大的改观,现已建有 17 个综合物资贸易中心,建有钢材、木材、汽车交易等 37 个专业生产资料市场,为搞活生产资料流通发挥了很大作用,但也存在空间布局不合理、辐射范围不广、专业化程度不高和市场体系不配套的问题,与全国的差距还很大。今后十年要把生产资料市场的配套建设作为一项重要的工作进行规划和安排。一是通过生产资料市场的不断发育,用发展商品经济的办法来改造东西部经济协作关系,使东西部的物资供应由现行的指令性计划调拨,逐步发展成为以经济合同为基础,以等价交换为原则的市场调节关系。二是努力搞活省内物资流通,最大限度地满足省内生产所需,关键是要解决好货源问题,凡是能作为原材料产品的都要尽可能地纳入市场交易,除清仓利库、调动社会闲散物资交易外,要重点放在大中型企业进场交易上,放在吸引外地厂商到省内交易上,放在省际物资协作上,放在充分发挥各类物资流通企业的主导作用上,为企业发展创造一个平等竞争的条件。三是在建设好专业性物资交易市场的同时,要不断完善相应的资金、信息、技术等要素市场,使之相互配套协调发展。还要考虑到将来的经营规模,在目前的专业市场逐步扩张的同时,积极向国家申请,建立国家级批发市场,如在兰州争取建成一个国家级有色金属材料专业批发市场,使兰州成为西北乃至全国的有色金属材料的主要集散市场之一。四是在具体办法上,继续实行"统一销价,利润返还",用价值补偿代替实物分配,促使计划内物资市场化。还可以对生产建设企业所需物资实行以

"三定一送"(即定点、定时、定量、送货上门)为主要内容的物资配送制度,可以由一个物资企业独立搞,也可以由若干企业联合搞,可以搞单项物资配送,也可以搞几种物资的综合配送,更好地发挥服务生产的功能。

(四)建立和发展企业集团,强化物资流通的整体功能

组建企业集团是调整产品结构、提高规模效益、实现生产要素优化组合的一条有效途径。除了省内物资企业自组集团外,可以发展跨省、跨地区、跨部门的企业集团,把各个企业的流通优势在更大范围内有机地联合起来,形成新的更大的优势。面对生产企业集团化发展实行产供销一体化的客观形势,流通部门和企业要增强紧迫感和参与意识,不能把自己置身事外,要通过投资开发、入股、参股和联营联销等形式,积极参与生产企业集团,加强工商联系,使生产和流通相得益彰,协调发展。按照甘肃省的实际情况,可以参照"辛迪加"的形式组建企业集团,就是生产和经营同类产品的企业,保持各企业在生产经营、法人地位的相对独立性,原材料采购和产品销售统一由企业集团所属的联营机构办理,然后发挥纯商业批发企业的流通功能,发挥其流通网络分布面广的优势进行分销。

(五)进一步扩大对外开放,在发展物资流通产业化的基础上,向国际化方向发展

从今后的发展态势看,流通产业国际化的趋势非常明显,但目前在国内仍然是国际贸易和国内贸易分割,生产资料流通和生活资料流通分割。为了提高物资流通的产业化水平,必须要打破这两种分割。首先应当给予物资企业一定的进出口权,发挥物资企业的特有优势,直接开展一些拾遗补阙的进出口业务。物资部门可以利用自己长期在国内联系大企业、大工程、大用户的条件,发挥自己在网点、资金、信誉、信息等方面的优势,根据国内生产和市场信息,从实际需要

出发，组织短线产品进口和长线产品出口，解决重点生产建设的需要，更好地服务于国家的经济建设。还可以为大量的"三资"企业提供全方位、多功能、深层次、优质高效的物资供应和产品销售服务，为外商来甘肃投资创造良好的外部环境。

（六）进一步深化物资企业内部改革，转换企业经营机制，建立适应社会主义有计划商品经济发展的现代化流通企业制度

继续坚持各种行之有效的改革形式，不断总结经验教训，巩固完善提高，切实落实企业的经营自主权，实行经理负责制，管理人员聘任制，劳动合同制，工效挂钩和岗位责任制，完善和提高企业内部各项规章制度，采用现代化管理方法和管理手段，提高企业管理水平。小型网点要尽快实行"四放开"（即经营放开、价格放开、分配放开、用工制度放开），逐步建立自主经营、自负盈亏、自我发展、自我约束的企业运行机制。

（七）加强流通领域的法治建设，使各种交易行为都能纳入法治化、规范化的轨道

政府应该研究制订《生产资料管理条例》《市场交易规则》等必要的法规条令，保护合法经营，鼓励正当经营，取缔非法经营和不正当竞争，维护正常的市场交易秩序，使生产资料市场健康有序地向前发展。

四、加强物资流通部门和企业的自身建设，增强发展物资流通产业的功能和火候

实现物资流通的产业化，流通企业本身必须具备一定的实力。在这一方面甘肃省还有很大的差距。按照"八五"打基础，"九五"上规模的总体思路，要把物资流通产业化作为一项重要工作来抓。首先要加强基础设施建设，在这个问题上除了企业的自身努力之外，还要从政策上给予扶持，为其创造一个比较宽松的环境，帮助企业尽快建立自

我积累、自我发展的循环机制。"八五"期间国营物资企业必须在经营网点、仓储设施、信息手段等方面争取有一个较大的发展,增加中心城市物资贸易中心的商品辐射、调节供求、信息交流和多种服务的功能,使其成为所在经济区域内的生产资料供应和集散中心。增加一批新的物资经营网点,特别是大力发展农村网点,对现有的仓储设施填平补齐,力争到"八五"末使仓储设施的吞吐能力、周转速度提高一倍以上。允许物资企业在销售收入中提取5%以内的削价损失准备金,具体比例由各企业视消化能力确定;在坚持从企业留利中提取10%用于补充流动资金的基础上,允许物资企业从销售收入中提取0.5%用于补充流动资金;比照生产企业提取新产品开发基金的办法,物资企业在销售额1%以内提取网点建设开发基金,计入成本。鉴于甘肃省物资仓储企业底子薄、欠账多,并且占用荒地多、露天货场多等实际情况,财税部门应当对其实行所得税返还,并减免土地使用税,对物资库占铁路专用线、技术服务费给予减免,库区内车辆免交养路费。其次,加强职工队伍建设,提高企业经营管理人员的整体素质。要加强对物资部门职工的省情教育,把自己的购销业务同振兴甘肃经济的大目标紧紧连接在一起,从而把优势转化的任务落到实处。同时加强职工的业务培训,采取多种培训形式,力争在"八五"末使现有职工都能培训一遍。

(《甘肃物情》1992 年第 4 期)

关于建立敦煌旅游经济特区的调查与思考

敦煌是我国的历史文化名城,是举世闻名的丝绸之路上的重镇,在我国对外开放的历史上具有重要的一页。1992年年初,在邓小平同志南方谈话和中央2号、4号文件精神指引下,省政府又批准建立敦煌旅游经济开发试验小区,这对敦煌的改革开放和经济建设无疑是一次大的促进和推动。

经济发展水平、独特的旅游资源和已具备相当规模的基础设施,都为敦煌建立特区提供了良好的基本条件。一是经济发展逐年增长。1991年,敦煌市生产总值和工农业总产值分别突破了两亿和三亿元大关,农民人均纯收入突破千元大关。特别是旅游产业的发展已成为经济发展的支柱,旅游社会总收入占全市国内生产总值的比例,已由1980年的2%上升到18%。全市实现利润超过百万元的三户企业中,有两户就是旅游企业。二是旅游资源得天独厚。目前市辖区域内有市级以上重点文物保护单位46处,其中省级以上11处,列为国家重点保护的2处;莫高窟已被联合国教科文组织列入"世界文化遗产"清单。石窟艺术、鸣沙山、月牙泉、玉门关、阳关、汉长城、古城堡、驿站和遍布四周的古墓群,吸引着众多的国内外游客。三是接待条件日臻完善。经过十多年的开发建设,旅游设施也初具规模。现有宾馆、饭店、旅社100多家,总床位6000多张,其中省级定点涉外旅游饭店和临时性涉外饭店10家,标准床位1600张。涉外定点商店13家。各种类型的旅游接待车辆200多辆。旅游从业人员1000多人,其中四分之一的人员经过了各类专业技术培训。自1979年对外开放以来,共接待了26个国家和地区的游客20多万人次,接待国内游客200多万人次,年均分别以30%和13.6%的速度递增。四是拥有品质兼优的工农业产品。当地盛产的粮食、棉花和享有盛誉的鸣山大枣、李广杏、无核葡萄、砀山梨等名优农副土特产品,以及一些工业矿产资源,都为生产和加工各类旅游食品、日用工业品和工艺品提供了极好的发展条件。

自1992年4月份以来,小区建设也取得了实质性的进展,各项基础设施建设都迈出了可喜的步伐。莫高窟文物展示中心已动工修建;月牙泉仿古建筑正在加紧施工;增加了月牙泉、古城游览区的沙漠滑翔、实弹打靶、射箭等娱乐项目;各涉外宾馆饭店、工艺美术店投资100多万元,更新设施,改善了服务条件。同时内引外联,多渠道筹资,与外商签订协议,引进资金2300多万元联合修建"敦煌国际大酒店""敦煌扬子酒店"。目前,敦煌宾馆贵宾楼部分建设资金已经落实;2000门程控电话安装已结束并投入使用;敦煌机场扩建项目已被国家立项,总投资1.3亿元,前期准备工作正在加紧进行;天津张家窝乡投资1500万元购买的"运-7"客机已投入使用;同时放宽了个体经营出租车的政策,个体出租车已由40辆发展到100多辆。除以上"硬件"建设外,还制定了"对外开放的优惠政策""关于建立敦煌旅游经济特区的总体规划方案"。

从目前的发展环境、发展条件和发展机遇来考察,建立敦煌旅游经济特区势在必行,这不仅是敦煌本身发展的需要,也是整个甘肃经济发展的需要。作为一个世界闻名的历史文化名城,社会经济发展水平与其知名度很不相称。长期以来,建设资金不足,交通运输紧张一直是制约其发展的"瓶颈"。要解决这些问题,沿用常规不行,必须要采取改革的办法,开放的办法,特事特办,新事新办,以旅游资源优势的开发为龙头,带动和促进其他产业快速发展。

建立敦煌旅游特区是一项全新的事业,走的是一条前人所未走过的道路。我们在规划设计上,不仅要考虑到当前的发展,也要有更长远的打算,既要促进旅游业的发展,也要充分利用旅游业发展的契机来带动整个社会经济的发展,起点要高,办法要新,方式要灵活。一是要树立全方位的思想,跳出市界求发展。敦煌是中国的敦煌,也是世界的敦煌,是人类发展文明史上的一颗明珠。建立特区,就是利用得天独厚的旅游资源走向世界。但要发展,仅靠敦煌的力量是远远不够的,要用一种全新的思维方式,审时度势,扩大开放的有效空间,区内外力量一齐上,国内外资金一齐用,凡是有利于特区建设和发展的积极因素都应调动起来,以旅游业为先导产业,以历史文化遗产为主体资源,高速度、高效益,把敦煌建设成为具有中国特色的现代化国际旅游城。二是特区建设要走社会主义市场经济的路子。特区的一个很重要的特点,就在于一开始就要按照新的机制来运行,如果仍沿袭旧的体制,就无法体现出特事特办。特区是在改革开放条件下形成的,但它本身又具有封闭的特点,它享有特殊的政策,有些在区外无法干的事,在区内就可以干,只有新的市场运行机制才能为实现这一特殊的目标服务。三是特区建设必须实行综合开发、系统开发,走城乡共同发展、共同繁荣的路子。旅游经济特区,突出了旅游这个龙头,但不仅仅是为了发展旅游,而是要通过旅游产业的发展来带动整个一、二、三产业的全面发展。地上地下资源、矿产资源和旅游资源、农副土特产品资源等一齐开发,生产加工和商业服务同步发展。发展具有丝路文化特色的旅游工艺品,符合国际食品标准、适应各类旅客口味的饮料、小食品。市场建设也不能仅限于低层次的农贸市场,而是要建设为旅游产业和其他产业发展相配套的新兴市场。不仅要把敦煌建成现代化的国际旅游城,而且要以城带乡,以敦煌的发展带动周围县市的发展。只有这样,才会符合建设特区的初衷。

从发展目标看,不仅要着眼于翻两番,奔小康,而且要向更高的目标奋进。就是要通过特区建设,把敦煌建成甘肃省西部的经济中心,建成甘肃省改革开放效果最好、面积最大的经济区。通过特区建设带动全省"走西口"。从全省的对外开放形势看,东挤靠的是我们的资源优势,西进就是要利用比较优越的区位优势。因此,要随着交通通信条件的改善,立足于甘新联合,利用亚欧大陆桥的纽带,使敦煌能够成为甘肃省走向中亚、西亚,同这些地区的各个国家和民族发展友好往来,开展经济文化交流的前哨阵地和桥头堡。还应把敦煌作为世界级的城市来考虑。从目前情况看,敦煌的建设规模与其享有的知名度很不相称,按照行政区划,敦煌只是一个只有几年历史的县级市,但它的知名度远远超过了甘肃省和省会城市兰州。在改革开放的大好形势下,把敦煌建成世界级的现代化城市是有希望的。

小平同志南方谈话和中央2号、4号文件精神,为特区建设创造了一个极好的政策环境,这是改革开放的一个大政策,省、地、市还有相应的小政策,可以说,从上到下一路绿灯。现在的关键问题是如何抓好落实。要彻底改变过去那种调查多、研究少,考察多、行动少,政策好、落实少的状况,各级都要把主要精力放在政策落实和计划实施上。特别要抓好一些重点政策的落实。如为了解决资金不足的问题,要抓好投资政策的落实。要千方百计调动金融部门的积极性,既要按照条条的政策办事,也要从地方经济发展的实际出发,从特区建设的需要出发,特事特办。按照社会主义市场经济的要求,创造条件,开展股份制经营,尽可能地把一些社会闲置资金集中起来,把群众手里的一部分消费资金转化为生产建设资金,努力扩大资金来源。要借开放的东风,利用敦煌得天独厚的文物和自然景观资源,吸引国外厂商来敦煌投资,开发资源,办厂开店,发展第三产业。利用特区的优惠政策,实行企业商品化。这是因为随着改革的不断深化,绝大部分生产要素都已经市场化、商品化,作为各种生产要素集聚而成的企业也可以实行商品化。但这里所讲的并不是把那些属于关停并转、不景气企业拿到市场拍卖,而是要把那些条件比较好,市场发展前景好的企业拿出去拍卖,因为好企业才有人要,才能卖出好价钱。用出卖企业的钱,作为二次投入,再建新企业,这样一边建,一边卖,滚动发展,把企业发展和市场紧紧联系在一起,形成良性循环。特区不光是特在旅游上,还包括其他产业的发展,可以在区内搞出口加工区。要充分利用沿海地区走向海外、调整产业结构的大好机遇,走出去,引进来,到沿海去招商,把他们由于升级换代而不再搞,但适合我们当地搞的产业或产品移植过来,在敦煌的土地上生根、开花、结果。还可以利用沿海的跳板,把一些国外"三来一补"项目引进来,搞国内的"三来一补",用以促进当地的产业生成,培植实力,利用亚欧大陆桥,打开西部通道,打入中亚、西亚市场。要大胆放手地发展开放事业,吸引外商来敦煌创业、赚钱,甚至可以划出一块地方作为外商投资区,形成社会主义条件下的新型"租界",把敦煌变成"冒险家的乐园",推动特区建设的快速发展。

　　特区建设,不是敦煌一家的事,而是全省的一件大事,光靠敦煌的力量不行,要动员全省的力量去干,特区不能孤立地发展,要和周边县市的发展结合起来考虑。如少数民族风情、狩猎等就离不开安西、肃北、阿克塞;长城观光、滑翔离不开嘉峪关;大的方针政策离不开中央和省上;具体的产业发展离不开有关部门的协调和帮助。因此,协调处理好方方面面的关系,对于特区建设是至关重要的。但处理好这些关系又是双方的事,敦煌应主动联系,取得各方的支持。有关方面也有责任、有义务帮助敦煌的发展。尤其是在敦煌市与敦煌研究院的关系上,一定要精诚合作,把地方经济的发展同文物保护、资源开发和敦煌学研究结合起来,彼此不分你我,遇到问题双方坐在一起,坦诚相见,共同研究解决的办法。市上应对研究院在文物保护、景点管理等方面从道义上、经济上、手段上包括人财物给予支持,帮助研究院搞好文物保护,提高管理水平和接待水平。研究院应加强敦煌学研究的深度和广度,扩大对外宣传和影响,并借此吸引国外资金和先进技术,开展文物保护和景点开发,配合市上共同搞好特区建设。在这一方面要多一些理解和协调,少一些争执和扯皮,求大同存小异,积极配合,相得益彰,为了一个共同的目标而努力奋斗。在解决这一关系问题上,根本的出路还是要采取改革的办法、经济的办法。我们建议,用股份制的形式把旅游经济特区同敦煌研究院连接在一起,成立敦煌旅游资源开发保护股份有限公司,把双方的权益用股份合作的办法捆在一起,风险共担,利益均沾,共同发展。

建设敦煌旅游经济特区,尽管条件比较成熟,但也存在许多具体问题,有些是久而未决的老问题,有些是新形势下出现的新问题,有些问题地方上就可以解决,有些却涉及中央、省上以及有关部门。根据基层同志的反映和我们的调查,以下几个问题需要省上出面协调解决。

(一)请省上批准在敦煌成立特区信托投资公司,并批准交通银行设立办事处,以利于更广泛自主地筹措建设资金。

(二)请省上出面同铁道部协商,将柳园车站更名为敦煌车站。将已拟定的兰新复线建设绕道敦煌,以彻底解决敦煌的交通问题。

(三)请求国家批准敦煌市为对外开放口岸城市,在机场改造后辟为国际航空港,设立海关,直接办理出入境手续。

(四)请省上报请国家尽快批准敦煌市与国外一些城市建立友好城市。只要有经济实力,现代化程度高,对敦煌发展有帮助,我们就可以考虑结交联姻。否则单从知名度上考虑对等,这个问题就难以解决,考虑这个问题的出发点应着眼于有利于经济建设和将来的发展。

（五）请省上考虑同国家气象局和中央电视台协商,将敦煌的天气预报纳入每晚中央电视台的天气预报栏目。

（《经济动态与决策》1992 年第 56 期）

进一步加快发展甘肃省商业流通产业的几点思考

就总体而言，商业流通既是甘肃省经济发展的一大产业，又是一个薄环弱节。能不能加快这一产业的发展，不仅是当前扭转商品供需总量失衡、商品生产与市场结构错位等一系列被动局面，进一步推动市场营销、提高经济效益的前提条件，更重要的是对实现经济发展的战略目标，保证国民经济持续、健康、快速发展，确立社会主义市场经济新体制，满足和改善人民群众的生活，都有着重大的现实意义和深远的历史意义。这里，我们就进一步加快发展甘肃省商业流通产业的问题，略陈己见，供参考。

一、切实解放思想，确立商业流通在国民经济发展中的战略地位

在 80 年代的城市经济体制改革进程中，商业流通领域打了先锋。回顾所走过的道路，大体上经历了 1979 年扩权、1983 年推行经营承包和小型企业转改租，以及近年来推行"四放开"和国有民营等发展阶段。就改革的本意而言，每一阶段都没有偏离加强经营责任制、转换企业经营机制这个主题。但就改革的效果而言，发展步伐总是赶不上商品经济发展的需要，流通对生产的导向作用也没有真正发挥出来。甘肃同发达省区的差距也表现在流通产业上：一是在解放思想的深度和广度上有差距；二是在对价值规律调节经济关系、促进经济发展的认识上有差距；三是在经营方式上有差距。四是在对生产与流通的关系问题认识上有差距。有相当一些人至今没有把商业流通放在整个社会再生产循环的中心环节上来看待,仍然是重生产、轻流通。因此,我们必须通过解放思想,真正确立商业流通在国民经济发展中的战略地位,严格按照商品流通的规律办事,从舆论上、工作指导上、经济发展战略上和重大方针政策上,全方位地为商业流通领域正名升威,创造条件。

二、继续推行"四放开"和"国有民营"等行之有效的改革形式,转换企业经营机制

1991年开始,我们对国合商业企业实行了"四放开"改革,效果比较显著。目前,甘肃省商业系统已有86%左右的国有小型企业实行了"国有民营",但从调查的情况看,有60%左右的尚不规范或不完善,真正做到"五自主、四放开"的还不多。下一步应继续抓好"国有民营"企业的"补充、完善、巩固、提高",总结经验,全面推开。继续推进企业"三项制度改革",真正转换企业经营机制,建立人员能进能出、职务能上能下、工资能高能低的企业组织制度和利益分配制度。要通过改革人事制度,实行企业职务聘任制,搬掉"铁交椅";通过改革用工制度,推行全员劳动合同制,打破"铁饭碗";通过改革分配制度,坚持按劳分配,推行多种形式的效益工资制,进一步调动职工的积极性。

三、加快商业流通管理体制改革步伐,建立现代企业制度

商业流通管理体制的改革必须首先在精简机构、转变职能方面进行突破。地县商业管理部门要按照"大市场、大流通、大开放、大发展"的总体思路,建立新的运行机制,推行公司制,依托大中型商店和骨干企业,成立商业集团公司,实行自主经营、自负盈亏、自我发展、自我约束。对一些地处边远、经营难以维持的县公司,可与零售企业

合并,主营零售、兼搞批发。小型企业和门店,原则上全部放开,既可实行大包干,也可实行租赁、转让、拍卖或者直接转为个体经营。要按照党的十四届三中全会《关于建立社会主义市场经济体制若干问题的决定》精神,逐步探索和建立现代流通企业制度。加快股份制改组改造步伐,放开手脚,加大力度,扩大试点范围。积极探索单一投资主体的国有企业依法改组为独资公司的路子。在此基础上,努力发展一批以公有制为主体,以产权联结为主要纽带的跨地区、跨行业的大型企业集团,提高规模效益,增强竞争能力。

四、调整商业流通企业组织结构,进一步搞好批发业务

目前,批发企业基本上还是大架子、大机构、大库存,这是在产品经济的历史条件下长期形成的旧框框、旧模式。现在必须以市场需求为导向,重新组合优势,建立新的批发体系。要彻底转变思想观念,从过去那种一味强求适应传统体制的经营观念和经营方式中解脱出来,从过去那种主要靠计划调拨吃饭转向主要靠市场来吃饭,从过去那种强调外部条件转向依靠企业自身改革来求发展。本着立足批发、扩张经营、横向联合、纵向开发的原则,走批零合一和综合经营的路子。要按照发展大流通、培育大市场的思路,组建一批跨产业、跨行业、跨地区的商业企业集团,实现全方位的纵向和横向联合,从而把城市与农村、省内与省外、大型企业与中小企业用共同的经济利益联系起来。要调整经营战略,积极进取,开拓创新,找回阵地,占领市场,重振雄风。战略思路应尽量围绕扩销战略、竞争战略、联合战略、全方位战略和实干战略来选择。要增强市场、竞争、服务、效益意识和忧患风险意识,保持求实、求新、求进、求精的精神状态,在困境中求生存,于弱势中快发展。

五、千方百计搞活饮食服务企业

近年来,甘肃省的饮食服务业无论是服务网点,还是经营规模,都出现了前所未有的良好发展势头,对活跃城乡市场、方便群众生活、扩大就业门路、满足社会需求起到了重要作用。但从总体上来讲,存在的问题仍比较多。一是设施落后,经营网点及配套手段跟不上形势发展的需要,服务的社会化程度也不高;二是对行业发展缺乏统一的规划,加之市场竞争条件不平等,县以下企业困难重重,有的甚至出现萎缩;三是服务不太过硬,服务质量有待于进一步提高。四是由于场地、资金等客观条件的限制,使这项产业无法形成足够的经营扩张能力,因而效益仍然不够理想。今后,要在积极办好国有和供销社饮食服务业的同时,继续发展集体和个体饮食服务业,充分发挥多种经济成分、多条流通渠道的作用,坚持以市场需求为导向,面向大众,多档次并举,适应多层次消费的需要;坚持宏观调控和市场调节相结合的原则,在饮食服务行业更多地发挥市场调节的作用;坚持以提高经济效益为中心,逐步实现饮食服务业的社会化、现代化、集约化和产业化。要认真贯彻商业部饮食服务管理司提出的"开拓经营、扩大服务领域"的意见,开展延伸服务。一是向群众欢迎的产品延伸,发展名、优、新、特、精、廉的食品和营养疗效食品、时令节令食品、早餐食品、快餐食品、冷食冷饮食品、适合消费者口味的换代食品及民族食品;二是向新的连带性、多功能、系列化服务的营业空间延伸,实行网络化经营。充分利用现有的设施设备发展不同消费层次、不同消费特点,花样多、品种全的早点、夜宵,开展美发、美容、照相、置办生日和婚嫁宴席等配套服务;三是向新型家庭服务延伸,发展速冻食品及半成品、家庭搬迁、家庭装饰、家庭用品修理、上门服务等;四是向专业化服务延伸,发展为生产、流通和科研服务的业务,如洗染、现代化办公用品修理、信息咨询、广告摄影、文化娱乐、冷藏、租赁等;五是向外向型延伸,扩大本省烹饪技术和烹饪文化在国内乃至世界上的影响,借以推动全省饮食服务事业健康发展、稳步前进。

六、加快市场体系建设

甘肃省商品经济发展不快,市场发育迟缓是其中原因之一。特殊的省情决定了甘肃省必须加快市场体系的建设。一是要培育一批奠定市场规范化运行基础的大型正规化市场流通组织,以形成不受条块分割的、开放的流通格局,使市场机制能在全社会范围内发挥衔接产需、调节供求、推动技术进步和促进优胜劣汰的作用;二是要做好市场规划并为市场运行提供各种必要的物质、技术、信息服务;三是要加强市场管理,通过保护合法交易和公平竞争,制止封锁割据和垄断经营,建立正常的市场秩序,加强对市场的宏观调控;四是要通过进一步完善集贸市场和扶持一些具有地方特色的专业市场,巩固、提高现有市场的综合发展功能,带动发展一批综合性、多功能的商品交易市场和专业化批发市场。着手试办瓜果蔬菜和有色金属产品期货市场;五是要加快价格改革,充分发挥价格的作用,灵敏调节生产和消费。放开绝大部分中间产品和终极产品价格,由企业按市场需求状况自主定价。全部放开农副产品价格,对主要农产品实行最低保护价,逐步取消现行的合同定购。对少数关系国计民生的商品物资和服务性收费,政府必须管住管好;六是要坚持建立健全重要商品物资的储备制度,对供求矛盾比较突出或市场供求变化不定的人民生活必需品、重要生产资料、救灾救济物资及其他关系国计民生的重要商品物资,实行省级政策性储备,有关部门应予重点照顾和扶持,从而稳定市场、稳定社会。

七、讲究营销方略，提高经济效益

发展流通产业,营销方略越来越显得重要。从长远意义上讲,没有科学、先进、高超的营销方略,就不可能有流通产业的发展和社会经济效益的提高。具体来说,要认真把握以下几点:一是要根据生活资料购买者人数多、差异性大、购买数最少、购买力流动性强等特点,合理安排小商品、一般必需消费品、高级消费品和耐用消费品的购销渠道、购销比例和购销方式;二是要根据饮食服务业有明显的地方性、较强的技术性、服务的直接性和卫生的严格性等特点,尽量做到经济实惠、服务周到,注重以优取胜、以廉取胜、以诚取胜;三是要根据消费品市场需求的多样性、发展性、伸缩性、层次性、时代性、联系性、可诱导性和可替代性等特征,综合分析消费者的购买心理、购买动机、购买形态、购买行为和购买程序,结合人民群众对消费品求好、求新、求名、求廉、求美的现实需要,通过更新老产品、发展新产品和深入研究产品的市场寿命周期,分别确定产品试销期、成长期、成熟期、饱和期和滞销期(衰退期)的营销策略,适时调整、完善产品要素组合;四是要适应市场机制的变化,合理安排商品比价和商品差价,实行等价交换、薄利多销、按质论价的政策。五是要加强营销决策,注重广告宣传和人员推销,做好售后服务工作,从而扩大影响,增强信誉,增加销售,提高效益。

《《商经学刊》1994 年第 1 期）

甘肃:跨世纪的发展战略

80 年代初,邓小平同志提出了我国社会主义现代化建设分三步走的战略构想,为我们描绘了一幅跨世纪的宏伟蓝图。根据党中央的统一部署,甘肃也相应提出了经济、社会发展的三大步目标:第一大步,1981—1990 年,国内生产总值翻一番,人民基本解决温饱;第二大步,1991—2000 年,国内生产总值再翻一番,人民生活基本达到小康水平;第三大步,2001—2050 年,人均国内生产总值达到中等发达国家水平,人民过上比较富裕的生活。经过全省人民的共同努力,第一步目标已于 1989 年提前一年实现了, 第二步目标也即将于 1996 年提前实现。现在,只剩下第三步目标了。

1996 年 2 月,甘肃省八届人大四次会议通过了《甘肃省国民经济和社会发展"九五"计划和二〇一〇年远景目标纲要》。《纲要》提出了新的奋斗目标:原定到 2000 年国内生产总值比 1980 年翻两番的任务要于 1996 年提前完成;"九五" 时期国内生产总值以 8%的速度增长,力争再快一些, 到 2000 年人均国内生产总值比 1980 年翻两番;到 2010 年国内生产总值在 2000 年的基础上再翻一番。在经济较快发展的同时,协调发展各项社会事业,推动社会全面进步。《纲要》是在发展社会主义市场经济条件下制定的第一个中长期发展规划,它确定的是今后 5 年和 15 年的奋斗目标, 既明确反映了经济体制由传统的计划经济向社会主义市场经济转变和经济增长方式由粗放经营向集约经营转变的时代特征,又充分体现了三大步目标的连续性。《纲要》为我们展示了 20 世纪末、21 世纪初甘肃现代化建设的美好前景。

实现第三步战略目标,是跨世纪的宏伟工程。今后 15 年特别是"九五"时期,是甘肃国民经济和社会发展承前启后、继往开来的重要时期。选准发展重点,进行合理布局,是确保"九五"期间全面完成第二步战略部署,并向第三步目标迈进的关键所在。为此,省委、省政府在结合甘肃实际,充分考虑各种因素的基础上,将甘肃今后发展的战略重点和布局确定为:

一、进一步强化农业基础,促进农村经济全面发展

"九五"时期,农业和农村经济发展的奋斗目标是:到 20 世纪末粮食实现自给,总产达到 900 万吨,人均占有 350 公斤;主要经济作物和其他农产品稳定增长,农民人均纯收入有较大增加;全省基本脱贫,部分地区实现小康。河西地区、城市郊区和沿黄灌区,要在全省率先奔小康;陇东和中部地区,要在稳定解决温饱的基础上,创造条件,分期分批奔小康;南部高寒阴湿地区和民族地区,重点实施"四七"扶贫攻坚计划,打好扶贫攻坚战,尽快解决温饱问题。继续搞好引大入秦、盐环定扬黄工程收尾配套,建成民勤调水、东乡南阳渠工程,加快马莲河流域水土保持项目的实施进度,新建疏勒河流域综合开发工程,引洮工程力争国家立项并开工建设,基本建成"22274"工程,使农业生产基本条件有较大改善。不断加大对农业的综合投入,大力推广和普及农业先进技术,加快发展商品畜牧业。继续把乡镇企业作为发展农村经济的战略重点,努力提高质量和水平。不断优化农村产业结构,大力发展农村支柱产业,努力增加农民收入。

二、以提高经济增长的质量和效益为中心,加快工业发展步伐

"九五"时期,工业发展的主要任务是,以提高经济运行的质量和

效益为中心,依靠科技,优化结构,积极推进经济增长方式由粗放经营向集约经营的根本性转变。一是壮大支柱产业。立足资源条件和现有基础,把电力、石油化工、冶金、机械、电子、建材和轻纺工业作为支柱产业,促其发展壮大。二是加快产业基地建设。巩固发展兰州、玉门(含张掖)、长庆三大石油化工基地;抓好白银、兰州、金昌、西成四大有色工业基地建设;以酒钢、兰钢扩建改造为重点,调整产品结构,进一步壮大钢铁生产基地;以兰州平板玻璃厂和永登水泥厂等重点企业为依托,巩固已有优势,开发新型建材,形成辐射西北的建材基地。三是抓好关系全局的重点建设。争取开工建设 50 万吨大乙烯、兰炼1000 万吨炼油能力扩建和兰州到成都 1000 公里成品油输油管线。集中财力和物力,加快轻纺、食品、机械、电力等产业的重点项目建设。四是搞好优势原材料的深度加工和综合利用能力,提高产品的附加值。围绕大乙烯工程,开发合成纤维、合成树脂、合成橡胶等化工产品,规划为后续产业配套的项目。五是大力开发名优新产品,积极实施名牌战略。六是狠抓老工业基地的技术改造,逐步改变产品陈旧、设备老化的状况,增强企业竞争能力。

三、以解决薄弱环节为重点,加强基础设施建设

"九五"时期,要继续把能源、交通、通信等基础产业和基础设施建设摆在突出位置。能源工业要适应经济发展的迫切需要,以电力建设为重点,带动各类能源建设协调发展。电力工业重点建设靖远电厂二期、"小三峡"、平凉电厂和张掖电厂,改造西固电厂,扩建连城电厂、八〇三电厂,改造扩容刘家峡、盐锅峡、八盘峡电站,相应建设输变电工程,新增装机容量 250 万千瓦,新增发电量 156 亿千瓦时。煤炭工业要在稳定开发现有矿井的基础上,重点加快华亭煤矿建设,着手开发西大窑煤田。交通通信要完成中川、敦煌机场的改扩建和包兰

铁路电气化改造,争取开工建设宝鸡至兰州铁路二线,加快国道公路改造和县乡公路建设,提高公路技术等级;提高电话普及率,形成以兰州为中心、辐射全省的交通网络和高效畅通的邮电通信网。加快城市市政公用基础设施建设,优化投资环境。

四、适应现代社会发展的需要,大力发展第三产业

"九五"时期,第三产业的发展速度要高于第一、第二产业,就业人数占社会就业总数的比重提高到 25% 左右,形成与社会主义市场经济体制相适应的产业体系。一是进一步加快兰州商贸中心建设步伐,用 5 年左右的时间把兰州建成带动区域经济全面发展和全省对外开放的功能齐全的经济中心。二是不断发展完善综合批发市场和各类专业市场,发展适合消费、方便购买的零售网点,改善流通设施,逐步建设一批凝聚力强、辐射面广、服务功能齐全、能够丰富地方财源的市场。三是在继续发展商贸流通、金融保险、外经外贸和生活服务等传统产业的同时,积极发展信息咨询、技术服务、法律服务、会计服务、市场中介等新型行业,满足工农业生产和人民生活多方面的需求。四是以丝绸之路为主线,全面开发旅游资源和旅游产品,改造服务设施,提高服务质量,加快发展旅游业。

五、加强财源建设,努力增加财政收入

"九五"时期,财政工作的奋斗目标是:确保财政收入和国内生产总值同步增长,逐步减少赤字,努力实现省级平衡,多数地县的财政状况能有大的转变。一是要壮大基础财源。在现行财税体制下,甘肃财政收入的主要来源仍然是消费税和增值税。必须采取切实有效措施,一如既往地加以培植,确保基数,扩大增量。二是优化主体财源。按照分税制的要求,地方各税是增加地方收入的主要财源。"九五"时

期要在优化产业结构和生产力布局的基础上,通过扶持"两高一优"农业,建立农村支柱产业群,抓好多种经营和农副产品深加工,有重点、分步骤地发展地县工业,逐步增强地县经济实力,增加财政收入。三是开辟新财源。突出抓好交通运输、金融保险、建筑安装、旅游服务、地产房产等行业,使它们发展得更快一些,为地方财政提供更多的税收。四是拓宽补充财源。加快发展乡镇企业和非国有经济,扶持和引导个体私营经济健康发展,增加民营型财源渠道。

六、全面落实"科教兴省"战略

"九五"时期,要抓住科技产业化和教育为本这两个关键,增加对科技和教育的投入,促进科技教育与经济的紧密结合。紧紧围绕经济建设中的关键技术问题,组织科技攻关,增加技术储备,促进科技成果的转化,努力提高经济增长中的科技含量。继续推动"农科教""产学研"结合,集中精力抓好粮食增产、农村支柱产业增收、乡镇企业技术进步、企业科技创新示范、技术更新改造、开发新产品和培育名牌、新技术新成果转移、跨世纪科技人才培养等工作。进一步加强科普和农村实用技术的推广应用,到20世纪末,力争使每一农户有一名科技明白人,掌握两种致富技能,每个县推广30项以上的实用技术。切实支持具有地方和学科优势的基础性研究,加强应用基础研究,不断增强科技发展的后续能力。大力发展教育事业,培养各级各类人才,进一步提高劳动者素质。重点是努力完成基本普及初等义务教育、基本扫除青壮年文盲、在70%以上人口地区普及九年义务教育的任务。积极发展职业教育和成人教育,适度发展高等教育,优化教育结构,增强工科类人才的培养能力,同时千方百计为农村和乡镇企业的发展培养急需的中初级人才。

七、加快民族地区经济和社会发展

今后 15 年特别是"九五"时期,要把省上扶持和自我开发结合起来,从民族地区实际出发,实施正确的发展战略,促进民族地区经济和科技、教育、文化、卫生等各项社会事业协调发展。要在政策扶持、财政转移支付、生产力布局等方面创造条件,有重点地安排开发性项目和基础设施建设项目,增强民族地区的经济实力和发展后劲。对老区和贫困地区,继续给予扶持,帮助这些地区加快发展。

八、协调发展各项社会事业,推动社会全面进步

今后 15 年特别是"九五"时期,要更加重视社会主义精神文明建设,努力实现物质文明与精神文明共同进步。要进一步发展和繁荣城乡文化事业,高度重视农村文化事业的发展,推动小康文化建设,丰富人民群众的文化生活。深入持久地开展"扫黄打非"活动,净化社会环境。加强新闻、出版、广播、电视等方面的工作,坚持正确的舆论导向,大力表彰和宣传各类先进典型,弘扬社会正气。积极发展各类卫生保健事业,逐步实现人人享有初级卫生保健的目标。不断深化医疗卫生事业改革,依法管理医药市场,保护和提高群众健康水平。坚持竞技体育与群众体育并重的方针,不断提高运动技术水平,广泛推行全民健身计划,增强人民体质。加强环境、生态、资源保护和监督管理,搞好兰州环保项目建设,依法保护并合理开发利用土地、草原、森林、矿产、水资源和野生动植物等资源,促进资源的优化配置。加快小流域综合治理和防护林体系建设,长期坚持种草种树,努力提高森林覆盖率。到 20 世纪末,力争环境污染和生态破坏加剧的趋势得到进一步控制,部分城市和地区的环境质量有所提高,全省主要污染物排放总量基本控制在 1995 年的水平。

展望 21 世纪,甘肃前途光明。经过 15 年的努力,甘肃将和全国一样,在全面实现第二步战略目标的基础上向着第三步战略目标迈进。届时,甘肃经济实力将显著增强,农业基础更加稳固,经济结构趋于合理,财政状况明显好转,人民生活达到小康水平。甘肃将建成全国的重要原材料工业基地和瓜果蔬菜基地,将出现经济稳定、市场繁荣、外贸活跃、财力增强、效益提高、文化教育发展、科技进步、社会安定、民族团结的景象。只要我们坚持正确的发展战略,采取行之有效的对策措施,发扬自强不息、奋发图强、自力更生、艰苦奋斗的精神,发挥优势,克服困难,扎实工作,迎接挑战,就一定能够把甘肃现代化建设的宏伟蓝图变成美好的现实。

(《企业决策参考》1996 年技改特刊)

知识经济:甘肃实现跨越式发展的必然选择

在世纪之交的关键时刻,甘肃如何才能适应时代的要求,切实加强两个文明建设, 特别是怎样才能借助信息技术及其他高新技术的应用和推广大力发展知识经济, 走出一条超常规、跨越式发展的路子,已成为摆在全省 2500 万人民和各级政府面前的一项重大课题。

一、知识经济对经济和社会发展的重大贡献

20 世纪 80 年代以来伴随着世界性的科学技术进步和知识革命的日益兴起,一种全新的经济——知识经济,正在向我们阔步走来。无论在世界的东方还是西方,无论是发达国家还是发展中国家,知识经济已汇聚了越来越多的目光, 成为万众瞩目的焦点。一组数据表明:在西方发达国家,科学技术对经济增长的贡献率已由 20 世纪初的 20%左右上升到目前的 60%~80%。特别是信息产业得到高度发展并成为国民经济的支柱产业。据专家预测,到 2010 年,全球信息产业总值将达到 3.5 万亿~5 万亿美元,成为世界第一大产业。沿着农业经济、工业经济以及知识经济这样一条脉络,我们可以看到经济对知识的依存度越高,知识对经济的贡献率也就越大。因此,可以初步得出这样一个结论:知识与经济相伴而生,互为条件,密不可分。从历史的发展来看,知识经济经历了一个漫长的成长过程,大体上可分为三个阶段:第一个阶段是 17 世纪,培根提出了"知识就是力量",第一次指出了知识的功利性。在这一阶段,知识的学术性、功利性并重。第二阶

段是一百多年前马克思提出的"科技是生产力"的观点。马克思把知识和科技作为生产力来看待，引入了经济的范畴。第三个阶段是在20世纪70年代以后。70年代初托夫勒在第三次浪潮中提出了"后工业经济"，以后又有人提出了"信息经济"。1986年，英国又提出了"高技术经济"等等。这一时期最重要的一个观点就是邓小平同志1988年提出的"科学技术是第一生产力"的科学论断。"科技是第一生产力"虽然只比马克思的说法多了"第一"两个字，但说明科技已由从属地位变为主导地位，成为第一位的变革力量和创新力量。1996年，亚太经合组织明确提出了知识经济的概念，是指人类正在步入以知识(主要是智力)资源的占有、配置、生产、分配、消费等为最重要因素的经济时代。知识经济就是"以知识为基础的经济"。现在，知识经济在世界范围内的兴起，充分证明了邓小平同志"科技是第一生产力"这一论断的正确性，历史地、动态地和全面准确地把握这一科学论断，将为我们发展知识经济打下坚实的理论基础。

二、甘肃发展知识经济的条件已经具备

主要表现在以下几个方面：

(一)外部环境

目前，我们正面临着经济全球化和知识化的双重挑战。从国际方面看，整个世界经济已由工业经济开始向知识经济转变，可持续发展日益成为世界各国的共识，无形资产已经受到高度重视，高新技术产业迅猛发展，信息网络发展更是一日千里，极大地促进了世界范围内的交流与合作。从国内形势看，一方面，随着我国即将加入世界贸易组织，对外开放的程度和对外开放的水平将有很大的提高，给我们引进和利用外国智力和资金、技术等提供了有利条件。另一方面，西部大开发战略的实施，特别是国家和省上都把科技教育作为优先发展的战略重点，将为甘

肃发展知识经济提供更加宽松的环境和更加广阔的空间。

(二)现实条件

知识经济对于发达国家而言,是生产力发展的必然,但对发展中国家及欠发达地区来说,有机遇,也有挑战。就甘肃而言,我们认为机遇大于挑战。具体表现在以下三个方面:一是甘肃发展知识经济有了一定的经济基础。改革开放 20 年来,甘肃经济和各项社会事业都取得了长足的发展,对外开放进一步扩大,综合实力明显增强,人民生活水平明显提高,特别是信息网络从无到有,已成为国民经济增长中的重要因素。二是甘肃发展知识经济已经具备了一定的人才优势和科研基础。全省从事科技活动的人员 6.9 万人,居全国第 16 位,平均每万人拥有科技人员 27 人,高于全国平均水平;现有科研机构 145个,其中从事科研活动的有 1.5 万人,居全国第 15 位;各类民营科技实体 1000 多个,从业人员达 37 万人。相当一部分国有大中型企业都建立了技术开发中心。仅 1999 年,就完成重大科技成果 453 项,授权专利 447 件,全年共签订各类技术合同 3200 多项,比上年增长了68.1%。三是甘肃发展知识经济初步形成了相对良好的开发基础。对外开放的不断扩大和软环境的不断改善,以及国家鼓励国内外投资向中西部转移,为甘肃在更大范围内利用两个市场、两种资源进行自主创新提供了可能。

(三)政策优势

近年来,省委、省政府按照国家实施科教兴国战略的整体要求,从省情出发,先后制定并出台了《关于促进科技与经济结合发展高新技术产业的决定》等一系列政策措施,初步确定了 21 个"创新工作试点单位"(其中大中型企业 4 个,民营科技企业 5 个,科研院所 9 个,高等院校 2 个,中介机构 1 个)和 4 个科技中小企业示范单位。面对以新技术和信息技术为重点的农业新科技革命的兴起,加强了农业科技革命的纵深部署,制定了《甘肃省农业新科技革命实施纲要》,一批省级农业重点实验室和工程技术研究中心正在筹建中。与此同时,在发展科技教育方面提出了许多明确而具体的优惠政策,为市场经济条件下发展高新技术产业和加速科技成果的转化创造了良好的政策环境。

(四)战略意义

我们认为,甘肃发展知识经济有着重大的现实意义和深远的历史意义。一是发展知识经济有利于改变长期以来甘肃经济中存在的"二元结构"矛盾,有利于增强甘肃经济实力和市场竞争实力,有利于缩小东西部差距,提高甘肃人民的物质和文化生活水平。二是随着党和国家在农村的一系列路线、方针、政策深入人心,提高科技对农业的贡献率以及以科技为核心的农业结构调整,将成为20世纪甘肃农业的主要课题,发展知识经济可以从根本上解决农业经济发展中的现实难题,发展新型农业前景十分广阔。三是甘肃作为老工业基地和资源输出省,初级产品比重大,科技含量低,尽快实现两个根本性转变,加快技术改造和产业升级步伐,已成为甘肃实施科教兴省战略和可持续发展战略的当务之急。只有通过发展知识经济,才能从根本上杜绝低水平重复建设,为甘肃实施西部大开发战略插上腾飞的翅膀,实现超常规、跨越式发展。

当然,我们也应该看到,甘肃发展知识经济还存在着许多具体的困难和问题,集中表现在以下几个方面:一是科技对经济增长的支撑力还比较弱,抵御自然灾害和市场风险的能力还不强,导致增产和增收都无法持续。二是科技成果转化率低,产业的改造提升较慢,相当一部分国有工业企业技术装备落后,高科技含量和高附加值的产品还不多。三是技术创新能力比较弱,企业技术开发中心层次比较低,与科研院所联合攻关的高、精、尖项目比较少,新产品开发研制跟不上。四是劳动力结构不尽合理,一方面人才十分短缺,另一方面人才大量外流;一方面有人没事干,另一方面有事没人干;一方面人才"高消费"严重,另一方面又存在劳动者素质普遍不高的问题。所有这些问题,都不同程度影响了甘肃发展知识经济的进程。

三、甘肃发展知识经济应该采取的主要措施

发展知识经济,对甘肃来说,既可以避免步入低水平重复建设的老路,实现跨越式发展,又可以在实现"两个根本性转变"的同时,实现超常规发展。

(一)立足科技创新,推动科技进步

科技创新在知识经济中起着核心作用,要把企业作为科技创新的主体,重点抓好三个结合:一是科技创新与管理创新相结合。从改革发展的过程来看,市场竞争意味着优胜劣汰,这就迫使企业必须通过科技创新,淘汰落后的生产工艺,并在主导产品和关键技术上取得突破。大型企业和企业集团应建立技术创新中心,小企业可与科研院所联合,走产、学、研相结合的路子。同时,要在坚持好的传统管理方法的基础上,努力创造适应市场经济要求的新的管理制度和管理办法,从制度上、管理上保证企业具有科技创新的持续能力。二是科技创新与国企改革相结合。在当前企业改革不断深化,国有经济结构调整和国有企业进行战略性改组的同时,要通过科技创新促进企业的成长和发展,特别是要通过建立现代企业制度,在大公司、大集团内部建成一批自己的科技创新体系,使企业真正成为科技创新的主体。三是科技创新与产业升级相结合。科技创新与企业对生产、装备的投融资融为一体,技术装备水平越高,越有利于首次商品化的成功。企业要获得更大利润,就必须加快技术改造步伐,立足科技创新,尽快实现产业升级。

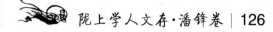

(二)立足体制创新，优化资源配置

当前科技体制改革的关键，是要通过进一步优化资源配置，实现科技与经济的结合。一是要把研究重点从基础型向应用型转变。在市场经济条件下，科技进步的主体是企业，导向是市场，核心是创新。因此，研究重点要由基础型向应用型转变。二是要不断增强科研机构的技术创新能力，关键是要让大多数科研机构和人员进入经济建设的主战场，成为各行业科技创新的领头雁。三是要进一步优化科技源配置。通过充分发挥中央在甘和省属各科研院所、大专院校众多的科技人才优势，加强产学研的联系与协作，通过联合、兼并、重组等方式，逐步在全省上下形成结构优化、高效精干的科研开发体系。

(三)立足市场创新，加速成果转化

科技成果转化率低，是多年来制约甘肃经济发展的重要因素之一，科研成果盯获奖的多而盯市场的少，墙里开花墙外红又使得本来不高的转化率出现了严重的流失现象，提高科研成果转化率已成为摆在我们面前的当务之急。一是要以市场为导向，搞好科研成果的前期论证。以市场为导向不是简单地去追逐市场和模仿市场，更为重要的是要学会把握市场、分析市场和引导市场，要学会主动出击，抢占市场制高点。二是要学会运用市场经济规律，加速科研成果的转化。主要包括两个方面。一方面，科学研究要与经济工作相结合，提高经济与科技的融合度；另一方面，要把科研成果转化当作头等大事来抓，改变以往重基础、轻应用，重研究、轻转化以及重获奖、轻开发的科研路子，加速科研成果的转化进程。三是要有名牌意识、精品意识和超前意识。要切实加强"陇货精品"的培育，不断提高产品质量、科技含量和市场竞争力。

(四)立足结构创新，促进产业升级

结构调整既是实施西部大开发战略的重要内容，也是知识经济在甘肃发展的关键。一是以科技兴农为重点,大力调整农业结构。要下决心提高农村二、三产业比重,加快小城镇建设改造和提升乡镇企业。在农业内部,要逐渐减少种植业的播种面积,发展草食畜牧业和经济林,种植业的重点应放在改良品种、发展优质高效农业上。二是立足技术改造,大力调整工业结构。在继续搞好"抓大放小"、坚持"有所为、有所不为"、深化国企改革的基础上,着力培育一批实力雄厚、竞争力强的企业和企业集团,使之成为国民经济的支柱和参与国际竞争的主要力量。三是以旅游为龙头,进一步优化第三产业内部结构。要在发展常规旅游的同时,大力发展特色旅游,在新项目的开发上,要在继续加强观光性、休闲性、知识性和趣味性的同时,更好地体现出参与性、探险性、度假性和娱乐性。要立足于西部资源优势和多民族聚居的特点,大力发展考古、狩猎、滑翔、冰川探险以及具有浓郁地方特色的丝绸之路和民族风情旅游,适应不同游客不同层次的需求。要成立专门的信息产业机构,加快信息网络建设。以兰州为中心,依托政府上网的优势,切实加强各级、各部门以及各企业事业单位的信息系统建设,实现资源共享。要把住宅建设作为新的经济增长点,进一步改善居民居住条件,积极推动房地产二级市场,盘活存量,降低空置率。同时大力发展与房地产业相关的装饰装潢、维修改造、物业管理及社区服务业,使房地产业真正成为甘肃经济新的增长点之一。

(五)立足人才创新,开发人力资源

知识经济是以知识为基础的经济,创新是根本,人才是关键。要把人才的培养和科学管理紧密结合起来,把引进高新技术人才作为一项根本性措施来抓,重点抓好实用新型人才的引进工作。要善于发现身边的人才,最大限度地用好这些人才,防止人才的浪费和新的流失。要尽快建立健全能够发挥人才优势和促进人才合理流动的激励机制,为人才创造一个更加宽松、更能发挥优势的优良环境。一项调查表明,西部地区 10 个省(市、区)中,从业人员受过大专以上教育的最高为新疆,达到 8.2%,最低为西藏,仅为 0.2%,甘肃为 2.4%,排在第六位,分别比全国的 3.5% 和西部地区的 3.05% 低了 1.1 和 0.65 个百分点。要针对综合科技实力较强,但与地方经济融合度差,科技人员绝对数量大,但劳动者素质普遍不高,创新人才少和"一江春水向东流"这样一个客观现实,借西部大开发的东风,制定更加灵活,更加优惠和更具吸引力和竞争力的政策措施,真正做到吸引人才、用好人才、留住人才。

(六)立足政策创新,营造良好环境

当前,知识经济的发展在甘肃还处于认识阶段。因此,完善政策措施,营造良好环境就显得尤为重要。一是要制定适应新形势的政策措施,对原有的、过时的规定不断进行清理,该修改的要修改,该废止的要废止,绝不能以老政策对待新问题。二是各级、各部门都要高度重视科技教育工作,为人才发展提供良好的工作、生活和学习环境。要关心科技教育工作者的队伍建设,真心实意地为他们解决工作、学习和生活中存在的各种困难和问题,在全社会普遍形成尊重劳动、尊重知识、尊重人才的良好环境。三是要切实加大对科技教育的投入。动员全社会的力量投资科技教育事业,形成多元化投资格局。西部大开发战略中,大力发展科技教育是五项重点措施之一。知识经济的发展也是需要投入的,没有相应的投入,知识经济只能在浅层次、低水平徘徊。只有从根本上解决投入不足的问题,科教兴省战略才有可能真正得到落实,知识经济也才能有一个坚实的发展基础。

(《发展》2000 年第 9 期)

甘肃经济结构实证分析

一、甘肃经济发展现状及所处的发展阶段

（一）甘肃经济发展现状

纵向比较,改革开放20多年来,甘肃的经济发展取得了很大的成就。2000年同1978年相比,GDP增长5.35倍,年均增长8.77%;人均GDP增长3.52倍,年均增长7.21%(见表1);三大产业结构由1978年的20.41:60.31:19.28变为1999年的19.63:44.75:35.62。但从横向看,甘肃的经济发展水平仍然很低,与全国水平的差距不断拉大。(见表2)

（二）甘肃经济所处的发展阶段

1998年,甘肃省人均GDP为3456元,按汇率法和购买力平价法分别折合为405.5美元和1741美元(全国人均GDP相应折合为750美元和3220美元)。依据国际上常用的判断经济发展阶段的H.钱纳里标准对照表3可知,甘肃省的人均GDP以汇率法表示时,还达不到初级产品生产阶段的下限;按购买力平价法表示时,刚刚达到初级产品生产阶段的下限。(甘肃2000年的人均GDP为3836元,按汇率法折合为463.27美元, 仍达不到表3中1998年初级产品生产阶段的下限)再结合产业结构的国际比较和发展现状,可以判定我国刚进入工业化的初级阶段,甘肃省经济整体上仍处在初级产品生产阶段。省统计局对1999年甘肃省工业化水平的测算也支持此判定。(全省86个县市区中,进入工业化的有10个县市区,13个县市区为半工业化,仍处在农业化阶段的有63个县市区,占全省总数的73.3%)

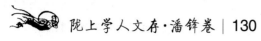

表1 2000年甘肃几项主要指标在全国及西部的排位

	绝对数	单位	甘肃/全国(%)	在全国排位	在西部12省排位
人口	2556.89	万人	2.02	22	7
GDP	983.36	亿元	1.10	27	9
人均GDP	3836	元	54.20	30	11
一般预算收入	61.3	亿元	0.96	27	8
城镇居民人均可支配收入	4916	元	78.28	26	11
农民人均纯收入	1428.7	元	63.40	28	10
规模以上工业增加值	232.3	亿元	0.98	26	8
全社会固定资产投资	443.35	亿元	1.36	25	7
消费品零售总额	362.7	亿元	1.06	26	8
出口商品总值	4.15	亿美元	0.17	28	9
实际利用外资	2.01	亿美元	0.34		

表2 甘肃省产业结构国际比较单

地区或国家	第一产业		第二产业		制造业		第三产业	
	1980	1998	1980	1998	1980	1998	1980	1998
世界平均	7	5	38		25	20	55	61
低等收入国家平均	35	21	26	41	15	20	38	42
中等收入国家平均	15	9	45	36		21	40	56
高等收入国家平均	3	2	36		24	19	61	65
中国	30	18	49	49	41	37	21	31
甘肃	20.40	23.25	60.31	43.92	18.18	20.91	19.29	32.83

表3　H.钱纳里人均经济总量与经济发展阶段关系

	初级产品生产阶段（1）	工业化阶段			发达经济阶段	
		初级阶段（2）	中级阶段（3）	高级阶段（4）	初级阶段（5）	高级阶段（6）
人均 GDPa（1970 年美元）	140~280	280~560	560~1120	1120~2100	2100~3300	3300~5040
人均 GDPb（1988 年,美元汇率法）	530-1200	1200-2400	2400-4800	4800~9000	9000~16000	16000~25000
人均 GDPc（1998 年,美元购买力平价）	700~3010	3010~5350	5350~8590	8590~11530	11530~16850	16850~22730

注:(1)a,H.钱纳里等人测算;b、c,国务院发展研究中心李善同等人测算

二、甘肃经济发展中存在的主要问题及原因

由于甘肃的经济发展尚处在初级产品生产阶段，大力推进工业化进程,加速向工业化发展阶段迈进,应该是甘肃经济发展的主要目标之一。通过对 1978—2000 年间经济发展的透视，却呈现出现实与目标不相称，甚至是相逆的变化趋势。

1. 三大产业结构不合理。2000 年，甘肃三大产业比为 19.63:44.75:35.62,全国为 15.90:50.88:33.22。反映工业化水平高低的工业 GDP 份额为 33.37%,低于全国平均水平 10.89 个百分点。

2.在第一产业内部,农业的比重明显偏高。2000 年,甘肃第一产业总产值中,农业的份额为 73.96%,高于全国水平 18.26 个百分点,其中种植业比重又占到农业的 91.33%。1978—2000 年,甘肃农业在第一产业总产值中的份额仅下降 6.43 个百分点，牧业份额仅提高 5.38 个百分点,而全国农业下降了 24.7 个百分点,牧业上升 14.7 个百分点。

3.第二产业发展速度慢,经济总量偏小。1978—2000 年,甘肃第二产业和工业的平均增速为 7.97%和 7.17%,分别低于全国水平 3.47 和 4.43 个百分点。2000 年,甘肃第二产业增加值和工业增加值分别为 439.9 亿元和 328 亿元,在全国的比重分别为 0.97%和 0.83%,分别较 1978 年下降 1.27 和 1.33 个百分点。

在工业总产值中,甘肃是重工业份额居高不下,全国却是轻工业份额不断攀升。1978—1999 年,在工业总产值中,轻工业的份额,甘肃从 18.69%变为 17.74%,下降了 0.95 个百分点,而全国由 43.10%上升为 49.2%,增加了 6.1 个百分点,甘肃比全国水平约低 31.46 个百分点。

在轻工业内部,以农产品为加工原料的格局,甘肃基本上没有变,而全国却发生了很大变化。1985—1999 年,甘肃这一比例由 69.19%变为 68.65%,下降 0.54 个百分点;同期全国从 68.64%降为 30.2%,下降 38.44 个百分点。甘肃较全国水平 30.2%高出约 38.45 个百分点。

在重工业内部,甘肃是采掘业比重不断加大,原材料工业比重迅速下降,制造业比重保持不变,全国则与甘肃呈现相逆的变化趋势。1978—1999 年,重工业中,采掘业、原材料和制造业的产值比,甘肃由 9.12:63.88:27.00 变为 23.67:48.41:27.92,采掘业比重提高了 14.55 个百分点,原材料工业比重下降了 15.47 个百分点。1985—1999 年,全国由 11.39:35.17:53.44 变为 10.05:39.44:50.51。采掘业较全国高 13.62 个百分点,原材料工业高 8.97 个百分点,而制造业却低 22.59 个百分点。

4.尽管第三产业占 GDP 的比重高于全国,但结构不合理、发展层次低的问题相当突出,基本上仍然是以传统的交通运输仓储邮电通信、批发零售和商贸餐饮为主,2000 年这几大行业增加值之和占第三产业的份额为 40.94%，全国为 41.27%。计算机应用服务、信息咨询服务、社区服务等新兴产业的发展仍然处在低水平上，其增加值占第三产业的比重 1999 年还不足 5%，大大低于全国及发达省市的水平。

外贸出口对经济增长的拉动力很弱，出口商品结构严重不合理。2000 年全国外贸依存度为 43.93%，而甘肃仅为 4.79%；1998 年全国机电产品出口比重占到 36.2%，而甘肃 1999 年只占 8.48%。新型材料、生物制品和医药产品为主的高新技术产品出口比重只占 6.9%。

5.所有制结构不合理。非公有制经济发展慢，占国民经济的比重仅 24% 左右，而且近年来几乎是一个常数，远远低于发达省市的水平，这也是甘肃经济长期以来缺乏活力的一个重要原因。尤其是在工业中所占比重更低。1999 年，甘肃非公有制工业产值占工业总产值的比重为 22.31%，低于全国 14.11 个百分点。从投资结构看，1999 年甘肃全社会固定资产投资国有的比重高达 69.40%，比全国高出 16 个百分点，招商引资和启动民间投资的水平远低于全国。

甘肃经济发展中存在的上述突出问题，是相互联系、相互制约的，共同影响着甘肃经济的持续健康发展。其中一个很重要的原因就是第二产业发展缓慢，而且结构极不合理。从各国工业化进程的普遍规律看，目前，甘肃的第二产业应该处在一个蓬勃发展的阶段，轻工业比例应该很高。相反，我们从对比分析中看到甘肃的第二产业，尤其是工业却呈现出相对萎缩的变化趋势，不要说反哺第一产业和带动第三产业，自身的发展就已成为一个相当严峻的问题。由于第二产业没能为整个经济结构调整创造出空间，故大量剩余劳动力仍然滞留在第一产业，第三产业也就只能建立在以传统行业占绝对比重的低水平上。而为了维持第二产业的传统强势地位，必然要割裂工业化和城镇化相互促进的正常发展轨迹，使城乡差距、地区差距进一步扩大。

三、对策建议

通过对比分析,我们不难看出,制约甘肃经济发展的一个核心因素是结构问题。要加快甘肃经济发展,就必须对经济结构进行战略性调整,切实把结构调整作为今后经济工作的主线。

调整方向是:在巩固和加强农业基础地位的同时,大力发展工业和服务业,努力提高工业化和城镇化水平;实行加工增值战略,延伸产业链条,大力发展加工业;调整轻重工业比例,着力提高轻工业比重;调整所有制结构,着力提高非公有制经济比重。

第一产业的调整,要以市场为导向,以经济效益为中心,以增加农民收入为目标来进行。着重从以下几个方面着手:一是提高单产,稳定增加总产,改善粮食品质结构,确保粮食安全。在此基础上,大力发展畜牧业,提高畜牧业的产值比重,力争今后每年提高一个百分点,在2010年达到30%左右,使五大牧区的称号同畜牧业的发展水平名副其实。二是调整粮、经、饲比例,逐步增加经济作物和其他作物的播种面积,争取在"十五"末经济作物的播种面积份额从现在的13.63%提高到20%。以市场为导向,加快培育各具特色的地方主导产业,尽快形成市场牵"龙头"、"龙头"带基地、基地联农户的产供销一体化的机制,把比较优势发挥出来,让"好"的多起来,让"多"的好起来,以特色优质产品参与市场竞争,带动千万农民增收致富。要把强县、兴镇、富民结合起来,引导农业向专业化、产业化方向发展,县域经济向规模化、名优化方向发展,创出一批名牌产品、明星企业和知名市场。三是大力发展乡镇企业。乡镇企业的发展要把主攻方向放在农副产品的深加工上。着力提高乡镇企业中的工业所占比重,筛选一批规模大、带动能力强、产品有竞争力的龙头企业给予重点扶持,使它们迅速成长为像武威荣华公司那样的龙头企业和上市公司。四是加快小城镇建设步伐。要把加快人口聚集和产业聚集作为推进城镇化的两个轮子，聚人为市，化市为城，三产突破，工业立市。降低私营工商业和农民进入城镇的门槛，增加城镇人口，繁荣市场。在此基础上加快产业聚集，吸引外商投资和民间资本，发展加工业，以工业化带动城镇化，以城镇化促进工业化。

第二产业的调整，要继续发挥传统产业优势，加快用高新技术改造、提升传统产业的步伐。一是立足现有基础，下功夫把甘肃省石化、有色、冶金、能源、机械、电子、建筑、建材行业和重点企业做强做大。二是要在继续保持重工业发展的同时，加大轻工业的发展力度，充分利用甘肃省农产品、畜产品、中药材等资源富集的优势，利用三毛派神、佛慈制药、莫高干红等品牌优势，大力发展轻纺工业、食品工业和制药工业，力争用 10 年左右的时间，使轻工业占工业总产值的份额达到 30%。三是大力发展加工业。甘肃工业多年来一直是以原材料工业为主导，发展加工工业有一定优势。但由于传统计划经济体制的制约和国家产业政策导向，产品流向极不合理，80%的原材料产品流向省外，省内加工消化能力极弱，如甘肃省每年生产 30 万吨铝，而省内加工量还不到 30%；消费品市场 70%多的份额被外省占有，省内地产品市场占有率多年来一直在 20%~30%。要以延展产业链条和提高加工增值能力为中心，改变传统的资源优势观，使加工增值战略真正破题。四是实施名牌战略。据了解，在全国 500 种具有一定市场规模的名优商品中甘肃省只占了一席，就是金川公司的镍。因此，要改变以往评选名牌产品的思路和方法。名牌产品选择、培育的着眼点在精，不在多。要真正把那些市场占有率高、效益好、对地方经济带动力强的产品评选出来并给予重点扶持，做大做强，扩大市场份额。四是根据甘肃自身的优势，发展适合自己的高新科技工业，包括应用软件、生物工程、现代中医药等。抓住国家加大高新技术产业投入的机遇，下决心扶持一批高新技术产业化项目，并有重点地运用高新技术和先进适用技术，对传统产业进行技术改造和设备更新，提高工业装备水平。五是千方百计扩大投资规模，争取上一些加工项目。要改变过去一味等待国家批项目、给投资的观念，努力扩大对外招商引资、项目融资、吸引民间资金和股份制企业股票上市。实践证明，发展加工工业，如果单靠国家批项目、批资金，就没有沿海发达地区工业发展的今天。

第三产业的调整，要以大力发展新兴产业为重点。要把旅游业、咨询服务业、现代物流业、科技教育文化产业、房地产业作为第三产业的新的经济增长点来培育。此外，考虑到社区服务业在解决就业方面的巨大潜力，应及早规划，正确引导，以此来拓宽城市就业渠道，缓解社会就业压力；增加居民收入。力争在 2010 年，甘肃省第三产业的就业人数占社会劳动力就业总数的比重由现在的 21% 提高到 30% 左右。

积极调整所有制结构，大力发展非公有制经济。一是扩大产业准入领域，允许非公有制经济进入除国家安全领域之外的其他任何领域，鼓励非公有制经济参与基础设施、生态环境等方面的建设，通过资产重组等方式引导非公有制经济进入国有经济退出的领域。二是创造有利于非公有制经济发展的环境。力争在"十五"期间甘肃省非公有制经济的份额每年至少提高一个百分点，"十五"末提高到 30% 左右。

（《发展》2001 年第 9 期）

积极迎接入世加快甘肃发展

中国加入世界贸易组织，是党中央高瞻远瞩、总揽全局、顺应经济全球化趋势作出的重大战略决策，是中国和世界双赢和共赢的结果，不仅会给我们国家，也必然会给甘肃带来重大而深远的影响。如何从甘肃的实际出发，积极主动地采取应对措施，抑弊扬利，已成为当务之急。

一、加入 WTO 为甘肃经济发展带来了新的机遇和挑战

（一）甘肃经济社会的发展增强了迎接加入 WTO 的能力

经过 20 多年的改革开放，甘肃的国民经济和各项社会事业得到了长足发展，综合经济实力和人民生活水平有了明显提高，社会主义市场经济体制逐步建立和完善，为应对中国加入 WTO 带来的各种机遇和挑战奠定了一定的基础。

一是国民经济持续健康发展。1996 年，甘肃提前 4 年实现生产总值比 1980 年翻两番的战略目标。1995 年到 2000 年，全省生产总值由 553 亿元增加到 983 亿元，年均增长 9.2%；地方财政收入由 33.92 亿元增加到 61.29 亿元，年均增长 12.56%；大口径财政收入由 68.57 亿元增加到 108 亿元；农民人均纯收入由 880 元增加到 1428 元，22 个县市区的农民生活初步实现小康；城镇居民人均可支配收入由 3153 元增加到 4916 元；农村绝对贫困面缩小到 3.36%。

二是各项改革稳步推进。国有大中型企业向着公司化、集团化、

多元化方向发展。目前,全省大多数国有大中型企业初步建立了现代企业制度。组建了21个大型企业集团,有16户上市公司。90%的国有小企业进行了多种形式的改制。财政、金融、投融资等方面的改革进展顺利,社会保障、医疗和住房制度改革稳步推进,投资主体多元化的步伐逐步加快。

三是全方位的对外开放格局初步形成。全省外贸出口稳步发展。利用外资工作成效显著,外商投资领域和利用外资渠道逐步拓宽。到目前为止,已与90多个国家和地区发展了经贸往来,并与美国、日本、新西兰等9个国家缔结了13对友好城市。同时,加强了同其他兄弟省市区的联系。全方位对外开放的格局初步形成,为与WTO有关规则的对接提供了较为有利的条件。

四是投资环境得到了较大改善。"八五"到"九五",全省固定资产投资规模由629.5亿元增加到了1637.3亿元,增长了1.6倍,重点加强了农林水利、生态环境、交通通信、电力能源等基础设施建设。在今后的5—10年中,这方面的投入将继续加大。省级政府机构改革进展顺利,成效比较明显。市县乡三级政府机构改革全面展开。各级政府和部门都在按照机构改革设定的岗位职责要求,积极转变职能,增强服务意识,转变工作作风,简化工作程序,提高工作效率。政府行政审批制度改革已经迈出实质性的步子,清理取消的审批项目正在逐批向社会公布。投资的软环境和硬环境都得到一定程度的改善。同时,政府法治建设和廉政建设得到进一步加强。

总的来看,目前甘肃经济繁荣、社会稳定、人民群众安居乐业,为加入WTO后经济持续健康发展打下了一个比较坚实的基础。但是,也应清醒地看到,在发展社会主义市场经济、与国际经济对接特别是与WTO规则对接方面,甘肃还存在许多不适应的地方。概括起来,一是观念上的差距。习惯于计划经济的思维模式和做法,传统的小农经济思想普遍存在,地方保护主义和部门利益倾向比较严重,对 WTO 规则及相关法规认识不足,特别是在社会理念、经营方式及文化传统等方面与 WTO 的要求差距较大。二是体制上的差距。在甘肃,社会主义市场经济体制有待完善,市场主体和竞争机制还不健全,开放的水平不高,对外贸易体制改革滞后,与 WTO 所推崇的贸易、投资自由化,竞争公开、公平、公正的市场经济体制还有一定差距。三是政策制度差距。如法规、政策、信息及政府行政程序不透明,特别是政府职能的转变相对滞后,有关政策与 WTO 规则有不适应或相冲突的地方,招商引资的软硬环境还不宽松,经济运行与经营管理机制同国际惯例不相一致。四是与沿海地区的差距。加入 WTO,沿海发达地区、外向型经济比重大的地区将一马当先。沿海发达省份早在几年前就已着手进行加入 WTO 的准备;甘肃则起步较晚,开放度不高,间接的冲击和影响要比直接冲击大得多,特别是受沿海地区产业升级、结构调整的波及或影响更甚于直接冲击。所有这些,都决定了加入 WTO 对甘肃经济社会的影响是长期的、巨大的和全方位的。

(二)甘肃经济发展面临的机遇和挑战

加入 WTO,给甘肃经济发展带来的机遇主要表现在以下六个方面:一是加入 WTO 后,各方面的改革意识和紧迫感将进一步增强,体制变动和制度创新将加速甘肃市场体系的建立和完善。二是 WTO 对资本市场开放作了原则规定,要求缔约国逐步放开资本市场,这对甘肃合理有效利用外资、进一步扩大利用外资规模都将十分有利。三是有利于甘肃社会财富的增加和居民消费水平的提高。市场开放和经济全球化必然带来效率的提高和社会财富的加速增长。由于关税降低和贸易自由化等因素,将使国外大批质优价廉的商品进入甘肃市场。四是有利于甘肃劳动密集型产业发展和扩大就业。甘肃劳动力价格十分低廉,发展劳动密集型产业更具优势。农村大量富余劳动力向非农产业和小城镇转移，将进一步加快甘肃省的城镇化进程。五是有利于甘肃争取更大的国际发展空间。WTO的规则是对等的，这就有利于甘肃通过发挥比较优势，发展特色经济，参与国际公平竞争，与世界各国进行经济、贸易、技术、劳务和人才等方面的更广泛合作。六是有利于加快甘肃经济增长方式的转变。按照WTO公平竞争原则，为国内外投资者技术创新、技术交流提供了发展空间，必然加快省内企业的技术引进和技术进步。

同时，加入WTO以后，将给甘肃经济带来新的挑战：一是人才问题将更加突出。加入WTO后，外商将把利用国内人才作为投资战略的重要方面，从而会加剧甘肃人力资源的大量流失。二是市场竞争更加激烈。甘肃产业结构主要是依靠国内市场，以内需为主导，真正具有国际竞争力的产业、产品和企业很少。那些成本较高、技术水平低和管理落后的行业和企业将面临更加严峻的挑战。三是就业压力进一步加大。加入WTO将使甘肃农产品市场受到较大冲击，大量农业劳动力需要转移到工业和服务业等非农产业，而低档产品和一些企业在竞争中被迫退出市场，产生更多的失业人员，增加就业压力。四是政府管理经济的职能受到挑战。加入WTO，要求各级政府职能部门逐步取消补贴和不合理的政府支持措施，政府在管理经济中的行政手段和作用越来越受到限制。甘肃经济对国际市场的依存度和国际商品市场、资本市场的波动对甘肃经济的影响都将进一步加大，这无疑会加大各级政府对宏观经济调控的难度。

二、加入WTO对甘肃经济的主要影响

中国加入WTO对甘肃经济社会发展的影响对不同产业、不同企业而言是不同的。相对来说，劳动密集型产业受到的冲击要小一些，技术、资金密集型产业受到的冲击要大一些；开放早的地区、部门、行

业受到的冲击要小一些,开放晚的受到的冲击要大一些;国有企业受到的冲击要大一些,非国有企业受到的冲击要小一些;长期受国家高关税和非关税措施保护的行业和产品受到的冲击要大一些, 其他行业和产品受到的冲击要小一些。具体分析如下:

(一)农业方面

1.大宗农产品价格较高,缺乏竞争力。加入 WTO 后,国外成本低、质量高的农产品的涌入,将挤占省内部分农产品市场,这对甘肃农产品市场和农业生产的长期稳定发展十分不利, 使农民收入受到严重影响,政府对农业的支持和保护将受到越来越多的制约。目前,甘肃的小麦、玉米、棉花等的生产成本和价格均高于国际市场,其中小麦高出 10%,玉米高出 20%~30%,小麦和玉米受到的冲击较大。油料、糖料等作物的价格虽低于国际市场,但由于加工设备陈旧,工艺落后,品质较差,基本上无法参与国际竞争。

2.特色农作物具有较强的竞争优势。目前省内马铃薯的播种面积已占全国的 10%,居全国第三位,总产量达到 530 万吨,商品转化率在 60% 以上。蔬菜除了满足省内需求外,约有四分之一还可进入南方市场。以苜蓿为主的草产品在产量和价格上优势十分明显,草粉年产量达到 30 万吨, 占全国的 17%, 居第一位, 而价格每公斤仅 0.6元,分别为国内价格的三分之二和国际价格的二分之一。另外,花卉、茶叶等特色农业经济作物也有一定的优势。

3.畜牧产品总体上的比较优势要强于种植业。甘肃是全国五大牧区之一,具有发展畜牧业的优势。牛肉价格每公斤比国际市场低 3元左右,出口潜力较大。羊肉在产量和价格方面的优势都十分明显,人均生产量比国际上高出 0.8 公斤, 但每公斤价格只有国际市场24.8 元的一半,加之羊肉特别是羊羔肉的品质好,出口前景乐观。禽肉、猪肉、鸡蛋在出口方面没有优势。

（二）工业方面

1.轻工业影响不大，但竞争力弱。国内劳动密集型的工业部门，包括纺织、服装和普通日用消费品工业，在国际市场上已经形成一定的出口竞争力，加入WTO后将有利于这些工业扩大出口。但甘肃在上述领域的企业成长起来的很少，所以受到的冲击都是有限的，冲击主要集中在纺织原料、乳品、葡萄酒、味精、造纸等行业和产品。如美国要求腈纶的准入量大，兰化公司化纤厂的腈纶明显处于劣势。纺织面料进口关税降低，加大了兰州三毛精纺面料及一些印染企业的竞争压力。乳品类受影响最大的是奶粉，将失去价格优势。葡萄酒的关税也将从65%降低到10%~20%，这将使甘肃一些正在发展和规模较小的企业面临危机。味精的生产成本为每吨1.2万元，比国际市场高出4000元，对味精生产企业形成很大压力。相反，低档纺织原料、洗衣机、塑料、初级皮革制品、日化、金属制品、工艺美术、手工制品（如手工地毯）、日用玻璃行业将会获得较大的发展空间。

2.石油化工工业在规模和深加工方面都与国外有着较大的差距。石油化工是甘肃的支柱产业，但从现状看，生产规模小，原材料产品、初级产品、低档产品多，高附加值、系列化、精细产品少，同国际平均水平有很大差距。另外，加入WTO后，原油、天然气将实行零关税，各种成品油和燃料油的关税也将在1—2年内降至6%左右，塑料及其制品的关税也分别下降，原油、成品油进口配额等非关税措施将逐步取消，成品油价格、销售也将逐步放开，化肥在成本和价格上均无优势。而无机化工行业大多属于资源型、能耗高、污染严重的产品，有些产品发达国家已经停止了生产，加入WTO后，将会有新的发展机遇。

3.有色冶金工业优势比较明显，但钢铁工业将受到较大冲击。加入WTO后，将改善甘肃铜、铅、铝、锌、镍、钛合金等冶金产品的出口环境，扩大出口规模。甘肃十种有色金属产品产量在国内名列前茅，其中很多产品是出口创汇的优势产品。加入 WTO 后,将会进一步巩固和扩大这一优势。钢铁工业产品主要是低附加值的钢坯、线材和少量中板材。近两年来由于主要竞争对手日本、韩国和独联体国家货币的大幅贬值,钢材价格与这些国家仍有较大的差距。

4.机械、电子工业面临较大冲击。加入 WTO 后,由于关税降低和市场开放,从发达国家首先输入的就是其具有明显优势的机电产品,甘肃机电行业将面临严峻的挑战。当然,加入 WTO 后,甘肃机电工业也将迎来良好的发展机遇:机电工业进一步参与国际分工,有利于深化改革,促进企业经营机制的转换,即由被动型向主动型转变;有利于技术引进、利用外资,促进机电产品的升级换代和出口市场的多元化。

5.中药开发面临机遇。甘肃是一个中药材大省,许多中草药如党参、当归、黄芪等在国内外享有盛名。几个大的中药制药企业如佛慈等都有自己的拳头产品,且有相当的竞争实力,如果能凭借中草药及其制成品的传统优势,加大投入,研制出具有国际竞争力的现代化中药制剂和保健品,就能在国际市场上形成优势并取得相应的收益。

6.高新技术、电子信息等产业发展前景广阔。目前,甘肃电子信息行业已形成移动通信、微电子、计算机、电子专用设备、软件和系统集成、名优家电、军工电子等八大类产品为主,具有较强开发、生产、营销能力,布局较为合理的高新技术产业。近年来电子信息工业年均增长率超过 20%,是甘肃发展最快的行业。加入 WTO 后,甘肃高新技术产业可以较低成本,引进先进技术和设备及相应的资金投入,获得较好的发展机遇。

(三)服务业方面

1.旅游业将成为支柱产业。甘肃是全国第六大旅游资源省份。加入 WTO 后,将促使甘肃旅游业按照国际标准、国际惯例、国际服务贸易程序来组织经营和管理,逐渐走上市场化公平竞争的轨道,获得发展机遇;同时也有利于学习国外先进经验和技术,提高旅游服务业水平。

2.电信业将在竞争中提高服务质量和水平。电信业在甘肃是一个较为发达的行业,其不足主要是行业垄断度高,网络信息等现代化服务普及面窄。加入 WTO 后,随着外来资本和业务的介入,将对甘肃的电信业带来一定的冲击,但从长远看,更多的是机遇和激励。一方面可以更加有效地引进国外资金、技术、设备和信息,加快甘肃信息化进程。另一方面可促使甘肃电信行业提高服务水平,改进服务质量,降低服务成本,增强自身竞争力。

3.金融、保险业将面临更为严峻的挑战。加入 WTO 后,由于外资金融机构介入竞争,将会造成甘肃金融企业人力资源、涉外业务、优良客户等的流失,使其赢利空间缩小,经营风险加大。同时也增加了对金融市场的监管难度。但外资金融机构的进入,将迫使国内金融机构在管理体制、监管机制、管理水平和服务水准等方面按国际标准和惯例进行改革,促使国有商业银行真正成为市场主体;外资金融机构的经营绩效,将为国内金融机构起到示范作用,有助于借鉴外资机构的管理方法、经营方式、融资技术和内控机制,改善经营管理。同时,外国保险公司的进入,对补充国内险种和完善甘肃社会保障体系具有重要的促进作用。

4.商品零售业向多元化方向发展。加入 WTO 后,一方面,商品零售业市场的竞争将进一步加剧,面临来自国内外的双层压力;另一方面,有助于甘肃商品零售业向多元化发展,连锁店、超市等多种零售业态以及现代物流配送和网络销售为代表的现代营销手段将促使甘肃商品零售业优胜劣汰,并通过企业兼并重组,形成新的商品零售市场结构;外来资金、管理理念和现代营销手段的介入,将有利于提高企业的服务水平和经营效益。

5.其他新兴服务业将全面加强。会计、建筑设计、医疗、律师、咨询等许多中介服务行业是甘肃目前比较薄弱、亟待发展的行业。加入WTO 后，外商外资参与甘肃服务业特别是中介服务业的经营运作，对于扩大就业、提高服务质量、促进全省相关行业发展具有显著的带动作用，同时国外先进的经营方式、经营理念和管理模式的引进和对中方人才的培训，将进一步扩大省内中介服务行业的市场规模，促进全省服务行业的全面、迅速发展。此外，甘肃在对外承包工程、劳务输出等方面具有一定的规模，特别与非洲诸国的合作领域十分广泛。加入 WTO 后，随着甘肃对外服务贸易环境的改善，其发展将进一步扩大。

三、甘肃应对加入 WTO 的几点建议

综上所述，加入 WTO 后，甘肃在经济管理体制等许多方面都与WTO 规则不相适应，需要在诸多方面进行调整和改革。

（一）及早认清形势，寻找应对之策

加入世贸组织，最大的风险不是关税减让，也不是市场准入，而是不熟悉规则，不知道事情该怎样做，不能运用规则保护自己、发展自己。因此。针对全省政府部门、工商企业界对 WTO 规则还不熟悉的状况。要通过各种渠道、采取多种有效的形式进行广泛的学习和宣传。重点是学习 WTO 的各项规则和我国加入 WTO 方面的内容，以增强全省上下的规则意识。

这方面最关键的就是尽快使思想观念、人才素质及一切经济活动都与国际规范接轨，使甘肃经济早日融入国际经济体系。因此，必须按国际规则和标准组织生产活动。以国际市场生产成本作为进行生产服务的参照体系。加入 WTO 后，急需一批对 WTO 各项规则条款有透彻了解和深入研究并熟悉甘肃省情的各类人才。因此制定和实

施人才战略,培养和造就大批优秀人才,是在新一轮国际竞争中赢得主动的关键。政府要采取各种可行的措施,加快对各类专门人才的培养。在加快改革人事、劳动管理制度和分配制度的基础上,重点致力于人文环境的改善,为各类人才提供施展才华的舞台,形成有利于各类人才脱颖而出、人尽其才的激励机制,想方设法留住人才。各级行政和行业管理部门要做好下属单位相关人员的实务培训,使之尽快了解和掌握 WTO 的规则、程序和实际运作。总之,要通过多种渠道、采取多种办法,加快甘肃外向型、复合式人才的培养,促进人才素质的国际化。

(二)积极进行制度创新

目前,甘肃仍处在从计划经济向市场经济过渡的转型期,生产力的现实发展水平决定了其与以贸易自由化为宗旨的 WTO 之间在制度安排上的较大差异。对这些差异,应在结合国情、省情的基础上,对照 WTO 的相关规则,甄别取舍,以生产力和生产关系的辩证原理为指导,进行制度创新,处理好改革、发展、稳定之间的关系。

一是切实转变政府职能和行为。按照"规范、统一、精简、透明、服务、效能"的原则,加速改革政府管理体制,转变政府职能,建立符合 WTO 要求的政府经济管理体系,减少对经济活动的行政干预,变微观直接管理为宏观间接管理。加快推行政府行政审批制度改革,规范审批行为,强化服务意识,健全服务功能,为各类企业参与国际竞争提供便捷周到的服务。

二是培育和扶持行业协会的发展。通过行业协会接管政府原先的一些管理职能和管理行为,适时填补政府撤出后的权力真空,既可发挥行业协会组织企业集团作战的优势,又可规范企业的行为,使整个行业在良性竞争中走向壮大。

三是调整优化经济发展的政策法规环境。首先,要认真清理和修订甘肃现行的法律、法规和规章。对与 WTO 规则相抵触,含义不明确的政策法规以及各种行业准入限制等规定,严格进行清理和修订。其次,提高政策、法规的透明度。凡涉外性法规一律公开,以作为涉外经济活动的依据。第三,强化依法行政的意识。做到有法必依,执法必严。加强执法的监督检查工作,充分利用行政复议对执法进行监督。第四,构建新的企业制度体系。加快建立现代企业制度的步伐,优化企业组织结构。第五,实行国民待遇。在产业准入、土地、税收等方面对各类企业一视同仁,既要消除对非公有制经济的不公正待遇和歧视,又要杜绝不讲条件地给予非公有制经济尤其是外商投资经济"超国民待遇",为省内外、国内外投资者和各类企业创造真正公平竞争、共同发展的政策环境。

(三)大力调整经济结构

加入 WTO 后,经济结构调整将处在新的、开放度更大的环境,必须坚持"有所为,有所不为",集中力量发展具有竞争力的产业和产品,在国际和国内分工中取得尽可能大的收益。

第一,在农业方面,加入 WTO 后,应在遵循世界农业产品贸易规则的前提下,采取保护与调整相结合,促进农业的转轨变型。要加快农业结构调整的步伐,提高农产品的质量和农业的经济效益,增强农产品的国际竞争力。大力发展高产优质高效农业,在重视粮食安全的前提下,加快发展草食畜、特种养殖业和草产业,加速实现把甘肃建成草业大省和畜牧强省的目标。蔬菜、瓜果、酿酒原料,以及马铃薯、食用菌的生产和加工在国际市场上具有一定的竞争力,应重点发展和扶持。《农业协议》《补贴与反补贴协议》等有关协议对大力扶持落后地区农业发展有相应的规定。应争取相应的补贴,以促进甘肃农产品供给总量的增长和农产品供给结构的优化。

第二,在工业方面,重点是要以提高产业竞争力和工业经济增长质量为核心，加快推进甘肃工业结构从适应性调整向战略性调整转变。一方面加快改造传统优势产业。针对甘肃石化、有色产品同国外同类产品相比价格偏高等问题，通过积极利用高新技术和先进适用技术，有重点地改组改造骨干企业，加强集约化管理，促进企业降低生产成本，延长产业链等途径，增加国际竞争力。另一方面，积极发展高新技术产业。有选择地重点扶持新材料、生物技术和新医药、先进制造技术和信息产业的发展，重视新能源及节能、环保、核技术的应用，形成工业发展新的增长点。

第三，服务业要尽快转变观念，强化竞争意识和竞争机制。降低运营成本，增强科学管理功能，提高服务质量和水平。金融、房地产、电信、零售业、文化服务以及旅游业都要采取相应的转型对策。特别是加速对旅游业、国际旅行社运行方式和管理方法的对策研究；加速旅游行业分工体系的调整；加速旅游行业企业制度的调整、改革和创新；加速旅游行业政策法规和管理制度建设。通过大力发展旅游业，带动相关产业的发展。

第四，积极稳妥地发展外向型经济。首先，应将国家关于外贸体制改革的政策尽可能快地传递到企业，减少时滞效应。其次，大力调整出口商品结构，实施出口商品多元化战略。努力扩大机电、电子等大型成套设备和形状记忆合金等高科技产品的出口份额，积极推动地毯、中医药保健品等个性化、地方化、民族化特点商品的出口，改变甘肃省出口产品结构不合理状况。再次，推动市场多元化战略，大力开拓国际市场。在巩固传统出口市场的同时，积极开拓和发展拉美、非洲、中亚等新的市场。在进一步发展经东南沿海和港澳等地直接转口贸易的同时，尽可能地通过为其提供原材料、零配件等方式发展间接的转口贸易。最后，进一步扩大招商引资规模。抓住国际经济中跨国并购的机遇，积极引导跨国公司来甘投资。实施"走出去"战略，鼓励和引导有条件的企业进行境外投资,直接吸收利用国外资金、先进的技术和管理经验。

第五,加快城镇化步伐。适应加入 WTO 后的经济社会发展需要,必须要加快城镇化步伐。一是放宽限制。积极引导和鼓励外资和民间资金参与城市供水、供气、城区道路等基础设施建设。二是改革户籍管理制度。凡在城镇有固定住所和固定收入者,可转为城镇户口,实现农村人口向城镇的转移,通过转移过程中消费方式的转变创造新的消费空间。三是用新的经营理念加强城市建设与综合管理。完善城市土地流转制度和城市用地的规划管理,将城市土地真正用好用活,用出效益;将城镇社区建设和服务作为解决城市就业的新空间;营造城市文化景观,发展城市旅游。四是加快乡改镇、县改市、地改市的步伐,完善城市体系建设,加快城乡交流,实现城乡经济互补发展。

(四)营造良好的发展环境

面对 WTO,甘肃必须对发展环境进行再造。一是建立健全社会保障体系。继续深化失业保险制度改革,扩大失业保险的覆盖范围,合理确定失业救济的发放标准和期限。努力完善再就业机制,动员各方力量,广开就业渠道,促进失业人员再就业。进一步完善城镇企业职工养老保险制度,进而将受益面向农村拓展。深化医疗保险制度改革,探索适合农村特点的公共医疗服务体系。以灾害救助和城乡居民最低生活保障为重点,建立和完善社会救助体系。二是扶持和培育市场中介服务机构。各类中介机构具有充分的信息资源和现代市场观念,聚集了高素质的各类专业人才,能够为企业和其他市场主体提供最优质的服务,起到搭桥铺路作用,促使各市场主体的优势得到更大的发挥。政府应从政策上给予鼓励,尽快扶持和培育起一批有规模、高素质、规范经营的中介机构。三是加速建立完善的社会信用体系。增强全体公民的信用意识,形成讲信用、守信用的社会氛围,社会信用记录向社会公众开放。发挥各类信用担保组织的作用,发展壮大中小企业,保证企业生产经营和整个经济活动安全有序地进行。

(《开发研究》2002 年第 1 期)

关于提升县域经济竞争力的几点思考

一

县(市)这一级,在我们党和国家的工作中处于承上启下的重要地位,是国家经济发展、社会安定和政权稳固的重要基础。在我国经济发展进入战略性调整的新阶段,特别是我国加入 WTO 之后,县域经济发展的滞后性、脆弱性和亟待赶上的紧迫性日益显露。

首先是县域经济发展不平衡越来越明显。尽管从总体上说我国已进入小康型社会,但在全国 2073 个县域单位中,截至 2000 年年底,没有达到温饱线的占 22.8%,没有达到"三步走战略"确定的小康线的占 86%。在西部 1075 个县的县域经济 50 强中,甘肃省只有武威市。

其次是特殊的经济结构使县域经济陷入了困境。县域经济的主体是农业、乡镇企业和县属国有及集体中小企业,其中农业经历了自 80 年代初以来的大发展后,正面临着资源和市场的双重制约,处于一种结构调整和徘徊不前的状况。从 80 年代初中期短缺经济和体制转轨夹缝中成长起来的乡镇企业,不可避免地出现因低层次过度竞争带来的小而散、小而低和产业、产品结构趋同现象。

第三是县域内正在承受严重的通货和信贷紧缩。国有银行 80%左右的贷款是贷给国有企业的,县域内资金资源中农民收入下降、以县域中小企业为主体的乡镇企业衰退、邮政储蓄只储不贷、农村合作基金会清理、国有商业银行撤并机构、上收贷款审批权限等,客观上造成了县域内的金融抑制。

第四是县级政府资源配置能力十分有限。对于绝大多数县来说,随着改革的深入和市场竞争的日渐激烈,县域经济中传统的国有企业正在出现大量萎缩,亏损、破产大量增加,政府财力受到影响。再加上分税制造成的财力逐级向上集中,在县这一级形成了有钱先吃饭,甚至为了保吃饭而挤占挪用专项资金,用老百姓的话说:"皇帝买马的钱都敢用。"发展经济只好有多少钱办多少事。

第五是县域经济的对外开放度都很低。统计资料显示,1999年全省14个地州市中,出口额在300万美元以下的有11个,加起来只占全省出口的2.1%;在86个县市区中,没有外商直接投资的就有60个,每一个地州市都有空白。这几年来虽然有了一些变化,但仍不尽如人意。

二

我们对甘肃省发展县域经济的情况进行了一些初步的调研与思考,得出的基本概念是:甘肃县域经济发展水平很低,竞争力非常薄弱。到2000年,全省86个县市区生产总值在20亿元以上的只有10个,且都是市、区;在10亿~20亿元的有11个(其中市区7个、县4个);在5亿~10亿内的有32个,1亿~5亿元的有32个,不足1亿元的2个。除市区外,县域经济第一产业所占比重很大,有18个县第一产业占到50%以上,绝大部分都在30%以上。如何提高县域经济竞争力,我们的基本看法是:

一是立足现实抓农业,这是提升县域经济竞争力的基础。要通过大力调整农村经济结构,挖掘区域优势,发展特色种植养殖业,形成县域经济支柱产业,为农民增加收入,为财政夯实基础。比如,我们解读定西人从贫困到实现温饱的世纪变迁,不难发现,当地的洋芋、药材等经济作物的大面积发展起了举足轻重的作用,2001年人均纯收入1200元中有1000元来自洋芋、药材、畜牧和果菜等四大支柱产业,而且定西主要几个县的洋芋面积占全国的十分之一强,当归占全国的70%以上,出口量占全国的90%。靖远、武都、静宁等县在发展县域经济中基本也是这样一条路子。如靖远县这些年来,把大棚蔬菜和羔羊产业作为重点产业,给予大力扶持和推动,促使生产基地和规模不断扩大,农民收入大幅度增加。武都县大力发展油橄榄、花椒、茶叶等特色产业,静宁县加快发展林果业种植基地,都取得了比较好的效果。这些都说明县域经济的发展应当首先立足于农业,在提高农业的基础上促进县域经济的全面发展。

二是更新观念抓民营,这是提升县域经济竞争力的新尝试。在县域经济的所有制结构中,大部分地方的国有经济比重不大。但由于传统观念和传统管理体制的影响,非公有制成分在经济发展中的地位和作用还没有真正到位。在调查中我们深深感到,凡是经济发展快、活力强、后劲足的地方无一不是重视了非公有制经济的发展。如成县、静宁、靖远等县都是由于非公有制经济力量的壮大而带来了经济的快速发展。因此,在县域经济发展中,要采取一切有效措施,促进非公有制经济的发展壮大。这其中,首先要加强观念引导,使人们从小农经济的思想束缚中解放出来,树立市场经济的价值观、发展观,善于运用市场经济的思维方式捕捉商机,利用一切有潜在价值的资源,开发适合市场需求的产品,求得自身的发展。其次要加强项目引导,一些对县域经济发展具有重大作用的大项目,除积极引进外资外,还应积极引导当地民营经济力量积极参与,尤其在一些资源优势不明显,引进外资困难较大的县,应把注意力集中在当地民营资金上,依靠有优势、有市场前景的项目,采取股份合作的方式,把分散的资金集中到经济建设上来,带动当地经济发展。靖远县在发展蔬菜产业龙头加工企业时,就把眼光瞄向当地一些拥有一定资金规模的民营企业家,首次成功地使当地民间资本与外来先进技术相结合,采取股份合作方式,筹集3000多万元兴办了科靖绿宝冻干食品有限责任公司,投产后对当地蔬菜产业的持续发展起到积极的促进作用。最后,要加强对非公有制经济的保护帮助,切实把非公有制经济当成国民经济的重要组成部分,为非公有制经济发展创造宽松的外部环境,保护他们的权益,帮助他们提高水平、扩大经营。

三是围绕特色农业抓工业,这是提升县域经济竞争力的有效途径。在县域农业经济基础稳固后,必须突出工业的发展,加快工业化的进程。必须强化农产品的加工环节,建立以市场为导向,以优势企业(市场或中介组织)为龙头,以利益关系为纽带的农工商、贸工农一体化的生产经营机制,兴办农产品的深加工、精加工企业,突破初级农产品的市场容量限制,带动特色产业做大做强。比如,凉州区大力发展以荣华集团为主的玉米淀粉系列深加工,以皇台、武酒、武啤、益民熏醋等企业为主的酿造业,以黄羊面粉加工为主的面粉加工业,加快了农业产业化步伐,延长了产业链条,增加了农民收入,促进了农村产业结构的调整。张掖、酒泉的一些县、市,大力发展水果及脱水蔬菜加工,仅甘州区的党寨乡就有12个脱水蔬菜加工厂,经济效益十分显著。静宁县引入大红碗方便面生产线和苹果干红生产技术,使当地富余农产品消化能力大大提高。这些县的实践给我们以这样的启示:围绕当地特色农业资源大力发展农产品加工工业,不仅是县域经济向工业化迈进的一条有效途径,同时也有力地促进了弱质传统农业向有活力、有竞争力的现代农业的转变。

四是增强功能抓城镇,这是提升县域经济竞争力的最终出路。县城是县域经济发展的中心和辐射源,在县域经济发展中有着极其重要的作用。县域经济发展中的许多困难和矛盾，如有效需求不足问题、财政困难问题、农村富余劳动力转移问题、人口素质提高问题等，从长远来看，都需要通过加快城镇化步伐来解决。因此，发展县域经济的一个重要任务就是要加快城镇化进程。这几年，各县对城镇化的发展都给予了足够的重视，不断加强县城基础设施建设，健全城市功能，积极稳妥地推进户籍管理制度改革，放宽对农民进城的限制，鼓励有条件的农民进城务工经商，增加城市人口，扩大城市规模，增强城市的带动辐射作用。如靖远县按照山水城市的定位，不断加强城市的基础设施建设，美化、亮化县城市容市貌，营造良好的人居环境。成县积极进行撤县设市的准备工作，抓紧县城的改造和建设。静宁县充分挖掘古成纪城这一文化资源，积极进行城市总体规划，按照发展文化旅游大县的目标，高起点地建设城市基础设施。黄羊镇通过建成西北最大的面粉加工基地，而成为繁荣的小城镇。这些实践证明，只有城镇的功能和辐射带动能力增强了，县域经济发展就有了主心骨。

三

为了促进全省县域经济的快速发展，结合我们在调研过程中的一些想法，特提出以下建议：

(一) 建议省上把提升县域经济竞争力作为西部开发的重要动力摆在突出位置

西部真正意义上的开发，不仅要有政策，要有标志性工程，更重要的是要有西部本身的大开发、大发展。县域经济的发展能够体现西部经济的区域特色，是西部经济的比较优势所在、竞争优势所在，是西部实现赶超战略的巨大力量源泉。建议省上从"强县"与"富民"相统一的角度出发，在实施西部大开发中，把支持县域经济发展作为一项重点工作，建立必要的政策支持体系，以进一步充实完善甘肃省实施西部大开发的思路和政策措施。比如,建立必要的发展基金和给予一定的税收优惠,鼓励资金、人才、科技向县域流动扩散,为县域经济发展创造良好的环境。

(二)建议在提升县域经济竞争力方面做到四个"强化"

一是强化坚定不移地走农业产业化发展道路的意识。农业产业化是农业经营体制的重大创新,是农业结构战略性调整的重要带动力量。要选择适合自身特点的产业化组织形式,以市场为导向,以利益为纽带,把农产品生产、加工、技术开发和销售服务等环节连接起来,实行贸工农一体化和产供销一条龙经营,形成新的利益共同体,精心打造品牌农业、特色农业、生态农业的新优势,走集约、高效的市场化发展之路。

二是强化把工业经济作为县域经济主体的意识。县域工业最大的难题是,主导产品不明确,现有企业规模小,产品档次低,市场占有份额小。要提升竞争力,就应当积极利用本地资源,培育优势产品、名品、精品,开发新品、特品,一品带一业,一业兴一方。还要大力培养一支企业经营管理者队伍,多渠道吸纳优秀人才加盟企业,提高企业和产品的科技含量。

三是强化非公有制经济在县域经济中的地位。随着个体私营经济法律地位的确立,发展环境不断宽松,今后个体私营经济在县域经济发展中的贡献份额会不断增加。要下决心在增量提质、改革转制上下功夫。在量的扩张方面,要进一步引导个体私营企业拓宽生产经营领域,千方百计启动民间资金,大力兴办个体私营企业;在质的提高方面,对现有乡镇企业进行股份制和股份合作制改造,通过外向延伸,使个体私营企业在资金、设备、技术、信息等各方面优化资源的配置,与国内、国外两个市场对接,提升科技含量,增加产品附加值。

四是强化借外力、增活力的开放带动战略。县域经济发展一方面应继续积极做到更多更好地利用外资,增加出口创汇;另一方面还应积极借鉴和利用国内、国外信息、技术,特别是管理模式和经验,提高对国内、国外市场的亲和力,积极引导和鼓励本地企业与国内外企业的联合,尽快形成新的规模优势、技术优势和产品优势,培育外向型经济新的增长点。

(三)建议省上加强对区域优势特色农产品的认证和原产地保护工作

甘肃省特色农产品丰富,有些在国内外市场都享有盛名,如靖远的绿色蔬菜、羊羔肉已在市场上创出品牌,有些已取得国家绿色食品认证,但是由于保护管理滞后,市场上假借其品牌进行销售的现象非常普遍,有关部门应加强管理,严格标识,营造特色经济健康发展的良好氛围。

(四)建议在省会兰州设立县域名优特产品和地方风情一条街

近几年甘肃省县域经济发展的势头迅猛,各县市在发展特色经济上都下了很大功夫,已初步形成了一些带有浓厚地方特色的名优特产品,以及具有浓郁地方风情的文化、旅游产品。但是由于宣传推介滞后,产品的市场知名度和销售范围较小,有些已出现不同程度的卖难问题。在省会兰州设立县域特色产品和地方风情一条街,一方面可以提高特色产品的市场知名度,起到宣传推介的作用;另一方面可以有效扩大市场销售,缓解卖难问题。

(《调研报告》2002 年第 4 期、《调查与研究》2003 年第 2 期)

加快甘肃县域经济发展的战略思考

县域经济是以县城为中心、乡镇为纽带、农村为腹地的区域经济,是国民经济的基本单元。"郡县治、天下安"自古以来就是历代统治者巩固政权所崇尚的信条。县域的事情办不好,经济发展不起来,就会直接影响到整个国民经济的健康发展和社会稳定;县域经济这盘棋走不活,整个国民经济也就相应缺乏应有的活力。县市这级比省市更贴近农村,比乡镇村具有更完备的管理职能和更强的调控能力,因而也是解决"三农"问题最直接的操作平台。随着整个国民经济的持续健康快速发展,县域经济在国民经济中的地位和作用越来越重要,研究和探讨如何加快县域经济发展,已经作为一个历史性的课题严肃地摆在我们面前,耐人寻味,发人深思。

第一节 加快发展县域经济的必要性和紧迫性

首先,县域经济是统筹城乡发展的纽带。县域经济是以县为单位的区域经济,我国农村绝大多数分布在各个县域范围内,农民的绝大多数居住在县以下的区域中。因此,县域经济本质上是农村综合经济,是直接面向"三农"的经济。发展县域经济的本质就是发展农村经济,提高农业效益,增加农民收入。县域经济又是联系大中城市的经济。县域经济的发展,一方面为大中城市的发展提供了各种生产生活资料;另一方面又为大中城市的发展扩大了市场需求。因此,县域经济又是城乡接合的经济,是城乡一体化发展的切入点。

其次,发展县域经济是解决农村富余劳动力就业的有效途径,农村富余劳动力转移到大中城市要受到两方面的制约:一方面,按党的十六大的要求,我国要走新型工业化道路,主要是指出了大中城市的工业发展方向。而新型工业化道路是以资本和技术密集型为特征的,因而从产业发展上来看吸纳劳动力的空间不会很大;另一方面,我国大中城市本身也存在着严重的就业难问题。解决农村富余劳动力的就业问题,一个现实可行的途径就是发展县域经济。因为县域经济主要是以中小民营企业和特色产业集群为主体,大部分是劳动密集型企业,对劳动力的要求相对较低,比较适应我国农村现阶段劳动力的素质水平,具有较强的吸纳劳动力的能力。而且它以民办民营为主,投资规模小,容易创办,有利于动员民间资金的生产性投入,弥补国家对农村的投入不足,从而推动农村城镇化建设和第三产业的发展,进一步扩大就业领域,拓宽了转移农村富余劳动力的空间。

第三,发展县域经济有利于加快我国城市化建设步伐。从经济形态看,县域经济又是一种块状特色经济。从产业演进规律看,城市化的发展离不开县域经济的发展,从某种意义上说,城镇化是县域经济发展到一定阶段、一定水平时的产物。在起始阶段,民间资金投入的特点是规模小而散,有以家庭为单位的,以村、乡、镇为单位的,有个人独资投入的,等等。以此形成的产业有家庭作坊式的村办企业、乡镇企业和个体户等,这是农村非农产业的创立阶段,是农村产业结构调整的发端。第二阶段是块状经济的形成。农村非农产业发展到一定程度后,生产要素会在某一地域上集聚,从而形成块状经济。集聚的地点主要是乡镇政府所在地的集镇和交通要道集中地。随着集镇基础设施条件的改善和第三产业的发展,又进一步促进了农村非农产业的发展。第三阶段是小城镇建设和农村工业的进一步集中。这个阶段农村工业形成了进一步的分工协作,生产要素横向流动集中,形成了各具特色的分工协作的块状经济群:县城和一些强镇发展成了中小城市,进而成为大城市的卫星城市或向大城市演进。这一城市化道路是建立在产业发展和集聚基础上的,是产业化推动了城市化,城市化又反过来促进了产业化,推动了县域经济的发展。

综上所述,加快发展县域经济不仅有其客观必然性,也是发展社会主义市场经济、加快脱贫致富奔小康步伐的必然选择。因此党的十六大提出要"发展壮大县域经济",十六届三中全会又强调要"大力发展县域经济"。

第二节　甘肃县域经济发展现状

甘肃经济近年来一直保持着高于全国平均水平的发展速度,实施西部大开发战略的四年来,经济增长年均达到 9.39%;2003 年完成生产总值 1301 亿元,比上年增长 11.2%;2004 年完成生产总值 1540 亿元,比上年增长 11%,都是 1997 年以来增长速度最快的年份。虽然经济增长的质量和效益也有所提高,但与全国相比还有很大差距,经济总量和城乡居民收入水平一直处于全国末位, 小康实现程度也低于全国,这种状况不能不引起我们的认真反思。我们认为,以农村经济为主体的县域经济发展不起来,势必会拖全省的后腿。根据经济学上的"木桶原理",如果不倾心加长县域经济这块"短板",甘肃要缩小同全国乃至沿海发达地区的差距是难以想象的。就甘肃目前县域经济发展的情况来看,差距主要表现在这样几个方面:

第一,县域经济发展水平滞后。按照国家的划分标准,甘肃 86 个县市区中,2002 年纳入县域经济范围的县市(不包括市辖区)有 71 个,2003 年有 70 个。通过调研和分析,我们得出目前甘肃县城经济的基本概念是,人口以农民为主,企业以小型为主,财政以"吃饭"为主,产业以传统为主,调控以自我为主,发展以追赶为主。据统计,2002 年,在 71 个县市中,GDP 达到 20 亿元以上的有 3 个,达到 10 亿元以上的有 9 个,5 亿~10 亿元的有 29 个,还有 30 个县市在 5 亿元以下。2003 年,在 70 个县市中,GDP 达到 20 亿元的有 3 个,达到 10 亿元以上的有 19 个,达到 5 亿~10 亿元的有 23 个,5 亿元以下的减少到 25 个。全国县域 GDP 占总量的 54.5%,浙江占 60%,湖北占 47%。甘肃占 43.4%,比全国低 11 个百分点。全国的县域平均规模,人口为 45.4 万人,GDP 为 28.2 亿元,财政收入 1 亿元,人均 GDP 为 5430 元。甘肃的县域平均规模,人口为 27.8 万人,排在全国第 7 位;GDP 为 7.2 亿元,财政收入 0.33 亿元,人均 GDP 为 3347 元,均排在全国倒数第 3 位。在全国 31 个省市区县域经济基本竞争力排序中,甘肃连续四届都排在第 29 位。在连续四届中国县域经济基本竞争力百强县市中都没有甘肃。在第一届中国西部百强县中,甘肃上榜的有武威、玉门、酒泉,第二届中有玉门、张掖和平凉,第三届、第四届中只剩下了玉门。在全国县域经济基本竞争力提升速度最快的百县市中,第一届西部共有 68 个,甘肃有阿克塞、安西、成县、和政、金塔、酒泉、宁县、永登、玉门;第二届西部有 41 个,甘肃有环县和平凉;第三届西部有 44 个,甘肃有华池和清水;第四届西部有 62 个,甘肃有永靖、张家川、秦安、甘谷和武山。全国县域经济竞争力评价,甘肃有 52 个县(市)排在最末的三个等级中。就全省而言,同 1995 年相比,2002 年天水、张掖、平凉、陇南、甘南经济实力在全省的位次都在后移,所辖 37 个县市区有 36 个位次后移。

第二,经济结构不合理。从投资结构看,2002 年,县域固定资产投资只占全省的 33.9%,而且大多是基础设施项目,有效益的生产经营性项目很少。从工业结构看,工业增加值占 GDP 的 26.53%,比全省的 34.57%低 8.04 个百分点。计划经济时期办的一些企业,特别是财政扭补项目大多已风光不再,新兴工业发展缓慢。从产品结构看,大路产品多,上档次的品牌产品少;初级粗加工产品多,科技含量和附加值高的产品少。从市场结构看,市场体系还不完善,市场主体仍是传统的商贸流通业,新型服务业发展缓慢,消费品零售额只占全省的31.37%。从收入结构看,县域财政收入只占全省的 14%, 全国为23.6%;占 GDP 的比重为 4.27%,全省为 13.5%;人均财政收入 115.78元,只是全省 674.5 元的 17.16%。从所有制结构看,非公有制经济发展水平低,比重小,1998 年占 GDP 的比重为 23.1%,2003 年为26.7%,五年只增加了 3.6 个百分点。而且产业分布不均衡,企业规模小,发展层次低,生产经营管理粗放,对地方财政的贡献和对经济的拉动作用十分有限。

第三,面临着严重的信贷紧缩和资金"失血"。国有商业银行撤并机构,上收贷款审批权限,邮政储蓄只储不贷,农村合作基金会清理,农村信用社独木难支,客观上造成了县域内的金融抑制。财政支农资金"支农率"很低,分块管理,使用分散,有限的资金撒了"胡椒面",不能形成合力,再加上挤占挪用严重,导致支农"效益递减"。农民收入增长缓慢,以乡镇企业为主体的县域中小企业自我积累困难。

第四,县级政府资源配置能力有限。上级政府垂直管理部门增多,县级政府调控县域经济发展的手段相应减少,政府协调各方面关系的难度不断加大。实行分税制后财力逐级向上集中,再加上国有企业萎缩,亏损、破产增加,政府财力受到影响,县级财政收支捉襟见肘,靠补贴过日子。吃饭财政保不了吃饭,甚至为了保吃饭而挤占挪用专项资金的现象屡屡发生,用老百姓的话说:"为了吃饭,皇帝买马的钱都敢用。"发展经济只好向上伸手,"等、靠、要",有多少钱办多少事。

第五,科学文化事业落后。全省青壮年文盲率为12%,县域文盲率达到19.3%。科学技术是第一生产力对县域经济社会发展的推动作用还没有真正体现出来,"说起来重要,做起来次要,忙起来不要"的现象非常普遍。相当一部分县市的科技工作基本上是无得力领导,无专门机构,无资金投入,无基本条件,无政策保障,县级科技资源没有发挥其应有的作用。当然这种现象在全国也带有普遍性。在上一轮机构改革中,全国2861个县级行政机构中,有488个县市科技管理部门被撤并,有30.6%的县市很少或没有科技经费,其中有170个县市的财政科技援款预算为0,甘肃就有7个。人才留不住,缺乏吸引、调动科技人员服务基层的有效政策和措施。信息资源匮乏,科技信息资源不能有效共享,很难扩散到县市农村和企业。

第六,对外开放度低。统计资料显示,2003年全省14个地州市中,出口额在1000万美元以下的有6个,总额2940万美元,加起来只占全省出口的3.3%。近60%的县市没有外商直接投资,每一个地州市都有空白。与县域以外特别是同沿海发达地区的合作交流也不尽如人意。

第七,城镇化水平低,城乡二元结构的特征十分明显。2003年全国城镇化水平达到40.53%,甘肃仅为27.38%。而且其中大中城市权重大,县域比例小。各地发展小城镇的积极性很高,但规划跟不上,定位不准,投入不足,产业支撑不强,基础条件差,各项政策落实也不到位,无法发挥城镇对周边乡村的集聚和辐射带动作用。

第三节　加快发展县域经济的基本思路、奋斗目标和原则

充分考虑到甘肃县域经济发展的现状和未来的发展趋势,通过深入的研究和思考,我们认为,甘肃县域经济发展的基本思路和主要

任务应该是：以邓小平理论和"三个代表"重要思想为指针，坚持以人为本，树立全面、协调、可持续的科学发展观，坚持"五个统筹"，按照全省经济社会发展的总体要求，从各地的实际出发，围绕实现农民增收、财政增收的目标，大力发展民营经济、劳务输出和特色经济，搞好扶贫开发和小城镇建设，调整经济结构，优化产业布局，培育主导产业，推进城乡经济融合，加快农业产业化、农村工业化和城乡一体化进程，不断增强县域经济实力，建设一批经济强县，促进县域经济在发展方向上由公有制经济向非公有制经济转变，在发展途径上由依靠自我积累、滚动发展为主向主要靠招商引资、借外力发展为主转变，在增长方式上由主要靠量的扩张向质量效益型转变，以此推动甘肃省经济社会的全面发展。

县域经济发展的近期目标是：到 2010 年，县域经济总量占全省经济总量的比重在 45%以上，县域财政状况明显好转，农民收入明显增加，城镇化水平明显提高，农村面貌明显改观。力争有 30 个县（市）的 GDP 在 20 亿元以上，有 50%以上的县（市）财政收入过亿元。甘肃在中国西部百强县中的席位有所增加。城镇化水平每年增加一个百分点。

加快县域经济发展应遵循的原则：

一是特色化原则。各县（市）应依据各自的区位、自然和资源禀赋条件，坚持从实际出发，因地制宜，分类指导，确定主导产业，发展特色工业，在资源开发中培育特色，通过市场磨砺优势品牌，打造特色产业和名牌产品。

二是市场导向原则。坚持按市场需求调结构、定项目、建基地。充分发挥市场机制在资源配置中的基础性作用，创新制度、创新机制、创新工作方式，创建各类市场主体平等使用生产要素的市场环境。

三是开放带动原则。坚持扩大对内对外开放,创造良好的投资创业环境,加大招商引资力度;借助外力求发展。放手引进国外及发达地区的人才、资金和技术,加强信息互通,请进来,走出去,带动本地经济发展。

四是城乡统筹原则。按照科学发展观的要求,制定科学合理的县域经济发展规划,发挥区域性中心城市的辐射带动作用,统筹安排城乡经济社会发展。继续大力推进开发式扶贫,巩固扶贫成果,鼓励农民进县城,聚集镇,加快脱贫致富步伐。动员各方面的力量,不断加大对县域经济的投入,促进经济社会协调发展,城乡共同繁荣。

五是可持续发展原则。坚持人与自然的和谐发展,坚持计划生育、保护环境和资源的永续利用并举,实行严格的耕地保护制度,从源头抓起,推进生态环境保护与综合治理,推行清洁生产,建设节水型社会,发展循环经济,稳定低生育水平,提高人口素质,推动县域经济的持续健康发展。

第四节 关于加快县域经济发展的几点建议

这些年来,各地在发展县域经济方面做了许多有益的探索,结合县情市情确定了一些发展思路。但从长远的发展来看,这种探索是一个永恒的主题,目前还正处在发展过程之中,许多方面也还处在破题之中,还需要在实践中进一步总结提高。

一、建议省上对县域经济发展问题给予高度重视

自党的十六大发出"大力发展县域经济"的号召后,加快县域经济发展已经成为各地统筹城乡发展、统筹区域经济发展、推进工业化和城镇化、全面建设小康社会的新思维,各省市自治区都把县域经济

作为经济工作的一个新的抓手。吉林、山东、河北、黑龙江、湖南等省召开专题会议研究县域经济发展问题。湖北、福建、黑龙江、山东、陕西等省制发了"加快县域经济发展的若干意见",吉林提出实施"县域突破战略"。山东省敏锐地抓住当前宏观调控注重县域经济发展的新动向,专门成立了指导县域经济发展的机构和部门。建议省委、省政府也应尽快把县域经济发展问题列入议事日程,择机召开一次会议,专题研究和部署县域经济发展问题,并制定相应的政策措施,大张旗鼓地宣传、支持和推动甘肃县域经济快速发展。各地都应进一步解放思想,转变观念,增强加快县域经济发展的责任意识和忧患意识。省市党政领导都应建立县域经济联系点(也可以是过去的对口联系点),各有关部门应积极帮助解决县域经济发展中的困难和问题。县(市)党委、政府也应把主要精力放在为壮大县域经济创造良好的政策环境、法治环境、人居环境和诚信环境上,积极探索社会主义市场经济条件下加快发展县域经济的新路子,不断提高统筹经济社会发展的能力和领导水平。

发展县域经济涉及面广,千头万绪,突出重点、理出抓手是关键。当前,应当结合"十一五"规划的制定,把制定县域经济规划作为抓手,这是谋划今后县域经济发展的当务之急。从省到县,都要从贯彻落实科学发展观的高度,审视县域经济这一中国特色的区域经济现象,高度重视制定好县域经济发展规划,并把它纳入国民经济和社会发展总体规划中,在全局中谋一域,从"块状经济"的角度重新定位县域经济,通过规划来运筹帷幄。只有做好规划,才能牵住县域经济发展的"牛鼻子"。根据河西地区,陇东、天水、陇南地区,中部干旱半干旱地区,甘南、临夏民族地区的不同情况,合理布局特色优势产业,发展特色产品。

二、加快干部管理体制、经济管理体制和财政管理体制改革步伐，权、利重心下移

加快县域经济发展，必须要革除体制性障碍，拆除形形色色的"篱笆墙"，克服"路径依赖"。新制度经济学提出的"路径依赖"认为，在经济发展和制度变迁中，一旦人们选择了某一种体制或某一项制度，这种制度就会在发展中不断得到自我强化和固化，在人们的思维中产生锁定效应。而要改变原来的思维惯性和旧的体制束缚，就要付出相当的成本，必须用强制性制度变迁改变原来的文化模式、思维方式、体制结构和利益关系"。"路径依赖"的特性也决定了改革的长期性和艰巨性。在现行的国家政治体制、行政管理体制条件下，先在县域经济这个层面上做一些"边际调整"，不仅可能，而且可行。

一是要改革干部管理体制。要以提高素质、优化结构、改进作风和增强团结为重点，选准配强县乡党政领导班子，保持县乡领导班子的相对稳定，把县乡领导班子建设成为贯彻"三个代表"重要思想的坚强领导集体。领导干部特别是党政一把手的任职时间应相对稳定，没有特殊情况在任期内少做调整，以保持工作的连续性。提倡乡镇党政领导"一肩挑"，实行"主官合一"，班子成员交叉任职。这样做的好处是可以明确责任，科学行政，避免机构重叠分工交叉、扯皮推诿，提高行政效率。对在一个地方担任党政正职达到一个较长年限，对当地发展贡献突出，经上级组织考核优秀的，可以就地解决上一级职级待遇并继续留任。这样做，可以较好地克服县乡干部的"非农化"倾向，特别是乡镇干部的"走读"现象；克服短期行为和急功近利的政绩观，使这些干部能够铁下心，扎下根，"一张蓝图绘到底"，一门心思为民谋利，造福一方。垂直管理部门对基层单位领导干部的安排任命，也应征求所在县（市）的意见。建立健全县级党政领导干部考核考评办

法和奖惩机制,并将县域经济发展情况按年度定期向社会公布。在考核指标的设定上,既要看速度,更要看结构;既要有数量指标,又要有质量指标,防止"官出数字、数字出官"。要科学地确定考核指标。根据研究县域经济的专门机构和专家的研究,对县域经济竞争力的评价,主要是看它的现存力、自然优势力、政府能动力、产业竞争力、企业竞争力、人力竞争力、经济活力和外界互动力。河南省早在1991年就开始对县域经济发展进行监控。最初只有两项指标,1994年增加到7项,分别是:GDP、人均GDP、财政一般预算收入、人均财政一般预算收入、居民储蓄存款余额、人均居民储蓄存款余额、农民人均纯收入。2004年又增加了6项:全社会固定资产投资完成额、人均固定资产投资、财政收入占GDP的比重、新增居民储蓄存款占GDP的比重、规模以上工业利税占规模以上工业增加值的比重、工业增加值占CDP的比重。

二是要改革经济管理体制。要按照"决策权力下放、管理重心下移"的要求,下决心简政放权。要摒弃以往上级向下级逐级过渡让权的传统做法,把应该下放的管理权限直接放给县(市),并赋予他们更大的工作自主权和决策权。按照行政许可法规定和行政审批制度改革,把减少审批和扩权结合。除国家法律、法规有明文规定以外,以往须经上一级审批和管理的事项全部由扩权县(市)自主;须经市(州)审核、报省审批的,由扩权县(市)直接报省里审批,报市(州)备案;对不需要国家、省上实行综合平衡的非限制类外商投资项目,可以由市州直接审批;企业进出口经营权由市州审核,省级主管部门发证,并逐步向登记制过渡。为加快县域经济发展,浙江、湖北、山东、福建、河南等省顺应发展趋势,在这方面作了大胆探索,值得我们借鉴。浙江省实行"强县扩权",在17个县试点,将属于市一级经济管理的12大类权限"空降"到县。目前,省委关于"下放干部管理权、下放国有企业管理权"的决策也已见到实效。但从长远发展来看,在这方面要做的工作还很多。建议省上继续加大这方面的工作力度,先试点,后推开,力求取得实质性的进展。

三是改革财政管理体制。在目前的财政体制条件下,县(市)一级的财权和事权不对称,财政供养人员过多,县乡政府债务沉重,资金调度困难,绝大部分县(市)靠省财政转移支付才能保证国家规定的工资、各种补贴和津贴的正常发放。部分市由于自身财政比较困难,不同程度地集中了一部分县(市)财力,使省对县(市)财政的一些扶持政策和补助资金难以及时落实到位。省对县(市)的财政信息和实际情况掌握得不够准确,不够及时,难以加强对县(市)财政的有效监管。因此,应该加大对县一级的转移支付力度,将中央对甘肃的转移支付资金重点补助到县(市),并保按时到位。按照新的财政政策,实施"三奖一补"(对财政困难县乡政府增加县乡税收收入和省市级政府增加对财政困难县财力性转移支付、对县级政府精简机构和人员、对产粮大县给予奖励,对以前缓解县乡财政困难工作做得好的地区给予补助)。继续做好免征农业税工作和配套改革。围绕提高农业综合生产能力建设,支持改善农业基础设施和农业科技进步条件。增加对农民就业技能培训、农业产业化、农业专业合作组织、动植物防疫体系建设的支持,促进农民增收。对省市财政安排的专项资金进行整合,提高省、市专项资金用于县(市)的比例,不断增强县(市)自我发展能力。按照公共财政覆盖到县的精神,县(市)财力主要用于保工资、保教育、保救灾,不再投入经营性项目。新增建设用地有偿使用费除上缴中央部分外,上缴省级部分重点用于县(市)土地开发利用。培植壮大地方财源,开发替代财源。建立财源建设激励机制,省财政对市县继续实行"三保一挂"和收入上台阶奖励政策,对实现了当年工资足额发放和收支平衡的县(市),给予与地方财政收入和财政收支平衡挂钩的奖励补贴;对地方财政收入达到一定规模的县(市)给予收入上台阶奖励。在大力培植财源的同时,有必要对现行的财政管理体制和省市县乡的财权事权分配格局做一些调整。积极探索建立"省管县"的财政体制,减少财政管理级次,提高财政资源的配置效率。对不符合支持县域经济发展要求的市县收支范围划分,省财政应予以规范和调整。省财政应监督县乡合理界定财政支出范围,调整和优化支出结构,特别要严格控制县乡机构编制,降低行政成本,减轻财政负担。加强人事管理,加快事业单位改革步伐,清理和压缩财政供养人口,降低行政成本,减轻财政负担。在分清债务性质和责任的基础上,通过资产变现、资产置换、债权转换等多种方式,逐步消化县乡债务。截至 2003 年年底,甘肃省乡村两级债务总额达 28 亿元,其中乡级 16.8 亿元,平均每个乡镇 120 万元,村级 11.88 亿元,平均每个村7.1 万元,人均 58.6 元。按照"制止新债、摸清底数、明确责任、分类处理、逐年化解"的原则,妥善解决好各种债务。安徽省全面推行"乡财县管"的改革,实行县、乡财政"预算共编、账户统设、票据统管、采购统办、集中收付"的财政管理模式,坚持预算管理权、资金所有权和使用权、财务审批权"三权不变"原则,实现了乡镇乱收费、乱花钱、乱进人、乱举债"四个管住",取得了实效。支持农村社会事业发展和扶贫开发,让公共财政的阳光逐步照耀农村。强化省市两级的公共财政职能,理顺投入关系,保证县域农村居民能够享受到基础教育、基本医疗卫生服务等基本公共服务。浙江省是全国唯一依靠自身财力解决了公职人员和中小学教师工资的省份,连续几年没有发生拖欠工资的问题,其中一个很重要的原因就是长期坚持"省管县"的财政管理体制。具体做法,主要是保证省级财政拥有必要的调控能力,从 1994年起就对市县财力增量实行集中两个 20%,即地方财政收入增收额的 20%和税收返还增加额的 20%。实行财政地税合署办公,做到精简高效。再加上实行"两保两联"、亿元县上台阶和"四两拨千斤"等约束和激励政策,充分调动了地方各级发展经济的积极性,许多做法值得借鉴。

三、实施项目带动,培育和发展县域主导产业

从发达地区和一些欠发达地区后来居上的发展轨迹看,项目建设是加快县域经济发展的第一突破口。从某种意义上说,以经济建设为中心,就是以成功的项目建设为中心;以发展为第一要务,就是以成功的项目建设为第一要务。以项目牵动县域经济,以项目扩大招商引资,以项目调优经济结构,以项目增强发展后劲,应该成为县域经济坚定的整体发展思路。具体来说,在项目建设中要做到"四个为主""四个围绕"。"四个为主"就是坚持政策性投资项目与招商引资项目并重,以招商引资项目为主;产业经济项目与基础设施项目并重,以产业项目为主;传统性产业项目与新兴产业项目并重,以新兴产业项目为主;政府主导型项目与市场主导型项目并重,以市场主导型项目为主。"四个围绕"就是围绕国家政策导向抓项目,准确把握国家发展的战略方向、政策导向和投资重点,争取基础设施、生态环境、"六小工程"、"两基"教育、公共卫生和基层文化建设等方面的重点项目;围绕优势资源开发抓项目,依托矿产资源、绿色农副土特产品资源开发和加工,规划论证一批工业项目,加工增值,延长产业链;围绕消除城镇化发展瓶颈抓项目,主要是城市交通、给排水、环保、消防等基础设施项目;围绕以人为本抓项目,大力发展教育、文化、卫生等各项社会事业,促进经济社会全面、协调、可持续发展。同时,还要注意处理好几方面的关系。一是大项目与小项目的关系。项目建设既要"高大新",也要"短平快",要按照国家产业政策导向以及市场需求,既要抓住国家政策性投资项目,又要抓好民间资本和外商投资项目;既要抓

准对经济发展具有带动作用的骨干项目，又要抓好能强县富民的中小项目，即能够推动农业产业化和农村工业化、城镇化进程，又能够增加就业、增加收入、促进社会事业发展的"民心"项目。二是内资项目与外资项目的关系。域内外民资项目可以较快地解决税收和就业问题；境外投资项目可以提高产品科技含量，改善经济结构加速产业升级。要善于"两手抓、两手赢"，让内外两支力量伴生成长。三是增量项目与流量项目的关系。规划和促进产业、企业实施技术改造项目，不断增加系列品种、扩大批量和市场份额等增量项目可以使其常葆生机；通过招商引资和产业整合，人才、科技、资金、产品、企业不断流入形成的流量项目，可以新增经济增长源、财税源和就业源。四是政府与企业的关系。市场经济条件下，私营业主、投资外商是项目投资的主体，政府应在产业规划、项目引导、项目推进、建立项目库、激活企业、服务企业、搞好银企和科企对接、打造企业家队伍、软硬环境建设、实施以项目建设为中心的县域新型工业化等方面做文章。

各地应发挥自己的比较优势、错位优势和后发优势，树立科学的优势观。浙江的一些县市根本就没有资源优势，他们的成功就在于采取"拿来主义"，创造机遇，制造优势。如海宁没有畜牧业却成了全球闻名的皮革之都，桐乡和秀洲不产羊毛却建起了全国最大的羊毛衫市场，嘉善没有森林资源却成了木业经济强县，平湖没有棉花和化纤资源却成了中国服装第一出口大县等等。这种"零资源"、大制造、大机遇、大外贸、大市场、大发展的做法，很值得我们借鉴。县域经济的发展，从某种意义上讲，还取决于它的开放度。发达地区都把对外开放、主动接受都市圈、经济带的外来辐射作为很重要的一个方面。作为欠发达地区，更是要下决心清障挖槛，千方百计寻找和接受辐射，并且把外来辐射转化为自己的能量，通过"光合作用"，增强自己的再生能力，并以县域的吸收和消化能量回照自己的乡镇、产业和企业，以发挥更大的受射作用。

四、突出特色,发展一县一业、一县一名(名牌)、一乡一品

特色经济是指在有限的区域内, 依托一定的资源优势形成具有地方特色的产业和产品,有别处不可替代的产业优势和竞争力,并能获得较高的经济效益。发展特色经济,就必须坚持发挥优势,一业为主,多元互补。要制定好发展林果业、畜牧业和种植业以及优势特色农产品的区域布局规划。我国是世界第一马铃薯生产大国,种植面积达到 500 万公顷,产量 1.5 亿吨,每年还要花费 10 多亿元从国外进口。荷兰马铃薯种植面积只有 18 万公顷,产量 800 多万吨,每年出口创汇 8.2 亿美元。甘肃 2004 年种植面积达到 53 万公顷,产量 800 万吨,均居全国第二。全省脱毒马铃薯种植面积达到 16.3 万公顷,良种普及率达到 80%。建成马铃薯大中小型加工企业 2000 多家,其中投资上千万元现代化水平比较高的精深加工企业 20 多家。有大型马铃薯专业批发市场 10 多个,购销网点 1500 多个,购销贩运大户 3500 多个,从事贩运的人员有 10 万多人。外售鲜薯 325 万吨,占当年马铃薯总产量的 43%,其中销往国外的马铃薯产品 30 多万吨。被誉为"中国马铃薯之乡"的定西市,种植面积已超过 20 万公顷,产量 500 多万吨,农民人均从马铃薯产业中获取收入 408 元。从目前发展势头和预知的市场潜力来看, 把马铃薯作为甘肃发展县域经济的主打产品和优势产业是完全有希望的。按照产业特点布局,在沿黄灌区和河西冷凉灌区建设菜薯和专用型薯条、薯片生产基地,在中部干旱地区建设淀粉加工基地,在天水、陇南建设秋冬季菜用薯生产基地。通过几年的努力,把甘肃建成全国一流的马铃薯生产加工基地。要按照"西梨东果"的分布格局,大力发展陇东苹果、河西梨和葡萄、陇南特色果品,优化品种结构,实施优果工程,推进标准化生产,着力提高品质,

扩大规模。畜牧产业要因地制宜,采取牧繁农育、西繁东育、山繁川育等多种方式,以奶业为突破口,加快发展肉牛、肉羊等特色养殖业,培育一批畜牧产业占农业增加值一半以上的畜牧大县。酒泉市肃州区把奶牛产业列为区长工程和发展县域经济的"奋进之笔",立足高起点,瞄准和跟踪奶牛产业的发展前沿实行快速扩张,在短短的 4 年间,每年新增 1 万头,奶牛饲养量激增了 15 倍,一跃成为全省最大的奶牛养殖基地和鲜奶生产基地,养殖量占全省的一半多,并形成了日产 90 吨乳品的加工能力,奶牛产业成了农民增收最具活力的强势产业。中药产业要在提高科技含量和扩大规模上取得突破,努力建设一批中药现代化科技示范县和上规模的中药材种植基地县。岷县的当归产量占全国的 70%,出口量占 90%,一条基本的经验就是用办工业的思路抓农业,推行农业生产的标准化,以此固化"龙头企业"的地位和作用,实现农业的产业化和市场化。为了进一步把当归产业做强做大,县上又在着手建造投资 2.4 亿元的中国"当归城"。庆阳市多年来依托当地自然条件,逐步发展起了一批特色农畜产品,如苹果、杏子、黄花菜、白瓜子、中药材、绒山羊、早胜牛等,大力发展外向经济。特别是通过加工后,昔日并不起眼的土特农产品,一下身价百倍,成了国外市场上的抢手货,出口创汇成倍增长,远销欧美、非洲和东南亚等 20 多个国家和地区。2003 年全市外贸出口创汇 2524 万美元,3 年增长 6 倍多,农副产品出口位居全省第一。永昌县大力培植红、黄、白、绿、金"五朵金花",实施"致富项目入户工程",使 70%的农户户均有一项年人均收入 1500~2000 元、涉及种、养、加、贸、工、农,包括胡萝卜、紫花苜蓿、啤酒大麦、舍饲养羊、金鳟鱼等在内的致富项目。定西农民人均纯收入中 80%来自马铃薯、药材、畜牧、果菜四大支柱产业。每个县(市)都要立足当地优势资源,打破行政区划界限,突出抓好 1~2 个主导产业,集中连片布局,发挥规模优势,逐步形成专业化生产、相互分工协作的发展格局。要抓住西部大开发的有利机遇,结合农业结构的战略性调整,采取大手笔、大动作,以大项目为支撑,运用市场机制,从政策导向、资金投入上扶持,在开展深加工、开拓大市场上大胆创新,实行产供销、贸工农、农科教一体化运行机制,从而把农业产业化经营提高到一个新的水平。要把农垦作为振兴农村经济和壮大县域经济的一支重要生力军,发挥其产业化经营、专业化生产、区域化布局、集团化管理的优势,把他们的传递示范和辐射带动作用充分释放出来,促进县域经济的快速发展。坚持产学研结合,鼓励大专院校、科研单位和工商企业参与农业产业化经营,加快科研成果的推广和转化,积极推广"公司+基地+农户""公司+协会+农户"、订单生产以及农民利用承包期内土地、产品、资金入股等多种有效形式,使龙头企业与农户建立稳定的利益共同体,提高农民生产经营的组织化程度和抵御市场风险的能力。临泽县订单农业面积已达农作物播种面积的88.5%,农户占到95%以上。

要把推进新型工业化作为县域经济发展的主要任务,把农副产品加工业、劳动密集型工业、民族特色产品、为大工业配套工业作为县域工业发展的主攻方向。发达国家农产品加工业产值与农业产值的比例平均为3:1,我国仅为0.6:1;发达国家农产品加工深度在80%以上,我国还不到40%;国外居民食品消费中加工制成品占到80%,我国仅为30%。由于缺乏精深加工,大量农产品找不到出路,导致大量农产品浪费。据有关资料介绍,果蔬类农产品产后损耗一般在25%~30%,粮食产后损耗在10%以上。由此可见,农业的根本出路不但在于机械化,而且在于工业化。工业化可以帮助农民摆脱小农意识,可以向农民提供宽广的致富之路,可以把农民自有的资源变成致富的本钱。要想使农民尽快富起来,早日实现小康,不但要靠工业起家,而且要靠工业当家,将来还要靠工业发家。全面落实国家和省里扶持重点龙头企业和农产品加工业的有关政策,通过扶持培育,嫁接改造,招商引进,引导生产要素向骨干企业集中,推动资产重组,增强企业核心竞争力,做强做大一批龙头企业和农产品加工骨干企业,推动特色产品与加工企业的"无缝化连接"。增加对龙头企业和农产品加工业的资金投入,推荐符合条件、有发展潜力的龙头企业和农产品加工骨干企业上市融资。从近年来我国东部发达地区经济发展的经验来看,省域经济强就强在县域经济,而县域经济强又往往是强在乡镇经济。浙江乡镇工业增加值已占到全省工业增加值的88.2%,税金占到全省财政收入的近60%,农民从乡镇企业获得的工资收入已占年人均收入的52%,吸纳的农村劳动力占到45.7%。因此,必须高度重视乡镇企业的发展,使其成为发展本土特色经济的主力军,成为推动农村工业化、城镇化,实现城乡富余劳动力就业和再就业的主要载体。加快乡镇企业管理体制和机制创新,以发展农产品加工业和特色工业、劳动密集型工业、民族特色产品、为大工业生产配套产品作为主攻方向,实现二次创业。在推进农村工业化、发展县域经济中,必须始终加强农业的基础地位,加快传统农业向现代农业的转变,尤其要注意保护基本农田,稳定提高粮食综合生产能力。

积极推行标准化生产。美国未来学家托夫勒在《第三次浪潮》一书中把标准化和专业化誉为"两个巨人并肩前进",可见这一问题对未来社会发展是非常重要的。建立农产品质量安全标准体系和质量检测检验体系,加强优质农产品基地认定和产品认证工作。争取经过3—5年的努力,初步建立起农业标准体系和农产品质量安全检验检测体系,建立健全相应的法律法规,形成以国家标准、行业标准为主,地方标准和企业标准相配套、与国际标准接轨的产前、产中、产后全过程的农业标准体系,主要农产品基本达到无公害标准,出口农产品达到国外同类产品的先进标准,全面提升甘肃农产品的质量安全水平。对符合国家规定的优质农产品要申请使用有关标志和农产品地理标志。2004年8月全国发布核准注册"地理标志"的证明商标和集体商标的产品共99种,甘肃只有兰州百合、岷县当归和靖远羊羔肉三种。加快实施农产品原产地保护政策,创建驰名国内外的品牌,力争使更多的农产品走出甘肃。

抓紧建立农村信息网络。随着科学技术的迅猛发展,信息社会的到来已经成为不可逆转的趋势,人们的时空观发生了很大变化。从人类几千年的文明史来看,人类对空间的依赖程度一直在变化。最早的东北五口之家,像老虎一样的狩猎为生,至少需要130平方公里土地。到了游牧时代,在正常年景下放牛放羊需要10平方公里就可以丰衣足食。进入农耕时代,养活五口之家需要15亩土地。到了大工业时代,只需要100平方米厂房。发展到后工业时代,能摆下一张电脑桌就可以了。可见信息化足以使社会发展发生脱胎换骨的变化。武汉市三级政府累计投资6300万元,开办了武汉农业信息网,创办了电台农业科技普及频道,成立了三级农业信息编印机构,市郊农民种植的560多个新品种,98%是从信息网络上了解后引进的,农业科技信息对农民增收的贡献率达到57.8%。从甘肃的情况看,全省农村教育信息化已初见成效。2004年甘肃开始实施国家农村中小学现代远程教育试点项目,项目投入1.04亿元,全面覆盖天水、张掖、酒泉、嘉峪关、金昌5市的农村中小学,同时在已经完成"普九"任务的会宁、正宁、民勤、崆峒4个县区进行示范。据统计,全省共有3664所小学建立了光盘播放点,有788所初中建立了计算机教室,共建成地面卫星接收站2064个。临泽县8所农村中学和4所城区学校全部建成了校园网,实现了"班班通"。泾川县投资360万元,建成"农民信息之家"18个,为农民提供信息服务。古浪县利用外商投资,开展"千乡万才"示范工程,为农村培养现代新型实用人才。庄浪县利用现代网络技术,发布《庄浪信息快讯》电子刊物。甘州区每年下载30万字信息,编印《经济信息要闻》250多期。金塔县以县为中心,以村和中小学为信息点,有效解决"最后一公里"的问题,把重点乡镇、龙头企业、产地批发市场、中介组织、专业大户用信息纽带连接起来,被誉为"金塔模式"。尽管各地在农业信息化方面进行了许多有益的探索,但相比而言,比较成熟、易于推广、成本低、效果好的做法应该首推"金塔模式"。按照它的做法,全省现有17834个行政村,17477所小学,1979所中学,除去城市中小学,村信息点建设需要资金1.9亿元,每个县建信息中心网站需10万元,全省86个县市区共需860万元,全省拿出2亿元即可建立覆盖全省农村的农业信息服务网络。

支持各类经济组织兴办农产品批发市场和集贸市场,鼓励生产经营者在大中城市设立优质农产品一条街和专卖店,在超市设立销售专柜。继续完善农产品运输"绿色通道",防止出现农产品卖难,保证农民收入稳定增加。进一步深化供销合作社改革,充分发挥农村流通主渠道的作用,全方位、多途径参与农业产业化经营。引导农民、企业成立经济合作组织,建立各类专业协会和中介组织,发展经纪人队伍,直接为农民提供生产、营销、信息、技术、培训等服务。

五、放手发展民营经济,增强县域经济发展的活力

民营经济发展水平不高、层次太低,是甘肃县域经济发展缓慢的一个很重要的原因。为加快民营经济发展,多年来全省上下下了很大功夫,出台了许多扶持其发展的政策措施。要立足这个基础,进一步加快发展步伐。要进一步降低门槛,放开经营范围和管理限制。除国家法律明确限制的投资领域外,放开所有竞争性领域和对外资开放领域,由民营企业自主选择经营范围和经营方式。凡是法律法规没有禁止的,就要鼓励群众和投资者放心、放胆去干。减少和简化行政审

批,可以考虑放开注册资本限制,新设立民营企业注册资本可分步到位,限期补足。异地创办个体工商户和私营企业,不受户籍限制,凭本人身份证直接到注册机关办理登记手续。支持民营企业收购、兼并、控股、租赁国有、集体企业,鼓励外地民营资本嫁接本地优质资源,形成外地资本流入、民间资本参与国企重组和省内非公有制资本互动的多元化格局,从而实现跨地区、跨部门、跨所有制的资本联动。加强产业引导,对民营企业投资县域特色产业及农副产品加工业,参与水利、交通、能源和城镇基础设施及公用事业建设的,应在税收、贷款、工商管理、土地使用等方面给予扶持。对民营企业申报的符合国家产业政策的项目,要纳入政府支持产业发展的扶持范围。进一步消除束缚民营经济发展的传统观念和体制障碍,认真清理各种不合时宜的政策文件,废除和修订带有所有制偏见和对民营企业在申请立项、进出口、投融资、税收、用地、职称评定、办理证照、收费等方面的歧视性政策规定,依法保护民营企业的合法权益和财产安全。营造一个你创业、我扶持,你干事、我服务,你发展、我收税,你困难、我帮助,你违规、我处理的氛围。通过努力,到 2010 年,力争民营经济占县域经济总量的比重在 50%以上。

六、大力发展劳务经济

加快建立城乡统一的劳动力市场,把劳务经济作为富县富民的一个新产业来抓。各级都应把发展劳务经济作为促进经济发展的重要目标,纳入国民经济和社会发展总体规划,并作为年度考核的重要内容。建立健全并规范劳务输出管理机构,完善地区间劳务交流协作机制,规范有序地组织劳务输出,逐步拓展国际劳务输出渠道。构建包括就业咨询、职业介绍、跟踪服务和信息提供在内的社会化服务体系。各级政府应把信息传递、组织输出、跟踪服务和网络建设等劳务输出工作经费列入财政预算。驻外机构应把组织劳务输出作为一项重要任务抓紧抓好，坚持以政府引导为主，以向沿海地区输出为主，以做长期工为主。争取到 2010 年输出劳务 400 万人（次）以上，劳务输出收入达到 150 亿元。按照市场需求和用工单位的要求，强化外出务工经商人员的技能培训，提高外出务工经商人员的就业能力。农民工的培训工作应由劳动保障部门牵头，实行部门联席会议制度统筹管理。本着民办公助的原则，从每年的扶贫资金中拿出一部分，与财政、劳动、教育部门的培训资金捆绑使用，用于外出务工经商人员的技能培训经费补贴。积极发展民间培训机构，拓宽培训专业领域。依托各级政府、部门、企业驻外办事机构和甘肃省外出打工成功者，在用工量大的省市建立农民工服务站，派驻"劳务大使"，广泛收集和发布劳务信息，与当地有关部门、劳务中介组织和大的用工单位建立长期稳定的劳务合作关系。依法清理非法职业介绍机构，严厉打击各种损害农民工权益的违法行为。继续清理、取消对农民进城务工经商的各种歧视性政策和不合理收费。2004 年，省劳动保障厅对欠发农民工工资情况进行了清理，甘肃共拖欠农民工工资 4.02 亿元，一年来共清欠 2.7 亿元。共查出侵犯每年权益当归案件 1075 件，其中拖欠农民工工资案件 256 件，责令支付农民工工资及补偿金 1739 万元。监督用工单位保证务工经商人员的工资发放，落实劳动保护措施，妥善处理劳动争议，切实维护务工经商人员的合法权益。进城务工经商人员在子女入托、就学、就业、购房等方面，享受所在城市居民的同等待遇，履行同等义务。对外来务工经商人员申报暂住登记实行零收费。

七、全面落实科教兴省战略，努力提升农村劳动力的科技文化素质

继续加快"普九"步伐，巩固提高"两基"水平。努力增加对农村教育的投入，逐步解决"普九"欠账问题。采取切实有效的措施补充和稳

定贫困地区的教师队伍,确保适龄儿童入学、所有小学毕业生都能接受初中教育。强化高中阶段教育,积极推广"3+1"办学模式,增设以实用技术为主的课程,鼓励学生在获得学历证书的同时获得职业资格证书。整合教育资源,积极发展职业技术教育和成人教育。扩展城乡中等职业教育,发展民间职业教育和远程教育,使农村新增劳动力普遍接受职业技术教育,现有劳动力掌握 1~2 门实用技术。

建立健全专业队伍与农民科技组织相结合的农业科技推广服务体系。大专院校、科研单位要面向县域开展科研开发、师资培训、人才培训、技术推广和信息服务,推动产学研、农科教结合。大胆探索科技生产要素参与分配的办法和途径,倡导科技人员参与农技推广,开展有偿服务,或以资金、技术入股创办农产品加工企业。进一步发挥农业高新技术产业示范园区的辐射带动作用,规划建设好现有的农业综合开发基地。建设好河西星火产业带,以项目合作和新技术扩散为主,推进农业科技一体化发展。目前这一产业带已经组织实施省市县科技项目 298 项,投入 5300 万元,培育龙头企业 97 户,形成固定资产 49.6 亿元,2003 年实现产值 20.2 亿元,销售收入 16.5 亿元。事实证明,舍得在科技上投入必定会有丰厚的回报。东部地区经济发达,科技投入与经济发展已经形成了良性循环。西部地区经济相对落后,确实存在着投入困难的问题,但也并不是无所作为。新疆的昌吉市过去也是"吃饭"财政,他们千方百计挤出资金支持科技事业发展,每年的财政科技拨款超过财政经常性支出的 1%以上,因地制宜引进推广先进技术,支持企业开发新产品,促进科技成果转化。昌吉的奶牛创造了新疆单头奶牛日产奶量之最——70 多公斤,是普通奶牛的 3 倍;采用节水技术种植西红柿,亩产达到 8 吨,是常规技术种植的 2 倍。科学技术的广泛采用,极大地促进了经济发展,带来了很高的经济效益,使昌吉很快甩掉了"吃饭"财政的帽子。积极创造条件,吸引农科教单位在县(市)兴办各种示范园(场)、科研基地专家大院,引进培育推广农林牧优良品种和先进实用技术,为县域经济发展提供强有力的科技支撑。

八、大力推进城镇化,引导农村富余劳动力向非农产业和小城镇转移

按照科学发展观的要求,抓好县城和重点镇的规划、建设和管理。加快县城扩容改造步伐,为新一轮县改市做好准备。小城镇建设应该注重做好"气眼"。一是抓好城镇的规划建设和管理;二是大力提高城镇的品位;三是提高城镇聚集能力,扩张城镇人口量和流动量,成为乐于商、乐于住、乐于游的"盆地";四是培育新的支柱产业和骨干企业,形成新的经济增长点和生财点;五是通过资本运作,为城镇建设提供发展资金,使其可持续滚动发展。扩大省列重点小城镇范围,增加小城镇建设的投入,这也是兄弟省市发展小城镇的重要经验之一。重庆市对列入市级试点的170个小城镇,连续五年每年给予1700万元的专项补助,平均每个小城镇10万元。浙江省每年给每个乡镇的城建规划费50万元。山西省、内蒙古自治区每年财政给予小城镇的专项补贴分别是3000万元和2700万元。而甘肃省每年财政列支的小城镇专项补助费只有500万元,每个建制镇平均1万多元。树立经营城镇的科学理念,对城镇具有商业价值和经营价值的土地、设施、环境及其他各种资源要素实施资本化运作。鼓励民间资本和外资以独资、合资、合作、联营、项目融资、特许经营等方式参与城镇基础设施和公用事业建设。整合各方面用于小城镇建设的资金,按年度分解目标,每年扶持建设若干个小城镇。严格整顿建设好现有工业园区,提高县域产业聚集度,对已经具备一定基础、具有良好发展前景的工业园区,省、市财政从项目安排和贷款贴息资金上给予支持。按照国家的土地政策和宏观调控要求,允许以调剂、整理、置换的办法

优先解决园区用地指标；在省政府确定的农村集体土地流转试点县的范围内，进入园区的企业可采取租用、转让等形式使用集体建设用地。严格控制园区用地，禁止乱批乱占耕地，实现耕地占补平衡。集聚人气，积极引导农民进镇入区，发展餐饮、商贸、旅游、交通运输、房地产开发、科技信息等产业，尽快完善城镇功能。在全省范围内逐步取消城镇户口、农村户口以及其他性质的户口类别，以实际居住地登记户口统称居民户口。取消"农转非"，放宽户口迁移政策。凡在中等以下城市有合法固定住所、有稳定职业或稳定收入的，均可办理落户手续。接受失地农民的教训，对落户城镇的农民不要急于收回承包地，以便他们进退有路，解除后顾之忧。

九、加强基础设施建设，营造良好的发展环境

经济强县首先应成为生态县，打好绿色牌。坚持实施西部大开发战略，搞好退耕还林和生态县建设。坚持人工植树造林与自然恢复并重，实行林业分类经营，继续封山禁牧，实施天然林保护、退耕还林（草）和荒山造林，尽可能做好政策兑现。坚持山、水、林、草、田、园、路、村综合治理，加强基本农田、小流域治理和淤地坝建设，搞好草场围栏，发展后续产业。充分利用国家的扶持政策，加快县乡公路、乡村道路建设，实施农村中小学危房改造工程和农村饮水解困工程，加大对农村节水灌溉、人畜饮水和改水、雨水集流、城镇供水、小水电、农村沼气以及卫生、文化、体育等基础设施建设投入，到 2006 年，解决剩余 70 万农村人口的饮水问题，并使村镇自来水普及率达到 40%；到 2020 年，农村基本普及自来水，乡镇实现自来水化。调整农村能源结构，实施生态家园富民工程。国家决定从 2003 年开始到 2020 年，用 18 年的时间基本完成小水电代燃料生态保护工程，长期稳定地解决农村居民的生活燃料和农村能源问题，这是一项非常重大的政策。

从目前情况看，国家控制每年消耗薪材的指标是 0.64 亿立方米，而我国农村能源消耗的薪材已占到森林资源消耗的 40%，达到 2.28 亿立方米，超过国家控制指标的 2.6 倍。认真实施《甘肃省以工代赈易地搬迁规划》，继续抓好重点贫困地区的易地扶贫搬迁工作，解决生活在"一方水土养不活一方人"地区的贫困人口的脱贫和发展问题。从庄浪县易地扶贫搬迁试点情况看，有效地解决了搬迁群众的生活问题，降低了扶贫成本，改善了生产条件，促进了生态环境的恢复和保护，解决了贫困家庭子女的就学问题，基本上达到了"搬得出、稳得住、能致富"的目标。甘肃需要易地搬迁的贫困人口有 100 万人，其中 58 万人生活在交通不便、信息闭塞、资源稀少、缺乏基本生存条件的地区，7 万人生活在地质灾害频发、生命财产安全受到严重威胁的地区，35 万人生活在生态地位重要、生态环境脆弱的地区。2004 年，国家拿出 12 亿元，在 13 个省区实行易地扶贫搬迁，给甘肃安排了 2.5 亿元，可以解决 5.3 万多人的易地扶贫搬迁，这是甘肃扶贫开发遇到的又一重大机遇。只要我们矢志不渝地做好各项工作，坚持数年，必有好处。

加快县域经济发展，需要有一个适宜发展的土壤和条件，需要有一个能够集合各种生产要素、发挥各种优势的平台，这个平台就是软环境。这些年来，全省上下在营造软环境方面下了很大功夫，同以往相比，发展环境有所改善。但从省统计局组织的问卷调查情况看，反映政府部门职能不明确、推诿扯皮、办事效率低的仍占到 40%。全省是这样，县域范围内的情况更糟。这说明软硬环境与县域经济发展的需要还有很大的差距。加快县域经济发展，必须积极创造良好的投资软环境，打造相对较低的投资成本优势。如对客商和创业者实行"一厅式办公"、一门受理、限时办结的一站式服务，做到零收费管理，零距离接触，零差距办事，零障碍发展。继续整顿和规范市场经济秩序，彻底治理"三乱",营造公开、透明的法治环境。塑造诚信形象,形成亲商、惠商、安商的社会氛围。把吸引、使用和稳定人才结合起来,采取项目吸引、弹性选聘等灵活政策,鼓励各类人才到基层建功立业,引进更多人才参与县域经济的开发与发展。

十、加大金融对县域经济发展的支持力度

进一步改进金融服务,拓宽融资渠道,构建和完善"商业银行+农村信用社+政策性金融+其他非银行金融机构"的县域金融服务体系。商业银行和其他金融机构应加大对县域经济的支持力度,增加信贷规模,开发适应中小企业和县域经济特点的信贷品种,切实解决贷款难、贷款不到位等问题。对县级农行吸收的存款,原则上应全部用于支持县域经济发展,其他各类银行从县域吸收的资金,原则上也应规定一定比例用于发展县域经济。城市商业银行也应向县乡延伸业务。引导和鼓励金融租赁、信托投资和保险等非银行类金融机构在县域开展业务,拓宽县域经济发展的融资渠道。建立健全中小企业担保体系,做好乡村信用等级评定工作,逐步建立农村金融安全区。建设良好信用环境,吸纳外资和民间资本。

农村信用社是我国农村金融服务体系的重要组成部分,和农村、农业和农民的关系最密切。甘肃现有农村信用社 2466 个,其中基层社 1456 个,资产规模已经达到 400 亿。从某种意义上说,是全省资产规模最大的企业。2003 年,农信社的农业贷款余额达到 123 亿元,占全省金融机构农业贷款总量的 85.4%;全省与农村信用社有信贷关系的农户达到 310.1 万户,占总农户的 68.3%。如何把农村信用社做强做大,发挥对县域经济发展的支撑作用,意义重大而深远。一是应按照"明晰产权关系、强化约束机制、增强服务功能、国家适当支持、地方政府负责"的总体要求,尽快建立由省级人民政府管理、国家监

管机构监管、农村信用社自主运作的"三位一体"新型管理模式。二是坚持推进改革与强化"三农"服务有机结合起来,以支持龙头企业为重点,全方位向农村各产业渗透。坚持把产权改革与管理创新结合起来,大胆借鉴现代股份制银行的科学管理理念、规则和流程,形成高效的管理运营机制。三是鼓励和提倡民营资本以股份制、股份合作制、兼并等方式参与农信社经营活动,也可通过增资扩股,和农民结成命运共同体。条件比较成熟的地方,可以建立农村合作银行。四是坚持改善金融服务,创新支农方式,拓宽融资领域,扩大农户小额信用贷款和农户联保贷款。五是落实好国家为支持农信社改革和发展而出台的各项优惠政策,省上也应制定相应的政策,扶持农村信用社尽快成长壮大起来。

(此文节选自潘锋、周强主编:《甘肃县域经济发展实证研究》,兰州大学出版社,2005 年)

工业强省需要深入实施名牌战略
——关于甘肃省实施名牌战略的调研

最近,我们对全省培育品牌、实施名牌战略情况进行了调研。调研显示,全省培育品牌、实施名牌战略取得了明显进展,已建立了完善的名牌工作机制,制订了比较完善的名牌产品评选制度和规划,组织实施了名牌推荐评价工作,名牌战略主管部门的职能优势得到有效发挥。截至 2005 年年底,"甘肃名牌"产品 269 个,"中国名牌"产品 2 个,覆盖有色、石化、建材、医药、食品等优势行业,自有品牌的竞争力逐渐增强,得到市场和消费者一定的认可。与此同时,我们也尴尬地看到,甘肃许多老品牌已从市场上消失,新品牌虽然有一定的知名度,但面临着严峻挑战。

突出问题

——企业家对创名牌的真正内涵认识不足。企业家思想观念、经营理念及对市场、对名牌认识的保守和落后,是导致甘肃品牌走不出去、成不了名牌的主要原因。在企业的经营管理过程中,企业家往往追求的是短期经济效益,而忽视了企业核心竞争力的长期打造。"雕牌"洗衣粉、"立白"洗衣粉在兰州日化厂贴牌生产,完全说明甘肃省的生产厂家已具备了相应的生产、加工能力,但我们的"燕牌"洗衣粉却"养在深闺人未知"。一是缺乏长远的战略眼光。"小成即满",部分企业对培育和发展品牌缺少全面认识,只注重争取名牌的称号,一旦牌子到手便万事大吉,就不再在保名牌、提升名牌价值上下功夫,从而最终导致品牌形象难以提升,品牌效应不能得到积累和发挥。二是商标意识淡薄。尽管全省注册商标已达 6869 件,比前 30 年增长了 22 倍,但与全省 8.5 万户的企业注册相比,12.4 户企业才拥有一件商标。

——企业缺乏全力维护品牌核心价值的理念。品牌的核心价值是品牌的本质和精髓所在,许多著名企业都以其塑造和维护品牌的核心价值来确立市场的竞争地位。如海尔的核心价值是"真诚",品牌标识是"真诚到永远"。正是品牌核心价值这种独一无二的特质,使得明确并全力维护品牌核心价值成为许多国内国际一流品牌的共识,并成为创造百年金字招牌的秘诀。甘肃省的很多品牌之所以被市场所淘汰,现有的品牌不能成为强势品牌、名牌,其主要原因就在于企业没有全力维护品牌的核心价值,缺乏长远打算。

——企业没有处理好产品、品牌与名牌之间的辩证关系,产品的全面质量管理非常薄弱。质量是品牌的基础和生命,是品牌的灵魂,消费者喜爱品牌、青睐品牌,甚至不惜高价购买品牌产品的原因,就在于品牌或名牌体现出了质量优势和内在价值。有些品牌靠巨额的广告投入、密集的媒体轰炸、特殊的市场营销以及消费者的从众心理,虽可能一夜走红,但这些牌子即使叫响了,企业的盈利也难以支撑巨额广告支出,其结果是由于缺乏真正的创新投入,产品质量得不到提高和有效的保证,牌子很快就倒了。从品牌表象上看,品牌是产品或服务态度的一个概念名称,但从更深层去理解,品牌是它所拥有的良好品质。在发展品牌方面,甘肃省企业缺少的就是质量意识,没有用质量去创品牌、保名牌。

——企业规模小,产品市场占有率低,无法进入"中国名牌"的行列。市场占有率是培育创建品牌的关键指标,甘肃省有不少"甘肃名牌",产品的质量虽然过硬,但由于规模小,其产品很难拓展到周边省市的市场,更难推向全国市场。截至目前,甘肃省只有"飞天牌"润滑油和"金驼牌"电解镍 2 个产品成为"中国名牌"。武威的"红太阳"面粉、甘肃宏大铝型材有限公司生产的"宏大"铝型材,都因规模小和市场占有率低等原因而无法进入"中国名牌"的行列。从市场占有率来看,除了少数地方特色明显的产品外,多数"陇货精品"在国内的市场占有率不足 3%,而全国 35 个知名品牌的市场占有率均在 10%~30%。从销售收入来看,全省 52 个"陇货精品"中,只有 33 个"陇货精品"生产企业进入全省 60 户重点监测企业,年销售收入只有 400 多亿元,不及青岛海尔集团 1 户企业的年销售收入。全省 24 户出口超过 500 万美元的企业中,涉及以上品牌的生产企业只有 8 户,占三分之一;这 8 户企业共完成出口 2.47 亿美元,占全省出口额的 45%。与此同时,进入全省工业企业亏损大户的这些品牌的生产企业也占三分之一。

各级政府扶持品牌、名牌的力度不够,企业缺乏成长为品牌企业的政策和制度环境。全省各级政府在推进品牌战略和扶持名牌方面的投入不足,影响了名牌战略的推进。如曾经很有品牌潜力的长风洗衣机和电冰箱、驼铃客车等都是由于扩能投入严重不足,产品批量上不去而导致市场覆盖面窄、竞争力弱。尽管在技术和质量上优于同类同型号厂家的产品,但结果是不得不引进标上澳柯玛、长岭-阿里斯顿、宇通等的牌子。因此,如果不能创造有利于企业成长的政策和制度环境,不用全新的理念经营品牌,甘肃省很有可能重蹈"做好一个丢失一个,或还没做大就开始萎缩"的覆辙。

发展潜力

——有赖以支撑名牌产品培育的矿产资源。甘肃省工业发展以生产资料、原材料加工等重型工业为主,重工业比重为 60%~80%。通过实施名牌战略,甘肃省重工业产品在全国乃至国际市场上的影响力大大增强,一些产业和企业具有做名牌的条件。甘肃省 63 万吨的有色金属生产能力始终位于全国前列,镍、钴、铝、铜、铅、锌 6 大有色金属产品在伦敦交易所、上海证券交易所注册,长期进行期货交易,国内外知名度很高。天水长城开关厂的经济效益综合指数连续 10 年排在全国同行业前三名。酒钢高速线材、兰炭高功率石墨电极、兰州石化"昆仑牌"润滑油、兰光彩色显示器、铁路无线列车调度系统设备、长风军用电子设备、华兴小外形封装集成电路、兰州国民油井深井钻机和抽油机等独具特色的优势产品具有很大的市场潜力,与国内同类产品相比,市场占有率处于领先地位。

具有特色农产品资源优势。甘肃省马铃薯无论是种植面积还是产量均居全国首位,引进和培育了大西洋、台湾红皮、新大坪、陇薯 3 号等闻名全国的品种,深加工产品已远销新加坡、日本、俄罗斯和菲律宾等国家和港澳地区。2005 年全省啤酒大麦种植面积达 172.7 万亩,产量 60 多万吨,已成为国内啤酒大麦和麦芽最大的调出产区。全省啤酒花种植面积达 3.4 万亩,产量 6500 吨,占全国的 54%,为全国最大的啤酒花种植生产基地。兰州百合种植面积在 12 万亩以上,产量超过了 3000 万公斤,产值约 1.5 亿元。脱水蔬菜、番茄酱、胡萝卜汁出口日本、韩国、美国、德国及东南亚地区。靖远羊羔肉已在全国各地分设了 600 多家专营店。天水长城果汁畅销欧洲市场。莫高干红、黄河啤酒、兰州珍品香烟,在行业评比中多次名列前茅,在西北和全国市场上占有一席之地。兰州水烟也很具影响力。

——中药材资源位居全国首位。当归、党参、黄芪等名贵药材产量分别占全国总产量的 90%、70% 和 40%。2003 年种植面积达 209 万亩,总产量 33 万吨。目前,已建成中成药生产和中药提炼厂 30 多户,奇正藏药、贞芪扶正冲剂(胶囊)、佛慈中成药等,以其质优效佳而闻名。各类中药材交易市场 20 多个,年交易量 10 万吨以上。岷归、纹党享誉中外,主要出口日本、韩国及东南亚地区,出口量占其产量的 80% 以上。"中国当归之乡"的岷县,已经成为一个响亮的品牌。

——已是国内最具知名度和最具竞争力的制种基地。目前,甘肃已经成为我国最大的杂交玉米和马铃薯制种基地,蔬菜和花卉制种也在全国占有重要地位。2005 年,全省农作物制种面积达 211 万亩,产值达 28 亿元,其中杂交玉米制种面积 123 万亩,产种 4.2 亿公斤以上,占全国用种量的 53%。以河西走廊和中部沿黄灌区为主的小麦繁种,达到了 5 万亩,产量 2 万吨;蔬菜制种面积达到 9 万亩,产量 3761 吨。目前境内注册资本在 500 万元以上的制种企业达 91 家,德农种业、敦煌种业等全国知名企业均在甘肃扎下了根,敦煌种业已在深圳证券交易所成功上市。种子生产的专业化和区域化品牌初步形成。

——乳品品牌在一定区域内有广泛影响力。目前,甘肃省有大小乳品企业近 30 户,都创立了自己的品牌。2004 年,全省乳品行业年产值占全国的 0.85%;年销售收入超过 5000 万元的有庄园、好为尔及华羚干酪素 3 户企业,完成的工业总产值占到整个行业的 49.13%。

——丰富的文化和旅游品牌优势。甘肃省拥有丰富的自然资源和极富特色的历史文化,敦煌精品文化、丝绸之路文化、黄河和伏羲文化、石窟文化、民俗文化和革命历史文化六大品牌特色文化已经凸现。旅游业的兴起带动了区域饮食业的发展,被国家有关部门确定为中式快餐三大推广品种之一的兰州牛肉面,已成为兰州食品放心工程的亮点,目前仅兰州市发展牛肉面等级示范店 37 家,发展连锁店上百家,年营业额达到 3 亿元,带动的原辅料产值至少在 2 亿元以上。"2006 年中国 500 个最具价值品牌"的《读者》杂志以 34.11 亿元的品牌价值连续三年入选,月发行量已经超过了 1000 万份,列亚洲第一、世界第四。

——在全国并不落后的科技水平。2005年,甘肃省科技进步水平在全国的排序创历史新高,居全国第23位,在国家划分的六个科技进步水平"台阶"中,甘肃省位于第四个台阶,与四川、湖北、河北等12个省市区比肩,强于江西、广西、云南等省区。兰州目前有33所高校,74所重点科研院所,各类科技人才30万人,具有较强的科技研发优势,为甘肃省加强产学研联合,开发新产品和培育名牌奠定了科技创新基础。

对策建议

推进名牌战略应围绕省委"发展抓项目、改革抓创新、和谐抓民生"的方针,结合工业强省战略中实施的三大结构调整工程,以技术创新为动力,以促进工业结构升级、提高市场竞争力为目标。建议重点抓好以下工作:

——制订名牌战略发展规划。进一步深化企业对品牌经营意识、创名牌重要性的认识,把企业的经营核心由"产品观念"向"品牌观念"转变,围绕"创名牌"建立健全人、财、物激励和保障机制。相关部门应抓紧研究制订全省近期和中长期实施名牌战略发展规划,制定和完善政策规定、考核办法及其具体制度;行业、企业也应制订培育品牌、争创名牌的战略规划,用几年、几十年的时间培育出一批在全国乃至全世界知名的品牌。

——优先发展具备比较优势的工业产品和民用消费品。对照《中国名牌产品"十一五"重点培育指导目录》,集中力量,培育3~5个在国内有较大影响、具备创国际名牌能力的生活消费类产品。对有色、冶金、石化、机械、电子、信息、生物医药、建材、农副产品加工等行业进行重点培育和发展,组织科研攻关,实施重点突破。对有比较优势的行业,采取得力措施,变资源优势为品牌优势,进一步提高市场占有率,以名牌效应带动企业做大做强。鼓励和引导企业全力争创名牌。按照"突出主业、有核心技术、有知名品牌、有市场份额"的总体要求,鼓励企业运用高新技术和先进技术改造提升传统产业,加快产品更新换代,提升产品的档次和水平。着力推广先进质量管理方法和经验,不断提高企业质量管理水平,引导企业坚持走质量效益型的发展路子。加大产品研发投入,重点研究开发拥有核心技术和知识产权的高新技术和先进适用技术产品,高度重视专利产品的开发生产,在核心技术上形成竞争优势,不断提高产品的竞争力。

——培植消费者自信心。下功夫解决甘肃品牌要么没有做起来,要么做起来的没有走出去,走出去的没有宣传出去,宣传出去的没有坚持下来的现状。加大整顿和规范市场经济秩序力度,严厉打击制售假冒品牌违法行为,将名牌企业和产品列为"打假扶优"重点保护对象,对涉及这些企业和产品的制假售假案件优先受理,严厉惩处,形成强大的保护品牌声势。同时加大质量监督力度,定期在报纸、电视、互联网上公布监测结果,向广大消费者宣传名牌产品,逐步培植起消费者的自信心。另外,要善于运用世贸规则,及时掌握世界各国技术新动向,一方面为甘肃省产品顺利进入国际市场服务,另一方面,合理合法地运用标准的技术手段,有效地保护国内、省内市场,保护民族工业。

——全力推进和加强名牌战略的实施。一是各级地方政府要带头推进甘肃企业实施品牌战略。对政府的大宗采购项目,应对省内企业所生产的优秀的、具有自主知识产权的品牌产品,实行倾斜政策。社会和各级地方政府要创造甘肃品牌形成的舆论条件,甚至不惜为优秀企业"做广告"。二是实行争创和发展名牌产品目标责任制。借鉴内蒙古经验,把品牌、名牌产品在地区、国有企业产值中的百分比作为考核地区、国企领导人业绩的重要指标。对重点培育和发展的品牌、名牌产品,由领导分工联系,给予具体指导和大力支持,以增强各级领导对实施名牌战略带动经济又好又快发展的责任感和紧迫感。三是加大对企业的扶持力度。选择一批产业关联度高、对高新技术产业和先进技术产业乃至整个地区经济发展带动力强的技术研发和生产项目,在科技创新基金等方面给予倾斜,重点培育和扶持。设立名牌产品奖励基金,对"中国名牌""甘肃名牌"和原产地保护产品以及免检产品实施奖励。落实名牌战略推进工作专项经费。

(《甘肃政务交流》2007 年第 1 期、《调研报告》2007 年第 1 期)

基于 SWOT 分析的甘肃县域特色农业
发展研究

特色农业是一种具有特殊性、区域性、竞争性的农业生产和流通模式,它是市场经济的一种表现形式,县域特色农业的实质就是以县域为基本生产单位的特色农业区域。甘肃重点发展以定西为中心,辐射带动兰州、白银、天水、临夏北部、平凉的马铃薯种植业,目前全省常年种植面积 700 万亩以上,年产鲜薯 750 多万吨,种植面积在 10 万亩以上的县有 28 个;以甘南、临夏、河西地区、陇东地区为重点的草食畜牧业;以河西地区为主的酿造葡萄、啤酒大麦、玉米制种、蔬菜种植业;以平凉、庆阳、天水为重点的优质林果业;以定西、陇南为重点的中药材种植业;继续发展百合、油橄榄、花卉、花椒、黄花菜、玫瑰、黑白瓜子等地方特色农产品,已经形成了具有一定规模的十大特色农业产业。

一、甘肃县域特色农业的发展特征

(一)生产的区域性特征

甘肃特殊的地理环境和自然环境形成了其独特的区域性特征,而区域独特的气候、水土和物种等自然条件,则是特色农业发展的基础和依托。从区域布局来看,甘肃特色农业产业的分布呈现出巨大的地域差异性。酒泉、张掖、武威主要以草食畜牧业为主;制种和酿造原料产业则大部分分布在河西地区;定西和陇南集中了全省 90%以上的中药材产量和超过三分之一的马铃薯产量，定西市马铃薯种植面积达到 300 万亩，被农业部命名为"马铃薯之乡"。平凉和庆阳以优质水果而闻名。因此，县域特色农业是突出以自然条件为基础的地域性产业。

(二)产品品质的差异性特征

要想在市场竞争中占有一席之地，产品的品质就必须要有一定的优势，甚至是绝对优势。产品优势性是特色农业生产区域性的结果，也是目标盈利性的条件，只有能够满足消费者高品质或特殊品质农产品的需求，才能使产品有市场，生产有效益，这是特色农业发展的决定性因素之一。以定西县和渭源县的马铃薯产业为例，由于其特殊的气候条件(干旱和高寒阴湿)所生产的马铃薯，无论是个头、含粉量还是食味都堪称上乘，从而成为国内重要的优质马铃薯产区之一，畅销国内外。又如中药材种类繁多，资源丰富的定西、岷县，由于其特殊的地理位置，复杂的地形地貌和多样性的气候条件，为不同种类的中药材生长提供了适宜的自然环境，造就了该地区中药材的高品质和多样性特点。

(三)产品产量的规模经济性特征

因为特色农产品品质好，市场需求量大，竞争力强，当形成区域规模化生产后，收益显著，一般在其盛产区的收入中占有较大份额。近 10 年来，以优质的产品换市场、换价格，甘肃马铃薯价格一直看好而且比较稳定，其一般收入 9000~12000 元/公顷，高产地区要超过15000 元/公顷，这是其他粮食作物所无法比拟的。如定西地区种植 1公顷马铃薯的收益相当于种植 2~4 公顷小麦的产值。显著的经济效益极大地刺激了农民种植马铃薯的积极性，甘肃先后培育出 40 多个马铃薯新品种，建成各类马铃薯加工企业 2000 多户，年加工鲜薯150 万吨。同时还建成大型马铃薯批发市场 10 多个，购销网点 1500

多个,全省每年外销鲜薯 300 多万吨,使甘肃马铃薯产业走上了规模化道路。

二、甘肃县域特色农业的 SWOT 分析

甘肃地域辽阔,光热及土地资源丰富,地形地貌复杂,自然条件差异大,特种资源多种多样。依托区域的自然资源优势,甘肃特色农业不断发展壮大,目前已形成了特有的优势。但同时,特色农业产业精、深加工能力低下,区域布局欠合理,资金匮乏和品牌化率低等原因,再加上来自内外部的竞争与挑战,使其机遇与挑战并存(如图 1 所示)。

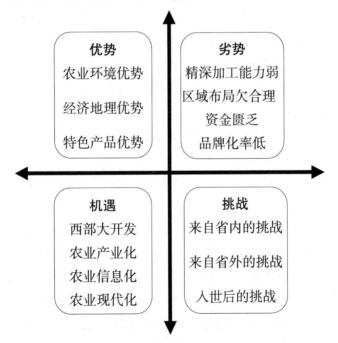

图1 甘肃省县域特色农业发展的 SWOT 分析

(一)优势分析(Strength)

1.农业环境优势。甘肃地理跨度大,面积辽阔,在全省总土地面积中,耕地面积 5229 万亩,占总土地面积的 7.69%,人均耕地面积 2.08 亩,比全国平均水平 1.7 亩多 0.38 亩。再加上特殊的气候条件,日照时间长,昼夜温差大,发展特色农业具有独特的优势。河西走廊是甘肃主要的粮食产区,一年日照时数为 2000~3000 小时,年均气温 5℃~9.3℃,无霜期 150~80 天,太阳辐射强,比同纬度的我国东北、华北地区高,有利于植物的光合作用,加上祁连山冰雪和石羊河、黑河、疏勒河 3 大水系自然灌溉,为特色农业发展提供了得天独厚的条件。

2.经济地理优势。甘肃是连接东中部与大西北的纽带与依托。在国家西部大开发的总体布局中处于沿黄主轴线和陇海兰新二级轴线的复合部,是国家开发西部地带的重要能源、原材料战略基地。同时甘肃又是国家综合开发重点区,以兰州为中心的黄河上游地区的重要组成部分;甘肃河西地区还是国家重点开发的商品粮基地,这是甘肃发展特色农业的经济地理优势所在。

3.特色产品优势。辽阔的地域、独特的大气环境和土壤条件使甘肃产生了一批极具特色的农产品。目前,全省已经形成了酿造原料基地、优质专用马铃薯基地、优质中药材基地、草食畜基地、优质猪基地、高原夏菜基地、奶源生产基地、制种基地、优质牧草基地和优质鲜果生产基地十大农业产业化生产基地,规模效应初见成效。如定西市马铃薯种植面积稳定在 20 万公顷,占到定西市耕地面积的 38%左右,占到甘肃省马铃薯种植面积的 43%左右,占全国的 4.3%左右,年产马铃薯鲜薯 300 万吨以上,外销马铃薯 120 万吨以上。以市场需求为基础,结合区域优势,甘肃确定了以草食畜为战略性主导产业;马铃薯、啤酒大麦、酿造原料、制种、林果、汉藏药材等为区域性优势产业;兰州百合、武都橄榄油、庆阳黄花菜等为地方特色产品的三个发展层次。

(二)劣势分析(Weakness)

1.特色产品精、深加工能力弱,区域特色布局缺乏合理性。甘肃大体可分为河西荒漠绿洲、黄沙丘陵川塬、陇南山地、高寒高原山地四大区域。按照气候、水土、生物等资源和人口、社会经济条件等方面分析,不仅在不同区域之间存在较大的差异性,甚至在同一区域内也有相当大的差异。由于全省大部分地区土地生产条件比较差,严重限制了特色农业发展的规模化、集约化程度的提高。目前许多地区支柱产业建设起步较晚,物质装备水平低,生产—加工—销售的链条衔接不够紧密,加工转化跟不上,深度开发不够,农副产品多以直接产品和初级加工品走向市场,价格低廉,严重影响了特色产业的转化增值。再加上一些地区认识不明确,农业结构调整依然存在盲目性和雷同性,致使优质特色农产品区域布局不清晰,造成"优势不优,特色难特"的现象。

2.资金匮乏,投入和支持力度不够。尽管甘肃不断加大农业资金投入,特别是对县域特色农业开发的支持力度,但由于许多地区农业基础设施落后和贫困程度严重,而占用了大部分农业支出资金(见表1),能够用于发展县域特色农业的资金甚少,加上投资结构不合理,致使县域特色农产品生产始终难以形成规模、提高档次,高标准的农业龙头企业生产基地建设投资资金很难到位。所有这些很大程度上制约了特色农业企业产品的市场竞争力和进一步发展的能力,也降低了甘肃县域特色农业产业的综合竞争力。

3.品牌意识淡薄,产品的品牌化率较低。现有特色农产品品牌未能有效地向消费者传递产品属性、价值、利益、个性、文化及用户等相关信息,即品牌没起到应有的差异化和提升产品价值的作用,绝大多数品牌甚至在甘肃本地的知名度、美誉度及市场占有率都不高。并且

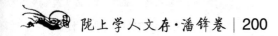

表1 1990—2005年农业支出资金表

年份	总计	农业基本建设支出	农业科技三项费用	农村救济费	其他
1990	58483	7803	307	561	162
1991	58161	5783	260	520	157
1992	67100	7663	315	477	475
1993	70937	6369	251	477	475
1994	78798	7710	242	475	21
1995	83768	8385	248	437	31
1996	101067	12927	476	446	88
1997	109423	14646	964	457	209
1998	142209	46195	1199	671	281
1999	142990	31854	1641	575	697
2000	232361	69535	1443	789	124
2001	314790	129440	1884	623	140
2002	423187	165771	1808	1184	2600
2003	348716	139971	1388	849	
2004	469996	129094	3502	1017	1038
2005	424551	119341	2666	1711	

数据来源：甘肃省统计年鉴2006年

产业主体众多（如到2006年年底，岷县中药材个体户达9291户，仅乡镇、民营及股份制经营的就有900多户），各特色产业未形成有足够影响力的市场领导者。同时特色农产品属经验品或信任品，存在严重的信息不对称,因此低价竞销,甚至不正当竞争,成为市场仅有的竞争手段,竞争的结果自然是"劣币驱逐良币"。如甘肃育成的"P20"杂交西瓜种子没有注册,廉价出售给安徽合肥市种子公司,变为"丰乐牌杂交西瓜种子",成为其起家的拳头产品,使其很快发展成为年销售收入上亿元、拥有净资产4.2亿元的集团公司。

(三)机遇(机会)分析(Opponunity)

1.西部大开发带来的机遇。国家自20世纪末实施西部大开发战略以来,为甘肃的可持续发展提供了前所未有的机遇。目前甘肃利用西部大开发的大好时机,大力发展特色农业和生态农业,优化农业结构,结合退耕还林和生态建设,以高产、优质、高效为目标,建立了"粮食—经济作物—饲草"三元作物结构,稳定粮食生产,扩大经济作物和饲草种植面积,增加绿色食品、名优产品的生产,形成了大规模的生产基地。在河西发展优质专用小麦、玉米、瓜菜、酿酒原料等产品;在陇中着重发展马铃薯、中药材、苜蓿草产业;在陇南着重发展油橄榄、花椒等特种林果;在甘南发展牛羊等畜牧业,推进农业产业化、培育农副产品加工的龙头企业,形成龙头带基地、基地带农户的格局,产供销一条龙的产业化经营模式,以增加农民收入。

2.农业产业化带来的机遇。在农业产业化的发展背景之下,甘肃特色农业产业化也取得了显著成效。农业产业化科技示范的成功推广,农业基础设施的建设,农业结构的调整,建成了一批具有实力的畜牧业商品基地和种子基地,利用现代农业技术发展智能化农业信息技术工程和良种工程。建成围栏草地8万公顷,牧草种子基地0.1万公顷,2个专家试验示范基地,12.4万示范户,从国外引进优质品种,食用肉羊牛全部实现良种化。

3.农业信息化带来的机遇。农业信息化是今后农业的一个主要发展方向,加快农业信息化建设,不仅能弥补甘肃农业发展中的某些不足,也是实现甘肃农业现代化所必须具有的技术平台。现阶段,在以点带面的发展策略下,甘肃农业信息化建设主要集中在两个方面。一是农业专家系统应用。在兰州、河西、陇东、中部 4 个不同生态区建立了 14 个县、28 个乡的专家系统服务咨询示范点,建立了智能化农业信息网络中心。二是信息网络建设。已建有纵向与农业部和全省 12 个市州、44 个县连接,横向与 30 个省市区及有关厅局联通的农业信息系统;建成了甘肃农业网站、甘肃农业信息网站、甘肃农业科技信息网站、定西农村综合经济信息网站、金塔农业信息网站等农业信息互联网。

4.农业现代化带来的机遇。在人类文明进程中,农业经历了三个发展阶段,即古代农业、传统农业、现代农业。在这三个农业发展阶段中,每个阶段都不是截然分开的,而是随着科技的进步,彼此交替演进,农业现代化亦然。然而,不论农业现代化的内涵如何拓展,其本质内涵在于不断引入"现代"科学技术,形成新的生产力,把传统农业转变成现代农业,农业现代化时代的到来,也为甘肃县域特色农业发展注入了活力。

(四)挑战(威胁)分析(Threat)

1.来自内部的挑战。首先是农业生态环境开发与整治面临新问题。由于人口的增长和人民生活水平的提高,经济活动对生态环境的影响日益加重,水土流失和土地荒漠化的问题日益严重。近年来甘肃虽然在艰苦治理,但毁林毁草垦荒、超采地下水、铲柴挖药、超载过牧等现象仍时有发生。河西地区沙漠延展、沙尘暴频发,风沙危害加重;陇南地区的滑坡、泥石流和地表石质化日趋严重;草场的退化、灌溉农田的盐渍化也在扩大,生物多样性受到破坏。生态大环境趋于恶化,给农业的可持续发展造成了很大困难。其次是农业结构战略性调整面临新的挑战。长期以来,甘肃农业结构调整中突出的问题是:农业以种植业为主，种植业又以粮食为主，畜牧业所占的比重长期偏低，农业区域布局存在小而全的雷同现象，比较优势、资源优势未能充分发挥出来；大宗农产品品质不优，优质农产品数量规模有限；农村产业结构中从事加工、流通的行业发展相对滞后。最后是农业基础设施急需完善和加强。甘肃农业基础设施还相当落后，特别是农村基础设施、水利设施等建设还远远不能满足现代农业发展要求，严重制约着农业生产水平的提高。农村劳动力素质不高，文盲、半文盲比重仍较大，科技知识少，劳动技能差，观念落后，信息闭塞，盲目生产，被动经营，更是严重削弱了自身的优势。

2.来自外部的挑战。入世后甘肃特色农业发展面临着更加严峻的外部挑战。加入 WTO 对甘肃农产品市场准入提出了新的要求，也为发展特色农业展示了良好的条件。但从整体上讲，甘肃优质农产品开发和生产还存在诸多问题。主要是优质农产品生产规模小、商品量相对较低，生产技术落后，产品档次低，市场竞争力弱。特别是蔬菜、瓜果等，隐藏着巨大的市场风险。首先，这些农产品是商品率极高的鲜活产品，其生产几乎完全依赖于市场，一旦市场滞销或流通不畅，农民不仅收入没有保证，而且可能血本无归。其次，目前全国各地都在调整农业生产结构，几乎千篇一律地都在强调发展蔬菜、瓜果、畜产品等所谓优势农产品生产。由于发达国家设置了严格的技术和卫生检疫等绿色壁垒，使得我国这些优势产品短期内很难大规模出口，结果必然会导致国内市场竞争加剧、价格下跌，原有的成本优势大大减弱，农民从中获得的利益将大打折扣。甘肃由于地处相对偏远，蔬菜、瓜果、畜产品目前主要依靠本地市场销售，但本地市场容量毕竟有限，如果扩大生产规模，必然要寻求更多的省外市场，一旦市场开拓不成功，扩大生产将会遭遇巨大的风险。从近些年的实践看，除一些具有明显优势的品种外，许多商品性农产品在国内市场的影响并不理想,反倒是省外的蔬菜、瓜果大量涌进甘肃市场,对本地产品造成了相当大的冲击。

三、甘肃县域特色农业发展战略

大力发展县域特色农业,是实现地方农业和农村经济结构战略性调整的根本出路。在对甘肃县域特色农业作出了明确的分析以后,根据其实际情况制定行之有效的发展战略(如表2所示)。

表2 甘肃省特色农业产业发展 SWOT 战略框架

内部因素 战略 外部因素	优势(S) 农业环境优势 经济地理优势 特色产品优势	劣势(W) 深、精加能力弱 区域布局欠合理 资金匮乏,品牌化率低
机遇(O) 西部大开发 农业信息化 农业现代化	S-O 组合战略 发挥优势 利用机遇	W-O 组合战略 利用机遇, 弥补不足寻求突破
挑战(T) 来自内部的挑战 来自外部的挑战 入世后的挑战	S-T 组合战略 发挥优势 转移、削弱威胁	W-T 组合战略 克服劣势,回避威胁 应对挑战

(一)S-O 战略,充分发挥优势,利用机遇,不断挖掘有潜力的特色优势产业

发展特色农业,首先要实现其市场化、多样化,必须把市场需求与当地优势结合起来,因地制宜开发既受市场欢迎,适销对路,又充

分发挥本地资源优势,以西部大开发为契机,形成独具一格的特色产业和产品。在研究当地优势时,要注意开发两种优势:一是自然资源优势,二是产业传统优势。白银市为了提高农业经营效益、增加农民收入的途径,以羊产业和蔬菜产业为重点,着力构建羔羊、蔬菜、小杂粮和林果四大生产基地,并加大种植结构和品种结构的调整力度,促进了农民收入的增加。2006 年全市农民人均纯收入达 1892 元,比 2005 年增长 6.2%。在特色产业的开发上,该市以优化区域布局和无公害生产为重点,走扩大规模与提高效益的路子,大力发展蔬菜种植业,种植面积达到 2.95 万公顷,反季节蔬菜的生产总量达到 36 万吨,商品产值 4.5 亿元。并加大良种的引进推广力度,全年共引进小尾寒羊等优良品种 1800 多只,使养羊业呈现了规模化发展的良好势头。

(二)S-T 战略,发挥优势,提升传统产业,转移和削弱威胁

在发挥本地优势的基础上,通过提升传统产业的竞争力,尽量避免来自外部的威胁与挑战。过去,各地都有不少的传统产业,但多数因品种不优、品质差、档次低、规模小,不适应市场而形不成优势产业。对传统产业进行改造提升,因其群众基础好、投资小,市场风险低而极易收到事半功倍的效果。庆阳苹果产业经过数十年的发展,特别是我国实行改革开放和农村家庭联产承包责任制以来有了长足的发展。现有苹果园面积 3.15 万公顷,总产量 13.37 万吨,初步形成了以红富士为主的优质商品苹果产业基地。尤其是 2000 年兴建的甘肃通达果汁有限公司,引进具有国际先进水平的瑞典利乐工程有限公司浓缩果汁全自动生产线,年生产能力达到加工处理鲜果 16 万~18 万吨,生产浓缩果汁 2 万吨,产品销往德国、意大利、日本、奥地利、美国、澳大利亚、以色列及南非等国家,为庆阳大力发展苹果产业解决了后顾之忧。

(三)W-O战略,抓住机遇,提高科技含量,弥补不足,寻求突破

无论是外部的机遇和挑战,还是传统农业的改造,特色农业的培育、发展都离不开科技创新。农产品市场的竞争,实际是品种、质量的竞争,是科技含量的竞争。提高产品的科技含量,一是要同科研院所建立密切联系,积极引进、采用新品种、新技术、新设备,以技术提高产品附加值,做到"你无我有,你有我优,你优我特,你特我新,你新我精"。二是要大力提高农民的现代农业观念和科技文化素质。

(四)W-T战略,克服弱势,建立特色农业产业协会,应对挑战

如何在日益激烈的特色农产品市场竞争中立于不败之地,除了充分发挥自身优势和科技上的创新,更多的是依托产业协会等农村专业合作经济组织来提高农民组织化程度,实现农业与市场的有效对接,防范和化解市场风险,降低生产交易成本,增强市场竞争力和迎接挑战的能力。白银市通过政府引导、政策支持,有力推动了农民专业合作经济组织的发展。目前,全市已有各类农业产业协会309个,发展会员1.4万人,带动农户7.8万户。在这些农民专业合作经济组织中,技术带动型组织有204个,占到了总数的66%。这些合作经济组织依托政府农技推广部门和高等院校的支持,发挥技术部门在技术、资金、信息等方面的优势,使技术与实现农业产业化很好地结合起来,提高了农业生产的技术含量。

(《开发研究》2007年第6期)

工业怎样反哺农业

胡锦涛同志指出:纵观一些工业化国家的发展历程,在工业化初始阶段,农业支持工业、为工业提供积累是带有普遍性的趋向;但在工业化达到相当程度以后,工业反哺农业、城市支持农村,实现工业与农业、城市与农村协调发展,也是带有普遍性的趋向。这是对我国社会经济发展阶段作出的科学判断,对我国的经济社会发展产生了积极的指导作用。

随着经济的快速发展和市场化、工业化、城镇化的加速推进,生产要素供给从充裕转向短缺,产品供给从不足转向过剩,城乡居民消费结构升级加快,卖方市场变成了买方市场,城乡之间和工农业之间的二元结构矛盾日益凸显。这些变化要求我们必须加快技术创新和制度创新,节约利用资源,提高资源利用效率,加快产业升级,调整产品结构,增强市场竞争力。但从农村产业发展来看,农业生产经营规模小,技术支撑弱,农产品加工程度低,整体竞争力不强;实行农村工业化,高投入、高消耗、高排放、低效率的问题又非常突出。

由于现代生产要素在农村较为稀缺,现代生产方式短期在农村难以内生,所以必须建立以工促农、以城带乡的机制,加大工业反哺农业的力度,不断拓宽以工促农、以城带乡的渠道,统筹城乡产业布局和产业发展,推动农业向高效与生态相结合的现代农业转变,农村工业向专业化分工与社会化协作相结合的现代工业转变,农村服务业向生活型服务与生产型服务相结合的现代服务业转变。

中央提出实行工业反哺农业、城市支持乡村的方针,蕴含着城乡统筹、协调发展的科学发展观,是全面提升农业综合生产能力、转变农村经济发展方式和建设社会主义新农村的根本要求。

这是因为:

工业反哺农业是实现工农相长、加快现代农业发展的必然途径。在社会化的大生产中,不同产业之间的联系日益紧密,构成了一个严密的国民经济体系,任何一个产业的发展都离不开其他产业的支持。工业对农业是这样,农业对工业也是这样。工业生产需要农业提供原材料和工人所需的部分生活资料,农业需要工业提供的机器设备和其他生产资料。工农两大产业之间需要相互支持、相互配合,谁也离不开谁,哪一条腿短都不行。在20世纪五六十年代,为了使我国的工业尽快发展起来,我们实行了"以农业为基础、以工业为主导"的方针和"以农补工"的政策,农业为工业的发展作出了很大的贡献,使新中国的工业尤其是重化工业很快发展起来。据统计,新中国成立50多年来,农业对工业的"有形"贡献就超过1万亿元,农民以税赋形式所做的贡献几乎贯穿中华人民共和国成立以来的各个历史时期。农业在付出的同时,得到的回报却很少。财政投入长期以来偏重于工业和城市,农村基础设施建设和文化、教育、卫生等社会事业发展严重滞后。现在,我国的工业已经有了较大发展,而农业发展滞后的问题却日益凸现,实行工业反哺农业,必定会有效地促进农业发展。

工业反哺农业是统筹城乡发展、改善农村落后面貌的重要举措。我国的工业尤其是现代大工业主要集中在城市,广大农村地区工业发展比较落后。这一差异是造成城乡差距的重要原因。改革开放30年来,我国城市化水平有了很大提升,城市面貌有了很大改善,而在广大农村地区,虽然生产生活条件也有了明显改善,但由于受工农业固有的产业差异的制约,受传统的农业生产方式和农耕文化的影响,再加上长期以来经济社会发展的天平向城市和工业倾斜，农村经济和社会事业建设欠账多，整体发展水平低。实行工业反哺农业，让现代工业以各种方式、各种途径加大对农业的支持力度，可以有效地缓解城乡差距、工农差距进一步扩大的矛盾，对统筹城乡发展、改善农村落后面貌有直接的帮助。

工业反哺农业是扩大社会就业、改善农民生活条件的重要保证。农民生活水平比较低、生活质量不高的一个重要原因，就是就业不足。随着生产力水平和农业劳动生产率的不断提高，相当一部分农民离开了土地，迫切需要寻找就业出路。解决这一问题的根本途径就是要实现农民的就业转移，使部分农民从土地上解放出来，向第二产业和第三产业转移。特别是通过在特定的地区有计划、有目的地发展一些劳动密集度比较高、吸收一般劳动力能力比较强、适销对路的工业项目，使其纳入现代工业体系之中，成为一些大企业、大工业的一个生产环节，这样既可以降低工业生产成本，又可以避免大量农民盲目涌向城市所造成的弊端，对增加农民就业、提高农民收入水平都具有重要作用。

但就工业反哺农业而言，笔者认为在理论上还没有作出准确的解释。从一般意义上说得比较多，从间接的角度理解得比较多。中国社会科学院欠发达地区研究中心袁钢明先生认为，"反哺"就是政府拿出钱来投向农村，来改善那里的基础设施，帮助农民搞建设。这种观点从间接的角度来理解并不是没有道理，而且多年来我们也一直是这样做的。且不说政府每年对农村安排的各种财政投入，企业也大多建立了对口的支农联系点或扶贫点。金川公司每年都拿出400多万元支持当地农业和农村经济发展，已为当地培训农民工1000多人，并优先安排到公司就业。笔者认为，对于工业反哺农业，不能简单地理解为工业对农业的资金支持，更不能片面地理解为工业对农业的扶贫。真正意义上的"反哺",除了政府的投入外,还应该体现在如何把现代工业的理念、生产技术、生产方式、组织形式影响和渗透到农业生产过程中去。核心就是要用工业化技术和思维谋划农业经营模式,用工业化技术、资金、管理和意识对农业进行渗透、改造和提升,用工业产品生产的组织管理模式组织农产品的深加工和销售,以实现农业生产的专业化、区域化和企业化。这是就农业外部而言。就农业内部而言,还要通过农业转型来吸纳和运用工业部门提供的农业机械和农业化工产品,提高农业劳动生产率和土地产出率,甚至在一定程度上改变土地对农业生产的直接决定作用(如无土栽培和转基因技术),提高农产品质量,实现农产品使用价值的优质化。

一、要继续发挥政府的主导作用,实现工业对农业的间接支持

实现工业反哺农业,重在增强农业发展后劲,促进农业可持续发展。就农村目前的情况而言,一是要重点加大对农村义务教育的投入,全面提高农村人口的文化素质。二是要加大对农村公用事业和基础设施建设的支持。如果能用公共财政对农村基础设施建设进行补贴,虽未直接增加农民收入,但能够大大降低农民生产生活的成本,对农民生产生活状况的改善将起到非常有效的作用。三是尽力完善农村社会保障制度,解除广大农民发展经济的后顾之忧。

二、用工业化思维谋划农业

进一步革除传统农业和小商品经济意识的羁绊,牢固树立现代农业和工业化理念,遵循自然规律、经济规律和科学规律,用办工业的方法办农业,用抓工业的手段抓农业。坚持创新促发展,以工业理念谋划农业,更新发展观念;以试点示范为先导,创新发展模式;以转变发展方式、促进可持续发展为目标,提高发展质量。推进技术创新,

有步骤、有重点地引进、研发、合作推广粮油、果蔬、畜产品、水产品等行业的重大关键加工技术。要从地区发展水平和发展条件不同,产业结构和劳动力素质结构也不一样的实际出发,在区域布局上有所侧重。譬如,在农业生产还比较落后的地区,工业反哺主要应放在促进农业生产力扩大规模、提高档次、增强农产品的竞争力上;在农村加工工业有一定基础的地区,这种反哺应主要体现在进一步延伸农产品生产加工的产业链条,发展科技含量高、加工程度深、增值水平高、出口能力强、符合综合利用和循环经济要求的产品和产业上;而对于农村第三产业比较发达的地区,这种反哺则应当体现无工不富、无商不活,充分发挥工业的引领作用,加强农产品的产后流通环节,进而促进农村服务业的发展。

三、大力发展农副产品加工业

甘肃农副产品的多样性为加工业的发展提供了得天独厚的资源条件,而农副产品加工业的发展又是增加农民收入的最佳选择。但从目前情况来看,加工业的水平还很低。发达国家农产品加工业产值与农业产值之比高达 2.0~4.0:1,我国仅为 0.6:1;发达国家农产品加工深度在 80% 以上,我国还不到 40%;国外居民食品消费中加工制成品占到 80%,我国仅为 30%。由于缺乏精深加工,大量农产品找不到出路,导致大量浪费。据有关资料介绍,果蔬类农产品产后损耗一般在25%~30%,粮食产后损耗在 10% 以上。农业部决定从 2006 年起在全国范围内组织实施"农业产业化和农产品加工推进行动",农产品加工增值与农业产值之比每年提高 0.1 个点,到 2010 年超过 1.5:1,主要农产品加工转化率达到 40%~50%,精深加工比重明显增加。因此,一定要把加工业的发展摆在重要的位置。要立足现有的基础,做优做强一批农产品加工龙头企业,起到办好一个龙头企业、兴一项产业、建一片基地、富一方群众的作用,不断提高加工制品占初级农产品和消费市场的比重,通过加工增殖,增加农民收入,使农民得到更多的实惠。还要立足自身的资源优势,主动和国际国内有实力的大集团、大企业联姻,倾力把农副产品加工这篇文章做大做足。

四、大力发展乡镇企业

乡镇企业是我国亿万农民的伟大创造,是农村改革开放的一项重要成果,在扩大农民就业、增加农民收入、繁荣农村经济、推进农村各项社会事业发展和壮大县域经济等方面已经和仍在作出不可磨灭的贡献。许多地方的实践证明,凡是社会主义新农村建设搞得好的典型,无一不具备一个共同的特点,那就是乡镇企业发展得好。甘肃省农业资源比较丰富,以马铃薯为代表的 14 种农产品总产量位列全国前 10 名。乡镇企业重点应以发展小麦玉米、瓜果蔬菜、优质牧草、肉牛肉羊、啤酒原料、马铃薯、中药材、乳产品八大特色产业为主,形成特色优势明显的区域性农产品加工体系。武威黄羊镇红太阳面业集团等面粉加工企业群,将黄羊镇打造成西部地区的食品工业城。以定西、白银等马铃薯主产区为优势区域,建成全国最大的马铃薯脱毒种薯基地、商品薯生产基地和加工基地。兰州的果蔬保鲜产业、陇南的药材产业、临夏的皮毛加工业等产业,已走向规模化和集约化经营。甘肃甘绿脱水蔬菜有限公司作为西北最大的脱水蔬菜乡镇企业,每年带动农户种植甜椒、胡萝卜达 6 万亩,当地菜农户均从该公司获得直接收入达 2000 元。去年全省乡镇企业中农产品加工企业发展到4.1 万户,增加值54.7 亿元,占全省乡镇企业增加值的38.8%,一跃成为乡镇企业工业经济的主体力量。因此,要继续坚持大办乡镇企业不动摇,继续把乡镇企业作为解决农民就业的重要渠道,作为实现农村工业化的依靠力量和主体力量, 通过乡镇企业的发展真正体现工业对农业的反哺。

五、确定工业企业反哺农业的责任

作为老工业基地,甘肃拥有一大批工业企业,为甘肃经济的发展作出了巨大贡献。但工农业之间二元结构的矛盾也非常突出,大企业对地方工业的直接带动作用发挥得不够,尤其是同农村经济发展的关联度很低。要真正体现工业反哺农业,必须重视发挥大企业的作用。要发挥大企业优势,为现代农业的发展提供资金、技术、人才支持,在延长产业链和产品扩散方面带动地方经济发展,以工促农,农工双赢。企业所在地农村也要主动和大企业联姻,实行村企联合、以企带村、以村促企、村企共赢,抓住国有大企业调整生产结构和产品结构的有利时机,依托现有的工业基础和工业园区,创造条件承接大企业梯度转移出来的产品、技术和人才资源,与国有企业"错位"发展,推动地方企业的技术改造和产品升级。

(《发展》2008 年第 7 期)

宏观政策与社会发展

关于当前劳动就业问题的调查

根据贾志杰省长的有关指示,我们于 1990 年 5 月就当前劳动就业这一社会普遍关注的突出问题,去靖远矿务局、阿干煤矿、窑街矿务局、连城铝厂、连城电厂、兰州炭素厂、窑街水泥厂、西北铁合金厂等企业进行实地调查研究,并和省地矿局、省机械总公司、省劳务办、省林业厅、兰州铁路局、临夏市劳动局以及部分省人大代表进行了专题座谈。现将调查中各方反映比较集中的主要问题和由此提出的一些相应对策建议综述如下:

一、目前劳动就业的现状

改革开放 10 年来,通过有关部门和社会各方的共同努力,甘肃省的劳动就业工作取得了一定成绩,共安置就业人员 110.7 万人,为促进甘肃经济发展和维护社会安定作出了重要贡献。但是,由于经济和社会发展中一些深层次的问题还没有得到根本解决,目前又面临全国第三次就业高峰,致使近两年来,劳动就业的安置工作难度很大,矛盾也日趋尖锐。1989 年全省共有待业人员 23.78 万人,待业率为 5.49%,比全国平均待业率 2.6% 高出 2.89 个百分点。1990 年预计有待业人员 24.5 万人,待业率将上升到 5.6% 左右,已经超过有关专家认为的 4.9% 的警戒线。这一情况在煤炭、地矿、铁路、林业等行业尤为严重。靖远矿务局共有职工 3.2 万人,现有三证(户口、身份证、毕业证)俱全的待业青年 4355 人, 平均每两户就有一名待业青年; 其中女性 2262 人,占

51.94%。待业青年中属于特困户的有 1893 人，占待业总人数的 43.5%,其中 25 周岁以上的 252 人,父母双亡的 6 人,父母中有一人死亡的 151 人,家中无一个子女就业的 1073 人,家中有 3 个以上待业青年的 366 人,父亲患三期矽肺职业病的 45 人。以上特困户中,女青年 1049 人,占 55.41%。阿干镇煤矿共有职工 7500 人,现有待业青年 2500 多人,其中女性 1300 多人;全矿有待业 5 年以上、年龄在 24 岁以上的 313 人,年龄最大的 1 人是 1954 年出生的。省地质矿产局现有职工 10367 人,待业青年 2545 人,平均每 1.77 个家庭就有一名子女待业;其中 25 周岁以上的 415 人,占 16.3%;具有中级技术职称的知识分子和具有 30 年以上工龄的老职工家庭中, 没有一个子女就业的有 327 户;职工家庭中一户有 2 个以上待业青年的有 659 户。其他行业虽然矛盾不像这些行业突出, 但也普遍反映企业内部难以消化,社会招工压力很大,尤其是处于甘肃省工业主导地位的重工企业,都程度不同地存在着"男青年成家难,女青年就业难"的问题。

就业难,给企业、家庭、社会带来了很大的压力,使正常的生产、生活秩序受到很大影响,在一些待业青年多的企业,企业的各级领导和劳资干部甚至无法开展正常生产经营等业务工作。有的职工为了要求解决子女就业,不惜在马路上拦干部、家里找干部、办公室里缠干部,有的干脆躺在领导办公室里不走,干群关系比较紧张,招工期间围攻甚至殴打干部的现象屡屡发生。在家庭中,妻子埋怨丈夫,子女埋怨父母,造成家庭不和。有的子女因长期待业,对前途悲观失望,靖远矿区待业女青年自寻短见的已发生了几例。尤其是有 3 个以上待业子女的家庭,人均收入水平下降,生活十分困难。省地矿局探矿三队共有职工 555 人, 家庭人均生活费用低于 40 元的职工占 66.5%,其中在 30~40 元的有 104 人,占 18.7%;20~30 元的有 157 人,占 28.3%,20 元以下的 108 人,占 19.5%。甚至有少数职工因此对党和社会主义制度不满,产生了抵触情绪。就业难也带来了严重的社会治安问题,据阿干煤矿统计,近4年来,待业青年中因牵涉到各类刑事案件而被逮捕法办的有54人,劳教的50人,少管的9人,受治安处罚的86人,吸毒的有200多人。有的待业青年抱着"反正我们是无职业者,我们不好过,也不让你们好过"的思想,破罐子破摔,从晚上偷盗发展到白天蒙面抢劫。家长对待业子女更是忧心忡忡,身在岗位,心却惦记着家里。有的职工说:"只要子女有个工作岗位,不要出去惹事,把我的工资减少几个都行。"

造成就业难的原因是多方面的,就我们调查的行业和企业情况看,可概括为以下几点:

一是就业门路少。甘肃省的工业是以资源开发和原材料生产为主导的重型结构,加工业、城镇集体经济和第三产业的发展相对薄弱和滞后。现有的主要工业产品有90%以上由国家统配,与地方经济的发展缺少内在联系,致使能够吸收大量劳动力的加工业长期以来发展缓慢。据有关部门估算,每万元固定资产投资,属劳动密集型轻型结构的东南沿海省市可招工3人;而属资金密集型重型结构的甘肃省只能招工1人。从所有制的构成比例看,由于甘肃省城镇集体经济发展起步晚、基数低,因而职工人数占全部职工比重虽由1985年的12.9%上升为1990年一季度的14.9%,但仍比全国平均水平低10.6个百分点,比浙江、江苏分别低24.4和22.3个百分点。个体经济从业人员约占全省总人口的1.35%,比全国平均水平低0.65个百分点。在这种情况下,甘肃省劳动力的安置,在很大程度上要依赖国营企业招工;加之前几年国家建设重点向东部倾斜,对甘肃省的投资逐年下降,以及受当前"双紧"方针的影响,使得原有的就业渠道受到限制,更增加了劳动就业的难度。1989年全省个体工商户和从业人员分别比上年减少了26%和38%。1990年一季度,全省就业率为94.5%,比去年同期下降 0.6 个百分点,全省职工比年初减少 1.8 万人,计划外用工减少 0.8 万人。从我们调查的情况看,现有就业门路的分布也很不平衡。总的看,第一是加工业的就业门路无论从深度和广度上都好于采掘业。煤炭系统的劳动就业多年来主要是靠矿井生产能力的扩大来解决的,但从发展趋势看,又将受到矿产资源的限制;第二是集体好于全民。近几年来,大部分待业青年的安置是靠集体。省机械总公司自 1985 年以来,共招收全民职工 1900 多人,而通过产品扩散延伸、开发新产品等发展集体经济就安置待业青年 8900 多人;第三是工业企业相对集中和经济较发达的地区好于边远地区。前者因工业企业相对集中,产业间关联度高,因此吸收劳动力的能力就大。而像以采掘业为主的地区,由于和其他生产门类配套性差,第三产业的发展也很有限,就业门路也比较狭窄。如地处连海开发小区的窑街矿务局,就比单纯以采掘业为主的靖远矿区劳动就业门路要多一些。

二是择业期望值高。劳动就业,从国家的现行政策和舆论导向上,都提倡多条腿走路,多渠道安置。但从甘肃省的实际情况看,单纯依赖国家安置的传统观念以及期望过高的择业倾向还远未得到转变,就业难与某些行业、工种招工难并存的局面普遍存在。我们调查的所有企业几乎都程度不同地存在着"一线不足、二线满员、三线超员"的情况。拿就业问题最为突出的煤炭系统来说,仅靖远、阿干、窑街三矿就有井下农民轮换工 10400 人。阿干煤矿现有职工 7500 人,按年产 45 万吨计算只需要 4000 人,全矿富余 3500 人;兰州炭素厂,适合女青年的工作岗位只需 800 人,现在实际安排已达 1900 人;省地矿局 1 万多名职工中,富余人员就占四分之一。但这些行业和企业的不少职工、待业青年仍把就业的希望局限在扩大本系统招工比例、增加招工指标上。这种不进国营厂、不端"铁饭碗"就不算就业的狭隘偏见,如得不到根本转变,国营企业就有可能"肥的拖瘦,瘦的拖垮",

"优化劳动组合""提高经济效益和劳动生产率"也就成了空话。现在各地反映城镇就业问题突出,待业率不断升高,但城市中"有人无事干、有事无人干"的现象也很普遍。据对城关、七里河区2000多名待业青年的问卷调查,在所填列的项目中,填愿意从事个体经营的占24%,填愿意在集体单位工作的占43%,而填愿意到全民单位工作的则达100%。这些人中,赞成由劳动部门统一安排的占85%以上,而赞成自谋职业的只占4%。

三是政策不配套。近年来,国家在煤炭系统职工中,主要是对第一线的生产工人制订了"农转非"的优惠照顾政策,要求层层负责落实兑现,对铁路、林业、有色、冶金等行业也相应放宽了政策。这些措施,体现了党和国家对产业工人的关怀和照顾,起到了稳定职工队伍、促进生产发展的积极作用。但由于在资金、税收、物资、场地和基建规模等方面配套措施没有跟上去,导致"农转非"职工家属住房、子女就业、上学、入托十分困难,企业感到不堪负担。靖远矿务局从1984年至1989年共解决"农转非"职工5201户,"农转非"人口19093人,随迁的待业青年达2250人;1990年按规定又有850户"农转非",新增待业青年500多人,这就更增加了安置就业的难度。为发展集体经济,安置待业青年,省上也制订了一系列优惠政策,但至今在一些地区和部门没有得到认真的贯彻执行。如规定安置待业青年占职工人数60%以上的可免税3年,有关部门反映天水市就得不到落实,使得应有的政策效应得不到体现,也在相当程度上影响了就业面的扩大。

四是在安置就业中存在领导不重视、工作跟不上的问题。就业问题解决得好坏,在很大程度上取决于领导的重视程度,特别是在国家有困难,不可能把就业全部包下来的情况下,更需要各级领导进一步解放思想,开阔视野,发挥主观能动性,拓宽就业门路。但是一些领导对前几年就业工作取得的成绩盲目乐观,对就业工作的长期性、复杂性、艰巨性认识不足,对治理整顿形势下出现的新问题、新矛盾缺乏思想准备,在目前就业问题比较突出时,总是强调客观困难多,积极主动想办法少;依靠国家招工多,考虑自己消化少,等靠要的思想比较严重。改革以来,企业普遍实行了优化劳动组合,使一部分职工落岗,由于对这部分人的进一步安置缺乏系统的研究,对生产门路的开发在深度和广度上都很缓慢,因而使企业承受着富余人员和待业青年安置的双重压力。

二、解决劳动就业问题的几点建议

综上所述,当前甘肃省劳动就业形势比较严峻,正如《中共中央关于进一步治理整顿和深化改革的决定》中指出的"广开就业门路,妥善安置待业人员","这是保证治理整顿顺利进行的一个重要问题,也是社会安定的一个重要保障,必须精心指导,周密筹划,认真做好这项工作"。对此,我们提出以下建议:

(一)加强领导

建议省上由一名副省长负责,成立由劳动、人事、计划、财政、金融、物资、税收、工商、城建等部门有关负责同志组成的领导小组,定期开会,协调解决劳动就业工作中存在的重大问题。领导小组下设办公室,即由省劳动就业服务局具体处理日常工作。劳动就业问题比较突出的煤炭、铁路、林业、地矿部门,党政一把手对这项工作要亲自过问,亲自部署,对目前已不适应形势发展需要的各级劳务部门和多种经营办公室,要及时调整、充实、加强。省劳动局要会同有关部门,按照国务院最近颁发的《关于做好劳动就业工作的通知》精神,尽快制订甘肃省有关政策的实施细则,报省政府审定,下发执行。同时要认真总结推广兰州铝厂、窑街矿务局在安置待业青年中行之有效的基本经验:一是有一个中长期的安置规划和年度实施计划,作为考核各级领导任期目标责任制的一项重要内容;二是有一批思想好、懂经营、会管理、事业心强、密切联系群众、一心放在待业青年安置工作上的干部;三是有一套严格的管理制度和灵活的经营方式;四是既有眼前的"吃饭产品",又开发长远的"拳头产品"。

(二)广开门路

解决就业的根本出路在于发展生产,发展多种所有制经济。当前,一方面要千方百计地搞活国营大中型企业,调整产业结构,制止生产滑坡,发展生产,提高效益,不断扩大吸收就业的能力;另一方面要积极发展集体、个体和私营经济,在"对社会主义经济的有益的、必要的补充"上下功夫,花力气,拾遗补阙,创新求实,立足小商品,开发"短平快"的劳动密集型项目,赢得更为广阔的生存空间。具体来说,要做到"四个结合":

一是把劳动就业和调整产业结构、产品结构结合起来。目前,甘肃省有60%以上的日用商品和近90%的小商品需要从外省进货,而这些商品生产所需的原材料,大部分甘肃省都能生产。如能充分利用这一优势,发展适度加工,积极组织生产,不但可以提高总体经济效益,而且市场风险小、潜力大,是大有可为的。再如医药工业,现在省上有95%以上的中草药、化工医药原料由外省加工利用,有近80%的成品药需从外省购进,而医药工业又具有投入少,产出高,建设工期短,能耗低,转产容易,吸收劳动力尤其是女青年多,对其他行业渗透性强等特点,资源利用也不受指令性计划的限制,完全有条件发展成安置待业青年的重点行业和全省经济的支柱产业。

二是把劳动就业和发展"一厂两制"结合起来。实践证明,"一厂两制"是安置待业青年的一条重要途径。目前甘肃省工业所有制构成中全民所有制企业、中央企业的比重都是全国最高的,因此,发展"一厂两制"，对解决甘肃省轻重工业之间、原材料工业与加工业之间、中央企业与地方企业发展之间自我封闭和彼此脱节的问题，以及形成综合优势，培植地方财源，安置待业青年，都具有不可替代的作用。发展"一厂两制"，当务之急是要将目前低层次的产品扩散配套服务逐步引导到高层次的资源综合利用、系列产品开发、深度加工、多次增值上来，这就不但能提供更多的就业机会，对甘肃省经济发展从量的增加转到质的飞跃，从"速度型"转到"效益型"更具有不可低估的意义。在这一点上，我们调查的各厂已开始了不同程度的尝试，如连城铝厂劳动服务公司拟生产的铝窗纱，已投产的铝银浆、烟火粉，窑街矿务局拟生产的优质活性炭等煤化工项目，这种做法更应大力提倡，同时也值得有关部门给予扶持。

三是把劳动就业与行业发展规划结合起来。首先，应加强行业之间发展规划的衔接。在调查中我们同样感到：条块分割、各自为政已严重制约生产要素的合理流动和资源的合理配置，行业之间、企业之间、企业内部这边过剩、那边不足以及重复布点、优势互耗的现象随处可见，浪费十分严重，不少明显能办成的好事，仅因一墙之隔就办不成。这种状况同样反映在劳动就业中。其次，应加强劳动就业工作与各行业发展规划的衔接，各级计委和经济主管部门在对基建、技改项目，包括商业网点公用设施项目的审批中，不但要看经济效益，也要考虑有利于劳动就业。当前，应从煤炭与化工、轻工、医药与原材料工业的衔接入手，把建设重点与劳动就业难点结合起来，合理布局，拓宽就业门路。

四是把劳动就业和发展地县工业结合起来。现在甘肃省不少地区工业基础薄弱，地方财源匮乏，社会招工主要依赖当地的大中型企业安排，社会福利、公用设施在很大程度上也要靠这些企业建设。企业在座谈中普遍反映摊派多、负担重，当地政府忙于处理工农纠纷，也感到疲于应付。针对这种情况，一些企业在安排待业青年时，采取与当地农民进行联营建厂和劳务合作的形式，如办渔场、禽蛋厂等，收到了较好的效果。我们感到，这种联营、合作可以向较高层即向多种经营、集约经营的方向发展，使安置待业青年的就业实现产、供、销一体化的良性循环。这种联合也有利于加强工农联盟。

(三)转变观念

当前劳动就业问题突出，既有经济结构上的原因，也有思想观念上的问题。一方面必须针对待业青年的思想状况，开展多种形式的宣传教育活动，提倡和发扬艰苦创业精神，逐步改变单纯依赖国家安排的传统观念和期望过高的择业倾向；另一方面，通过采取有力的政策、措施，合理调节社会劳动力流向。如在制订招工计划时，对从事矿山、井下、森林采伐、野外勘探等生产第一线的招工指标戴帽下达，工作不满3年不予调动；对在第一线工作职工的子女在招工时优先安排，并继续提高他们的政治和物质待遇，提倡"子承父业"。

(四)增加投入

一是采取特殊措施解决历年来沉积下来的14万待业青年的就业问题。这几年甘肃省每年末结转下年的待业青年有13万~14万人，加上当年新增10万人左右，总量23万~24万人，但当年只能安排10万人左右。只要我们下决心把历年结转的14万人安排好，就可以解决劳动就业这个大问题。建议从职工待业保险金和合同制职工养老保险基金中拿出3000万元，专门用于解决这14万待业青年的就业问题。采取有偿使用的办法，主要用于发展生产，兴办加工型、开发型的企业，上一批"短平快"的项目，力争在3年内解决这部分待业青年的就业问题。二是设立城镇待业青年就业安置基金。按照国家、集体、个人共同筹集的原则，谁筹集谁使用，这是今后一个时期内扩大和保证就业安置的重要措施。其基金来源可采取"六个一点"的办法，即：国家补助一点,各级财政拿出一点,企业留利中挤出一点,劳动服务公司企业的利润和管理费中提一点,待业人员的培训费中抽一点,企事业单位、社会团体和个人赞助一点。金融部门每年核定一定数额的专项贷款,作为扶持安置待业青年发展生产的基金。就业安置基金主要用于扶持安置待业青年发展生产,同时对自谋职业者也给予扶持。

(五)抓好培训

坚持"先培训,后就业"的原则,不仅可以提高后备劳动资源的素质,而且还可以缓解就业压力。现在甘肃省的劳务输出,在国内外市场缺乏竞争力,关键是要从目前低能的"体力型"逐步向多功能的"智力型""技术型"转变;而就业门路不多,也在一定程度上同我们培训面不广、培训门路不多有关。因此,要不断改进培训教材,广开培训门路,提高培训质量,注重基本功的训练。各地、州、市、县应加强培训基地的建设,把培训工作提到重要日程上来,认真抓好。有条件的企业可以实行厂院挂钩、厂校挂钩、厂所挂钩,重点培训科技成果转化的适用技术。要允许有条件的技校多招生,鼓励部门和企业再办一批技工学校。也可挑选一部分在培训中表现好、有发展前途的待业青年,送到经济发达的先进省市对口培训。有关专家认为,甘肃省经济技术落后,而每万名职工拥有的科技人员至今在全国并不落后,差距就在于职工的总体素质和基本技能上。因此劳动培训不是一时的权宜之计,应当引起各级领导的高度重视,花大力气抓紧抓好。

(六)重点扶持

对煤炭、铁路、林业、地矿等特殊行业的就业安置,要在信贷、税收、物资、场地等方面采取更优惠的政策,给予重点扶持。在调查中,窑街矿务局领导提出,如果对该局所属的劳动服务公司集体企业再免税3年,全局数千名待业青年就可以自行消化,届时多种经营产值与原煤生产产值各占一半,这一目标并可签订责任书。我们认为,对劳动就业问题已经很突出的特殊行业和特定企业，这种做法是可以考虑的,也可以采取收税后再返还的办法。此外,建议对上述行业采取以下对策:一是考虑到企业的承受能力,从严控制、适当放慢"农转非"步伐,对按国家规定可以"农转非"的职工家属,在与职工本人协商同意后,允许招收一名符合招工条件的子女就业,家庭其他成员不再转城镇户口;已经"农转非",而生活困难的,愿意采取这种办法的,允许再转回去,地方政府要落实承包地等政策。二是对已经到期的矿山、井下农民轮换工,由劳动部门安排指标,允许企业自行安排本企业待业青年替代,工作表现好的,在正式招工时优先考虑。三是对原来规定凡安置待业青年占职工人数 60%的企业可免税 3 年的政策,可以在此范围内具体划分档次,即安置待业青年占职工人数 20%的企业可免税 1 年;安置待业青年占职工人数 40%的企业,可免税 2 年。四是参照外省的经验,对煤炭、地矿、林业企业每安置一名待业青年,允许将 1000~1500 元摊入成本,作为安置费用。五是对煤矿中患二期以上矽肺病的职工,允许招收一名待业子女为合同工。

(七)扩大社会劳动保险范围,不断完善保险制度

实行社会劳动保险是劳动制度的一项重大改革,已在全省全民所有制企业普遍实行,取得了很好的效果。为此建议在此基础上,尽快扩大到对城镇集体企业、乡镇企业、合资企业实行职工养老保险和待业保险制度,然后再逐步扩大到私营企业和各类企业,临时用工、个体户雇工等实行社会劳动保险。这不但有利于解除职工的后顾之忧,而且也有利于转变人们的就业观念和广开就业门路。与此同时,要加强社会劳动保险金的收缴、管理、使用和发放,以保证专户储存、专款专用。

(《经济动态与决策》1990 年第 29 期)

甘肃财政：如何渡过难关

甘肃的财政困难由来已久。就目前而言，面临着三大难关。

一是体制关。甘肃省的财政状况，同国家的财政政策和财政体制密切相关。80年代以来，中央将甘肃省的电力、有色金属、石油化工工业和烟草行业上划，使甘肃由财政上解省变成了财政补贴省。即将出台的分税制，又将使在甘中央企业交甘肃的流转税减少50%。按新的税制，全省财政收入中约70%将划归中央财政，即使中央给予相应数额的补助，但这部分收入按每年正常的增幅计算，也将减少几个亿的收入。

二是支出关。首先是财政赤字面大。到1991年，全省财政累计赤字达4.25亿元，七个地区和66个县财政有赤字，有17个县的累计赤字接近或超过了当年的财政收入，有14个县连续10年发生赤字。财政补贴量大面宽。在86个县市区中，有63个靠财政补贴过日子，有的县的财政补贴额相当于年财政收入的好几倍。全省各种价差补贴和企业亏损补贴从1980年以来平均五年翻一番，1980年为1.8亿元，1985年为4.3亿元，1991年则为9.4亿元。其次是支出刚性增长，使财政背负着沉重的"吃饭"压力。1992年，全省财政供养人员达70万人，个人经费开支达19.5亿元，占当年财政收入的48.8%，人均个人开支2800元。与1985年相比，人员增加23万人，开支增加13.3亿元，人均开支翻了一番多。全省有60多个县的工资不能按月发放，县一级党政领导最犯愁的就是如何能按时足额地把工资发出去。第三是"文山会海"久而不绝,会议费支出屡减屡增。1990年全省财政支出会议费600万元,1991年730万元,1992年810万元,今年将突破千万元大关。

三是财源关。首先,原中央在甘企业留省的税收上划,留下了一个很大的缺口。其次,是现有的大中型企业长期服役,产品、技术、设备老化,技术改造的任务相当重,无力再给财政增加较多的积累。第三,企业亏损严重,拖欠税利不断增加。截至10月底,企业亏损面达31%,亏损额达2.5亿元。第四,税收流失比较严重,该收的税没有收上来。第五,新的财税支柱产业和拳头产品发展缓慢,见效也慢。第六,资金营运效益低,工业利税率不高,资金投入产出比长期处于低水平。第七,企业效益与财政增收挂不上钩。

这些情况都使得税源枯竭,财政短收,日子越来越不好过。

为了尽快扭转财政困难,适应新的财税体制的需要,解决目前面临的各种难题,并为今后的发展创造条件,经济工作的指导思想要真正转到以提高经济效益为中心的轨道上来,把逐步缓解财政困难状况作为重点,从1993年起用两年左右的时间,实施"财政渡关工程"。具体地说,就是实行"增、调、压、节、保、清"

"增",就是努力增产增收。甘肃省的经济基本上属于速度效益型,要在保证效益的基础上,尽量把速度搞上去,而且能搞多快就搞多快。继续落实限产压库促销措施,对市场有销路的产品,要开足马力生产,保证生产要素的优先配置;对市场无销路、效益不好、容易背包袱的产品,要坚决限产和停产。如果按照增畅、限平、停滞、促销的原则,使产成品资金占用每年减少20%,就可以节约资金10亿元;把产销率保持在97%,就可以扩大销售近10亿元。

"调",就是要进一步加大产品结构调整的力度,以合理的产品结构来保证稳定的税源结构。把产品结构调整与地方工业发展有机地结合起来,把原材料产品的发展同与之相配套的加工工业相结合,搞好资源优势的转化,提高加工增值水平,增强地方工业的实力。促进城市的技术经济优势和农村的自然资源优势相结合,促进劳动密集型企业和工艺简单、适宜地方加工的短平快产品向农村扩散,提高农村的商品经济功能。促进大中型企业的人才、技术、管理、产品向小企业和地县企业扩散辐射,培育小企业的生产和发展能力。省上应研究制定这方面的发展规划,使以城带乡、以大带小更加突出重点,更加具体化,便于实际操作,争取一年初见成效,两年扩大战果,三年遍地开花。大力发展第三产业、非国有经济和农村绿色产业,认真总结各地的成功经验,发展一品,致富一方,建一方市场,活一片经济。通过发展新兴产业,增加新税种,开辟新财源。扩大和加强对企业的预算管理,以便扩充财源。财政曾付出代价扶持过的企业,要把为财政做贡献摆在重要地位,"七五"期间扶持过的企业,要力争在"八五"作出贡献。今后凡需财政扶持的企业,都要明确为财政做贡献的责任和义务。

"压",就是把不合理的开支坚决压下来。结合新税制的实行,按照划分后的财权和事权,尽快建立财政支出约束机制,作好节流这篇文章。认真贯彻中央的有关规定,坚决制止和杜绝公款吃喝、公费旅游、损公肥私等侵吞国家财物的现象。对违反国家规定的不正当集团消费行为应严肃查处,力争把每年的社会集团购买力都控制在预算以内。严格控制各类出国团组,境内外的各种招商办展活动也要注重实效,力戒过多过滥。下决心解决"文山会海",严格会议审批制度,控制经费开支,少花钱,多办事,各级的会议经费都要在每年预算基础上压缩20%。结合机构改革,继续做好人员分流工作,争取在两年内将财政供养人员减少20%。

"节",就是下决心抓好节能降耗,减亏扭补。狠抓资源节约和综合利用,使万元工业总产值综合能耗逐年有所降低。抓好每年的技改和扭补已投产项目的达产达标,以高质量的产品占领市场,以科学管理产出效益,下决心解决企业扭亏增盈问题。从1993年开始,对那些长期亏损、产品无销路、屡次扭亏无望的企业,坚决引入破产机制,死一块才能活一块。对那些扶一把就能见效的,区别不同情况给予政策扶持,调节生产要素的投向,可以实行资产挂账经营责任制,使其轻装前进,起死回生。也可以通过输入资金、提前拨补亏损、财政贴息以及政策投入等方式,帮助这些企业调整和优化结构,早达标,早见效。采取一厂一策的过硬措施,对亏损企业组织攻关,开展质量、技术、管理方面的诊断,对症下药,救死扶伤。在冶金行业推广邯郸钢铁公司"模拟市场核算、实行成本否决"的扭亏增盈经验;在机械、电子行业实行财权集中的试点;轻纺行业重点解剖棉纺企业;帮助兰石、兰通等一批老企业减轻包袱,休养生息,消化潜亏。切实解决亏损企业领导人才、技术人才、管理人才和销售人才缺乏或积极性不高的问题,充分发挥能人效应。通过过硬措施和扎扎实实的工作,力争企业的亏损面每年下降5个百分点,亏损额减少20%。下决心解决地县财政扭补问题。在总结以往扭补经验教训的基础上,按照市场经济的要求,在指导思想和政策措施上实现新的转变。在项目上,由单一地支持工业转向从实际出发,宜工则工,宜商则商;在资金投入上主要投向短线产品、专利产品、国家和省级科技获奖产品上,争取少投入、短工期、高效益、早受益;在目标上,由只注重上项目、铺摊子转向注重抓已建成项目的管理、改造和达产达标;在布局上,由单一支持全民企业转向突出抓具有灵活机制的集体、乡镇企业和个体私营企业;在策略上,由全面出击、遍地开花转向突出重点,各个击破,集中优势兵力打歼灭战。对当地条件确实太差,找不到好项目的,可以把资金反向投给帮扶单位或企业,由他们异地搞项目建设,或干脆就投在帮扶企

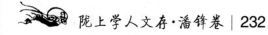

业的改扩建上,对新增能力视同扭补县所属企业,将创造的利税直接划拨给扭补县,通过"反弹琵琶"来逐步实现扭补。

"保",就是要保吃饭,保重点建设投入。按照吃饭和建设的重要程度,有主有次,安排支出。首先要保吃饭,各方面都应服从于这个大局,尽量按时把工资发出去。安排重点建设资金,首先要考虑那些短平快、能尽快为财政创利的速效项目。投资主体应由政府向企业和社会转换,由投资者对其投资行为负责并承担风险,把财政资金解放出来。今后各地上项目,搞建设,尽量少打或不打财政的主意。需要财政注入资金的,也要以效益为前提,尽量做到万无一失,不背包袱。资金投入要集中使用,不能乱撒一把米,与其大家都吃不饱,还不如让能下蛋的鸡先吃饱。

"清",就是清欠税金,清理债务,清理产权关系,清理优惠政策。要坚持依法治税,把应收的税款及时足额地解缴入库,对欠缴税款的企业和个人,严格执行加收滞纳金规定,拖欠税款不缴的由税务部门或海关通知银行扣缴入库。银行应确保税款及时足额入库,不得截留占压税款,一定要在财税大检查中补齐。严厉打击偷税、漏税、骗税行为,杜绝跑冒滴漏。解决好"三资"企业、乡镇企业、私营企业增产不增税和承包企业增利不增税,个体工商税和个人所得税流失的问题。

(《发展》1993 年第 12 期)

甘肃财政困难的出路

甘肃的财政实属典型的"吃饭"财政,财力仅能维持低层次的基本需要。收支难以平衡,赤字逐年增加;经济发展后劲不足,补贴不断上升;蛋糕做不大,还要几头切。整个财政入不敷出,捉襟见肘,一直处于"紧运行"的状态中。财政问题的解决,需要一个复杂而又长期的过程,对其内在规律的认识是不断渐进,逐步深化的,不可能一语中的,问题的解决也不可能一蹴而就。为了摆脱令人尴尬的财政困境,各级领导费尽了移山心力。值得庆幸的是,在多年的发展实践中,通过不断总结经验教训,不少地方都摸索出了一些比较切合实际的发展路子。只要我们抓住机遇,把握重点,从最易见效的方面去突破,研究制定相应的、切实可行、便于实际操作的对策,解决财政问题是指日可待的。

1.解放思想,转变观念,重新认识新形势下财政工作的性质。社会主义市场经济体制的建立,使各种经济活动都按照市场取向的原则进行,继续发挥财政的双重职能,拿现有的财政承受能力已经力不从心,保吃饭的压力日益沉重,筹措建设资金的难度越来越大。由于财政收支短期内无法好转,在今后相当一段时间内,财政的主要任务是保吃饭。至于建设资金的筹措,在投资体制改革的条件下,应主要通过建立地方基本建设基金的办法去解决,通过股份制、引进外资去解决。

2.体制改革政策。结合国家即将出台的分税制政策,建立符合各级政府事权要求的分税制财政管理体制，建立能够充分发挥宏观调节作用，并能保证财力需要的科学的工商税收体系，发挥财政政策和财税杠杆的作用，处理好国家、地方和企业的关系，调整好国家、集体和个人的利益分配关系。按照公平税负、鼓励竞争和体现产业政策的原则，健全以流转税和所得税为主体，其他地方税种相配套的复合税制，通过完善税制，严肃税法，从宏观上加强对经济活动的间接管理，促进经济发展，保证财政收入稳定增长。

3.结构调整政策。进一步加大产业结构调整的力度，以合理的产业结构来保证稳定的税源结构。第一，协调基础产业和地方支柱产业的紧密衔接，形成关联程度较高、分工合理的产业发育和地方经济开发体系。第二，把原材料工业的发展同建设与之相配套的加工工业结合起来，提高加工增值水平，增强地方工业的实力。第三，促进中心城市的技术经济优势和农村的自然资源优势相结合，建立发展农村商品经济所必需的人才培训体系、经营管理体系、生产服务体系、产品开发体系和市场销售体系，加快劳动密集型企业向农村转移和工艺简单、适宜地方加工的短平快产品向农村扩散的步伐。第四，正确处理大中型企业与地县企业的关系，使大中型企业的人才、技术、管理和产品向地县企业扩散辐射，提高地县企业的技术管理水平和协作配套能力，培育和壮大它们的生存能力和发展能力。第五，大力发展第三产业和非国有经济，通过发展新兴产业，增加新税种，开辟新财源。第六，充分利用各种开发小区的灵活机制和优惠的开发条件，大力发展支柱产业和乡镇企业密集区，利用优势资源兴办各种加工业，增值富县。

4.技术改造政策。由于甘肃省经济发展水平比较低，自我积累能力比较弱，单纯依靠行政力量和外力推动来实现外延的扩大再生产难度很大，只能走深入挖潜改造，内涵扩大再生产的路子。充分利用国家的经济开发和技术改造政策,加快现有企业的技术改造步伐。产业之间、企业之间可以联合调整结构,联合技术改造,联合开发产品,联合开拓市场。通过技术改造提高企业的整体素质,加大产品的技术含量,提高产品质量和劳动生产率,多生产效益高、市场占有率高、产品质量优的"双高一优"产品。

5.机制转换政策。在政府部门按照《条例》规定转变职能,简政放权的情况下,企业应把功夫下在增强企业内部活力和发展后劲上,用好用活《条例》赋予的权利。可以大胆引入"三资"企业的有效机制,也可用股份制的办法对现有的内部管理体制进行改造。企业应坚持合法生产和经营,依法纳税,在处理同国家的关系上不能只享受权利而不尽义务,不能一味向上要优惠政策而不讲对国家的贡献。政府职能部门应当为企业转换经营机制搞好协调服务,减少办事环节,提高办事效率,顺应企业转换经营机制的需要。制定优惠政策,要改变过去那种扶持、救济的做法,真正实行择优限劣,谁发展快就鼓励谁,谁效益好就支持谁,谁贡献大就优惠谁。

6.财源开发政策。要广泛培植地方财源,就要大力发展支柱产业,发展一品致富一方,建一处市场,活一片经济。从当地资源优势、商品优势、产业优势出发,只要出效益,能搞什么就搞什么,能搞多大就搞多大。如河西的酒经济、临泽的玉米淀粉加工、民勤的黑瓜子、镇原的杏产品和遍布全省的专业批发市场等,不但是当地的财税支柱,而且还带动一大批相关产业的发展。在政策上实行择优扶持,谁见效快就把资金投给谁,谁贡献大就支持谁。通过政策导向,找准财路,丰富财源,使地方真正得到实惠。

7.财政节流政策。作好节流这篇文章,对改善财政状况必将产生重要作用。一是要结合"分税制"的实施,尽快解决各级财政的有效节支问题,重点是建立财政支出约束机制,节流和创收并重。二是下决心解决地方财政扭补问题,按照市场经济的要求,在指导思想上、扭补政策上、操作技术上实现新的转变,找准路子,唱好调子,踏好步子。三是下决心解决企业扭亏增盈问题。树立市场经济是能人经济的观点,解决好企业各种能人缺乏的问题。大力开展企业间的联合、兼并,采取承包、租赁、股份制甚至倒闭、破产、拍卖等形式,加快扭亏,减轻财政负担。四是搬文山,填会海,建立科学的工作运转机制,转变工作作风,提高办事效率,少开会多办事,甚至不开会也办事。非开不可的会,也要尽量压缩规模,控制经费开支,还可以改变开会方式,多采取广播、电视和电话会的形式。五是强化社会集团消费的预算约束,勤俭持家,勤俭办一切事业。

8.宏观调控政策。建立符合市场经济要求的财税秩序,坚决纠正不符合市场经济原则、不利于平等竞争、保护落后的减税让利政策。科学运用财政预算、税收、补贴等调节市场经济的参数,创造市场运行的良好环境。发挥财政预算和企业财务的杠杆作用,调节资金流量和投向。发挥税收杠杆作用,开设调节各种级差收入的税种,鼓励企业开展平等竞争。财政补贴不能单纯"扶贫""救济",应起到调动积极性和促进发展的作用。

(《发展》1994 年第 1 期)

关于解决甘肃省财政问题的若干研究

社会在发展,经济在增长,但财政问题却始终困扰着我们。原因何在? 出路何在?

一、严峻的财政形势令各级政府焦虑不安

财政是各级政权的重要组成部分, 它和政府职能的行使和运用密切相关而不可分割, 它的宏观经济职能的发挥, 既要保证国家机器的各种经费开支, 又要作为重要的经济杠杆,保证和维护社会扩大再生产的正常运行。多年来,甘肃省的财政在推动社会进步、促进经济发展、安排好人民生活等方面发挥了其他部门无法替代的重要的支撑作用。但是,同低水平的经济发展相联系,我们的财政又一直处于"紧运行"的状态之中,不管是保"吃饭",还是搞建设,矛盾都很突出,收入的增长总是赶不上支出的增长。蛋糕总是做不大, 但又要几头切,而且都是硬缺口,哪一头都该切。各方伸手,僧多粥少,人不敷出,捉襟见肘,整个财政处于多重挤压之中,困难的程度令人难以想象。

一是财政赤字面大。到 1991 年, 全省财政累计赤字达 4.25 亿元,7 个地区和 66 个县财政有赤字,平均每个县赤字达 510 万元。有 17 个县的累计赤字接近或超过了当年的财政收入, 在 66 个赤字县中,有 14 个连续 10 年发生赤字。

二是财政补贴量大面宽。虽然近年来全省财政收入逐年增加,但远远赶不上支出的增长, 每年全省财政支出的四分之一靠中央给的

各种专项补助。全省 86 个县市区中,有 63 个县靠财政补贴过日子,有的县的财政补贴额相当于其年财政收入的好几倍。全省各项价差补贴和企业亏损补贴从 1980 年以来平均五年翻一番,1980 年为 1.8 亿元,1985 年为 4.3 亿元,1991 年则达到 9.4 亿元, 全省财政总收入的四分之一花在了补贴上。

三是财政供养人员有增无减, 造成财政支出的刚性增长。1985 年,全省财政事业单位财政供给人员 47.7 万人,个人经费支出 10.4 亿元,占财政总支出的 41.8%;到 1991 年,人员增加到 70 万人,经费支出达 27 亿元,占当年财政总支出的 56.3%,全省多一半的财力消耗在人头上。

四是财政建设资金投入乏力。在每年的财政预算中,真正安排在能为财政创收的部门和行业的建设资金只有两千多万元, 分散在十几个部门和行业,而且多年来几乎是一个常数。为了吃饭,中央和省上下达给地县的各类专项资金,不同程度地都被挤占。至于许多建设项目,由于没有钱或者资金不能按时到位而搁浅,不能按时施工。我们有许多很好的"钓鱼"项目,但却没有"饵"。

五是"吃饭"财政背负着沉重的"吃饭"压力。1993 年上半年,全省有 63 个县的工资不能按月发放,平均欠发都在一个月以上,缺额达 1.5 亿元,甚至教师的工资都保不住。庄浪县财政收入只包干支出的四分之一,累计财政赤字达 1300 万元,是年财政收入的近 3 倍,从 1988 年以来全县就从未按时发过工资。大多数县只要上面放下来款,不管三七二十一,先拿来发工资,而且排了顺序,第一是教师,第二是公检法,第三是卫生,第四是其他部门,最后才是县委和政府工作人员。就这样,中央给职工增加工资、补贴的各种"好处",都由于财政没钱而无法按时兑现。

从以上分析中我们不难看出,甘肃财政实属典型的"吃饭"财政,财力仅能维持低层次的基本需要，只能保"吃饭"，甚至有时连饭钱都不够，更谈不上改善伙食。特别是县一级财政，大多是少米之炊或无米之炊，党政领导最犯愁的就是如何能搞到钱，按时足额地把工资发出去，无力更多地考虑通过财政来扶持生产和发展其他各项事业。

造成这种状况的原因比较复杂。既有历史遗留下来的经济基础薄弱、条件差等先天不足的原因，也有现实条件下发展慢、水平低等后天发育不良的原因。从表层看，表现为财政收入增长赶不上财政支出的增长，收入的来源远远赶不上支出的需要。从深层看，"吃饭"和建设的矛盾很突出，问题的根子很深，可以说是长期以来各种矛盾的积累在现实条件下的总暴露。从总体上来分析，大致可分为几种类型。

一是体制摩擦型。经过十几年的改革，我国的整个经济体制都发生了很大的变化，但现行体制同改革的目标和社会主义市场经济的要求还相距甚远，新旧两种体制的摩擦在财政问题上表现得更加尖锐，矛盾更加突出，财政无力体现政府的意图，无法满足社会各方面的需要。

二是结构低效型。甘肃省的经济，二元结构的特征十分明显。靠国家行政力量的推动而建立起来的重工业，在工业经济中占有很大比重，但由于它建设周期长，投入花费大，生产出来的大都是原材料初级产品，因而价值增值的水平低，无法提供更多的财政积累；而积累较高的加工工业却步履缓慢，长期发展不起来。国家产业政策的导向，也使得省内加工业同强大的原材料工业无法配套。这种结构，造成了甘肃经济同沿海及发达省区之间巨大的效益反差，省内有利于财政增收的有效机制始终建立不起来，梯级财源的建立也一直是停在嘴上、写在纸上、挂在墙上。

三是机制落后型。经济发展的自我积累能力过弱，发展缓慢。特别是在目前绝大多数产品市场已经放开的情况下，产业结构、产品结构、运行机制、竞争机制等都不能很快地适应市场经济的要求。除了原材料产品外,其他产品的市场竞争能力差,生产企业的技术工艺落后,管理跟不上,效益提不高,活力不够,发展后劲不足,无法给财政提供更多的积累。

四是改革成本推动型。计划经济向市场经济转轨,企业运行机制转换,各种长期积累的矛盾的解决,经济建设和各项社会事业的发展,都需要付出一定的经济成本。企业改革要求财税部门给予减税让利,大规模的经济建设需要增加投入,保持和提高群众生活水平需要增加工资和各种补贴,政府机器的运转和各项社会事业的发展也需要增加支出。但改革所产生的收益与财政应增收入却不成比例,财政收入占国民收入的比重逐年下降。

五是财源枯竭型。首先是财政赖以支撑的税源发生了很大变化,10年前中央将在甘部分大企业财政隶属关系上划,使甘肃省收入骤减,由财政上解省变成补贴省。其次,现有的大中型企业大多是老企业,长期服役,带病运转,技术改造的任务相当重,无力再给财政增加较多的积累。第三,企业亏损愈演愈烈,拖欠税利不断增加。1993年上半年,全省预算内国有工业企业累计亏损1.23亿元,比去年同期增长67%,全省由于企业亏损而欠缴利润4500万元,比去年同期增加705万元;重点企业欠缴各类税款9300万元,比年初增加2.7倍。第四,财税部门的宏观管理和调控职能还没有真正纳入法治化的轨道,该管的管不住,该收的收不上来。国家设立的税种不少,但无法足额地收上来。特别是实行收支两条线,财政对税务缺乏约束力,人情税、关系税等不正之风又造成大量税收流失。第五,新的财税支柱产业和拳头产品发展缓慢,不能很快见效。第六,资金营运效益低,工业利税率不高,资金投入产出比长期处于低水平,甘肃省每年投入扭补的资金,利税比只有1:0.1。这些情况都使得税源渐枯,财政短收,日子越过越艰难。

六是收入分配倾斜型。回顾我们的改革历程，不管是哪一个发展阶段，都是把分配问题作为改革的一项重要内容，处理好国家、集体和个人之间的利益关系，企业三项制度改革，其核心都是分配问题。但从改革的结果来看，效果却不尽如人意，既有经济发展无法满足分配需要的问题，也有分配本身结构不合理的问题，但分配的天平过多地向企业和个人倾斜，企业和个人收入增长往往超过了劳动生产率的增长，而财政却无法增收，国家利益受到影响。

七是财政收支错位型。收入上不去，但花钱的口子却并未因此而缩小。机构庞大，冗员的现象十分严重，机构越改越大，人员屡减屡增，有限的财政资金大部分都保了人头费开支。穷日子当作富日子过，花钱大手大脚，社会集团购买力支出不断增加，公款吃喝、公费旅游十分普遍。特别是有些穷县，工资都开不出去，但小轿车没有少坐，楼没有少盖。本来就不多的几个钱，根本经不起乱支乱花，收支严重错位。

为了改变这种令人尴尬的财政状况，各级领导费尽了移山心力，但问题还是长期没有得到解决。值得庆幸的是在多年的发展实践中，通过不断地总结经验教训，基本上掌握了一些内在的带有规律性的东西。一是这种财政状况同中央的财政政策和现行的财政体制相联系，中央的政策比较宽松，体制比较有利，我们的事情就比较好办，反之，日子就难过。二是财政问题同发展支柱产业，特别是地方工业的发展水平相联系，没有相当规模的地方工业，财税来源就缺乏有力的支撑。三是财政困难状况同历史遗留下来的落后基础相联系，不改变落后的基础，就无法解除财政的后顾之忧。四是财政问题的解决，同我们的宏观经济调控能力、管理方式、工作手段，同改革与发展有关的财税政策等都有直接联系，这也是我们下一步需要认真加以解决的问题。五是财政问题的解决同理顺其他方面的经济关系紧密相关，特别是要同金融、投资、价格、消费等方面的政策相互配套，相互促进。六是必须要收支一起抓，既要努力开源，也要尽量节支，而且要常抓不懈，及时解决出现的问题，否则就会日积月累，积重难返。

二、解决财政困难的几点对策

财政问题的解决需要一个复杂而又长期的过程，对其内在规律的认识也是不断渐进、逐步深化的，不可能一语中的，问题的解决也不可能一蹴而就。就今后的发展趋势看，虽然随着经济发展，财政困难的状况会逐步得到改善，但我们目前所面临的形势还十分严峻，发展中还会出现一些新的问题和新的矛盾，影响财政收入不断增长的新的因素也会不断产生。一是随着社会主义市场经济体制的逐步建立，国民收入多元分配状况将会进一步加剧，财政收入的集中和发挥财政调控作用的难度将继续加大。二是由于《企业财务通则》和《企业会计准则》的会计科目增加，工业利税率会进一步降低，折旧率提高，这将意味着深化改革的成本进一步增大，很大程度上影响到工业税收的增加。三是中央和地方财税体制改革将采取大动作，实行分税制将使在甘中央企业交甘肃省的流转税减少 50%，即使中央给予相应数额的补助，这部分收入按每年增长 12% 计，也将减收 1.6 亿元，这对我们这样一个财政穷省来说，影响是很大的。四是为改变甘肃省的落后基础，仍将继续付出成本，而由此带来的收入在短期内不可能增加很多，投入产出比仍将是一个低水平。五是这两年，国家机关实行公务员制度，工作人员的收入增加较快，仅这一部分支出就需要财政支出几个亿，而甘肃省财政每年只增收 3 个亿，增收难抵增支。

但是，我们的前途也不是一片黑暗，不见光明。仔细分析一下，在今后的发展中也有不少动力、活力和推力。一是全省上下背负着沿海以及发达省区迅猛发展、与甘肃省的差距日益拉大的压力,不甘心受穷,再过苦日子,憋足了劲,有扭转落后局面的决心。二是西部地区的落后状况和发达省区差距拉大的现实,已经引起了国家的高度重视,改革和发展的政策环境将进一步改善。三是随着市场的进一步放开,原材料产品"一江春水向东流"而造成的价差损失将不断减少,肥水外流的问题可望得到解决。四是依托雄厚的能源原材料基础,不断调整产业结构,能够起到财政支撑作用的加工工业会发展起来,加工增值战略的实施将变为现实。五是随着改革开放的不断深入,"三资"企业、乡镇企业、非国有经济和第三产业等一大批新的经济增长点不断发育成熟,将会形成新的财税源泉。只要我们抓住机遇,珍惜机遇,用好机遇,把握重点,从最易见效的方面去突破,不断总结、完善和提高,研究制定相应的、切实可行的对策,就一定能够找出一条符合甘肃省情又能解决财政问题的发展路子。

(一)解放思想,转变观念,重新认识新形势下财税工作的性质

随着改革的不断深化和新旧体制的转轨,社会经济活动都在按市场取向的原则进行,继续发挥财政的双重职能,拿现有的财政承受能力已经力不从心,保吃饭的压力日益沉重,筹措建设资金的难度越来越大。面对财政收支短期内无法好转的困境,今后相当一段时间里,财政的主要任务应当是保吃饭,对于经济建设只能是量力而行,尽力而为,有多少钱办多少事。至于建设资金筹措,在投资体制改革的条件下,主要通过建立地方基本建设基金制的办法去解决,通过股份制、引进外资去解决。

(二)体制改革政策

目前实行的财税体制的基本框架是由中央政府确定的,但并不排除地方上在某些方面的自主性。我们的主要任务,就是在服从国家改革政策的前提下,努力做好自己的这篇文章。结合国家即将出台的

分税制政策,建立符合各级政府事权要求的分税制财政管理体制。建立能够充分发挥宏观调节作用、并能保证国家财力需要的科学的工商税收体系,按照公平税负、鼓励竞争和体现产业政策的原则,健全以流转税和所得税为主体、其他各税相配套的复合税制,通过完善产品税,体现对不同产品生产的鼓励和限制政策,调节企业的盈利水平,促进产品结构合理化,保证财政收入的稳定增长。

(三)结构调整政策

进一步加大产业结构调整的力度,以合理的产业结构来保证稳定的税源结构。要在继续保持重工业作为优势产业的同时,把加快产业结构调整与地方经济发展有机地结合起来。第一,把产业结构调整与地方经济发展有机地结合起来,形成关联度较高、分工合理的产业发育和地方经济开发体系。第二,把原材料工业的发展同与之相配套的加工工业结合起来,搞好资源优势的转化,提高加工增值的水平,进一步增强地方工业的实力。第三,积极实施"双带整推"战略,充分发挥大中城市对周围地区的辐射带动作用,进一步搞好搞活大中型企业,使其人才、技术、管理、产品向小企业和地县企业扩散辐射。第四,大力发展第三产业和非国有经济成分,拓宽财政税收的来源。第五,努力建设好各类经济开发区,结合产业结构调整,培育新的经济增长点。

(四)技术改造政策

深入挖潜改造,走内涵扩大再生产的路子,是甘肃省提高经济素质,增强发展能力的首选途径。要不断加快现有企业的技术改造步伐,充分利用国家的经济开发和技术改造政策,加大技术改造的分量,高起点地形成一批在国内外市场上有竞争能力、市场覆盖面大的"拳头"产品。企业之间、产业之间可以实行联合调整结构,联合技术改造,联合开拓市场,提高企业的整体素质,加大产品的技术含量,多生产效益高、市场占有率高、产品质量优的"双高一优"产品。

(五)机制转换政策

继续深化企业转换经营机制的改革,在政府部门按照《条例》规定转变职能、简政放权的情况下,企业应当把功夫下在增强内部活力和发展后劲上,用好用活《条例》赋予的各项权利,大胆引入"三资"企业的有效机制,也可用股份制的办法对现有的内部管理体制进行改造。企业应坚持合法生产和经营,依法纳税。政府职能部门应当为企业转换机制搞好协调服务,减少办事环节,提高办事效率,顺应企业转换机制的需要。

(六)财源开发政策

解决财政问题的根本出路在于发展经济,努力开辟财源。要广泛培植财源,大力发展支柱产业,建一方市场,活一片经济,用一种拳头产品带动一批相关产业。在资金政策上改变单纯"输血"的慈善行为,实行择优扶持。

(七)财政节流政策

开辟财源,增加收入,只是财政工作的一个方面,还应该在节流上下功夫。一是要下决心解决各级财政的有效节支机制问题。实行分税制后,结合甘肃财政拮据的实际情况,重点是尽快建立财政支出的约束机制,节流和创收并重。二是下决心解决地方财政扭补问题,这是解决地方财政问题的重头戏。在项目上,由单一地支持工业转向从实际出发,宜工则工,宜商则商;在目标上,由只注重上项目、铺摊子转向注重抓已建成项目的管理、改造和达产达标;在布局上,由单一支持全民所有制企业转向突出抓具有灵活机制的集体、乡镇企业和个体私营企业等多元主体;在策略上,由全面出击、遍地开花转向突出重点,各个击破,集中优势兵力打歼灭战,一个一个解决问题。对当地条件确实太差,找不到好项目的,可以把资金反向投给帮扶单位或企业,由他们异地搞项目建设,或干脆就投在帮扶企业的改扩建上,对新增能力视同扭补县所属企业的,将创造的利税直接划拨给扭补县。三是下决心解决企业扭亏增盈问题,努力探索新的解决办法。首先,要克服菩萨心肠,对那些长期亏损、产品无销路、屡次扭亏无望的企业,要采取果断措施,坚决引进破产机制。其次,鼓励企业兼并和改组,从政策上支持大企业兼并中小企业,先进企业兼并后进企业,使企业之间的链条在新的条件下按照产业配套、工艺配套、产品配套的原则形成新的组合。四是对一些扶一把就能见效的亏损企业,可以制定以促进其发展为目的的扶持政策,可以实行资产挂账经营责任制,使其起死回生。五是切实解决亏损企业的领导人才、技术人才、管理人才和销售人才缺乏的问题。六是下决心解决"文山会海"。严格会议审批制度,力求节俭,少花钱,多办事。七是下决心解决社会集团购买力超常增长的问题。严格执行国家下达的控购指标。严格控制出国团组、境内外的各种招商办展活动,贯彻注重实效、勤俭节约的原则,力戒过多过滥。通过各种措施,力争把社会集团购买力控制在预算以内。强化预算约束,坚持量力而行,力求收支平衡。

(八)宏观调控政策

为了对社会经济的各个方面实施有效的宏观调控,首要的是要建立符合市场经济要求的财税秩序。当务之急是要整顿财税秩序,运用财政政策的调控手段,创造市场运行的良好环境,变"分灶吃饭"为"分税制",实现利益共享,从根本上改变地区封锁、部门分割的状况。发挥财政预算和企业财务杠杆的作用,调节资金流量。财政补贴应起到调动积极性的协调作用。譬如,通过对重点发展行业的财政贴息,以配合国家的有关信贷政策,协调产业结构;发挥税收杠杆作用,开设调节各种级差收入的税种,为企业开展平等竞争创造条件,对企业发行股票、债券实行有选择的税收政策;鼓励企业合理地开展社会融资;运用所征集的集贸市场零散税,用于市场建设等。

三、努力奋斗,建设好"财政渡关工程"

为了逐步扭转财政困境,我们必须从现在起用两年左右的时间,开展"财政渡关工程"活动。所谓"财政渡关工程",就是要通过全省上下的奋力拼搏,力争在一两年内扭转甘肃省的财政困难局面,为今后的发展创造有利条件。根据今后的发展需要,每年财政增收要力争5个亿以上,才能保住过日子。这就需要我们千方百计尽量把蛋糕做大。"财政渡关工程"的主要内容是:实行"增、压、节、保、清"五字方针。

"增",就是要努力增产增收。甘肃省的经济基本上属于速度效益型,效益同速度成正比。没有一定的速度,效益的提高就是一句空话。因此,我们要在保证效益的基础上,尽量把速度搞上去,而且能搞多快就搞多快。继续坚持"抓销售、调结构、促生产、争效益"。从1993年的工业生产速度看,虽然保持了持续增长,但由于资金和交通运输制约,仍然没有达到理想的水平。所以说,上速度的前提是要把各种制约因素降低到最低水平。继续落实限产压库促销措施,对有销路、效益好的产品,要开足马力生产,保证生产要素的优先配置;对市场无销路、效益不好的产品要坚决限产和停产。按照增畅、限平、停滞、促销的原则,后两年的产成品资金占用每年减少20%,就可节约资金10亿元,如果把产销率稳定地保持在97%以上,就可以扩大销售10多亿元,效益十分可观。

"压",就是把不合理的开支坚决压下来。坚决制止和杜绝公款吃喝、公费旅游、损公肥私等侵吞国家财物的现象,克服文山会海。据测算,1993年上半年兰州市各宾馆、饭店、酒家中,公款吃喝的费用就达1.2亿元,全省算账则数额更大。社会集团购买力的监控和失控并存，监不住，控不了，增幅始终没有下过两位数。因此，必须树立过紧日子的思想，建立严格的监控制度和审计制度，特别是行政事业单位，要严格按预算办事，实行目标责任考核，突破预算，按照超出数额相应扣减下年度的行政经费。

"节"，就是下决心抓好节能降耗，开展企业挖潜。这一方面的潜力比较大。要狠抓资源节约和综合利用，使万元工业总产值综合能耗逐年有所降低。抓好每年的技改和扭补已投产项目的达产达标，以高质量的产品占领市场，以科学管理出效益。按照计划要求，完成1993年的技改项目，就可净增产值7.6亿元，利税1.1亿元。1995年力争再上一个台阶。按照省上的扭补规划，这两年实现景泰、合水等9个县的财政扭补，尽快达到以收抵支。对亏损企业组织攻关，进行质量、技术、管理方面的诊断，对症下药，采取一厂一策的过硬措施，使这两年企业的亏损面每年下降5个百分点，亏损额减少20%。

"保"，就是要保吃饭，保重点投入。从目前的财政支出结构看，该保的没有保住，该管的没有管住，该花钱的地方没有钱。必须调整支出结构，有主有次，按照吃饭和建设的重要程度，安排好支出。

"清"，就是清欠税金，清理债务。坚持依法治税，把应收的税款及时足额地解缴入库，对欠缴税款的企业和个人，严格执行加收滞纳金的规定，拖欠税款不缴的由税务部门或海关通知银行扣缴入库。银行应确保税款及时足额入库，不得截留占压税款，违反者要追究其单位领导的责任。企业所欠税款，一定要在税收、财务大检查中补齐。严厉打击偷税、漏税、骗税行为，防止税收流失。严格执行税法，解决好"三资"企业、乡镇企业增产不增税和承包企业增利不增税的问题，解决好个体工商税和个人所得税流失的问题。按照国家规定，年内不再出台新的减免税政策，不开新口子，各地今后上项目，搞建设，尽量少打或不打财政的主意。企业之间要积极清偿债务，缩短债务链，复活资金。企业应当努力缩短生产和市场销售周期,尽可能地把产成品资金占用降低到最低限度,复活资金,加速周转,提高资金使用效益。宏观管理部门应该加强资金调度,适时适度地注入必要的启动资金,帮助企业尽快解开债务链,减轻企业的债务负担,轻装前进,加快发展。

(《社科纵横》1994 年第 1 期)

找准财源建设与经济发展的支点

　　财政是国民经济的核心，是由政府在全社会范围内组织的集中性的经济活动。多年来，甘肃省财政收支矛盾较为突出，平衡难度大，财税后劲不足，增长乏力，特别是地县财政普遍较为困难，是制约甘肃经济发展和社会进步的一个突出问题。

　　经济决定财政，财政是经济的综合反映。改革开放以来，由于国家区域政策的调整，甘肃经济总量占全国的份额总体上呈下降趋势（由 1978 年的 1.79% 下降为 2002 年的 1.11%），这期间财政收入也呈现相应的变化趋势（大口径财政收入由 1978 年的 1.18% 下降为 2002 年的 0.79%）。自 1994 年实行分税制后，区域内财税收入与经济社会发展之间的互动关系越来越密切。甘肃财政收入和在全国占比的大幅下降以及财政收入占比下降幅度（1.0 个百分点）大于占比下降幅度（0.68 个百分点）的现实，表明财源建设已经成为关乎甘肃经济社会发展的头等大事之一。

　　财源建设说到底就是经济建设，经济发展上去了，财源自然也就充足了。但财源建设又不完全等同于经济建设，因为财税本身是国家用来调控经济发展的一种政策手段，在不同的行业、产业必然有所差异，在不同的时段有所变化，在不同的地区也有所区别。财税的调控功能形成的这种差异和不同，是财源建设研究的一个重要内容，财源建设始终是财政和经济工作的基础和中心环节。

　　财政困难一直是制约经济社会发展的主要问题，这种状况，迫切要求我们要建设强大的地方财政,以实现财政收支平衡,确保各项支出的需求,促进经济社会的健康稳定发展,提高全省城乡居民的收入水平,为全面建设小康社会打好基础。

甘肃财政收入现状分析

通过对甘肃财政收入情况进行纵向分析和横向比较,由此可以看出甘肃财源结构状况,并为今后开启财政收入的源头活水提供实证依据。

一、财政收入出现较快增长态势,但稳定增长的机制尚未形成

改革开放以来,甘肃财政收入虽然呈现较快增长,但这种财政收入的高增长,既不是靠国民经济的自然增长所带动的,也不是靠财源建设所培植的财源所带来的,而是靠国家实施西部大开发和实施积极的财政政策产生的扩张效应所带来的一次性税收收入和非税收入等特殊因素拉动的。

二、财政入不敷出,存在相当程度的财政风险

财政入不敷出,必然形成各种债务。截至 2002 年年底,甘肃直接显性债务余额近 130 亿元,或有显性债务余额 70 多亿元。目前,这些外债的偿债高峰期已经来临,财政面临极大的外债风险。除外债外,各级财政还存在着历史形成的大量担保贷款。此外,还存在大量的财政赤字和历史挂账,这些应支未支、已支未报的支出长期积累,数额巨大,统计难度很大。今后几年,随着新一轮国企改革的大规模启动,各种政策性亏损挂账和社会保障财政兜底支出,相应地按隶属关系将进一步加大各级财政的压力,财政风险日益显现。

三、宏观税负较重,影响了经济增长的后劲

实行分税制以来,甘肃的税收负担一直较重,但税务部门组织的全部收入占 GDP 的比重却多年(1994—2000 年)呈下降趋势。税收负

担偏重，不仅使当期的经济发展受到制约，也影响到企业的积累能力，更影响到招商引资，使甘肃经济发展的后劲受到严重制约，最终影响到财政收入。

四、税收的产业结构、税种结构和所有制结构不理想，对特殊行业和个别企业过度依赖

2002年，甘肃税收收入的来源主要集中在不多的几个行业，如石化、烟草、有色、冶金、电力等。其中，仅中油兰州石化、兰州卷烟厂、酒钢集团公司、金川公司、中油玉门分公司、中油长庆油田分公司6家企业提供的税收就占税务部门组织的全部税收收入的29%，税收结构严重失衡。

五、支出结构不尽合理

财政的各职能之间没有形成均衡配合的机制，从几类财政分项目支出所占比重看，2002年，文教卫生事业费所占比重最高，行政管理费次之，对农业投入、重点工程投入的支出较大。这一方面表明，甘肃地方财政支出开始以满足地方社会公共需要为准则，逐渐体现出财政支出的公共性，表现为地方政权建设、科教文卫事业费、社会保障支出等方面的支出数大，所占比重高。另一方面这其实是甘肃财政入不敷出的体现，是"两个确保"要求下的表现。2002年，全省财政用于人员支出（工资发放及社会保险等）的费用就达102.88亿元，占一般预算收入的134.94%，为财政支出的37.55%。多年来，财政一直在低位运行，表现为典型的"吃饭财政"。这种现状也严重影响了甘肃经济运行的质量。

尽管目前，我国正在向公共财政的目标迈进，但财政的建设职能不能简单地弱化，因为财政资金不仅直接参与经济建设，更重要的是财政资金往往发挥着导向作用和乘数作用，在甘肃这样一个典型的投资拉动型经济中，财政的建设作用就显得尤其重要。主要原因

分析如下：

一、体制性原因

(一)以工商税为主的税收结构。根据我国的现行税制,按税收在国家财政收入中的构成可分为工商税、农业税和关税三大类(2006年后将取消除烟叶税以外的所有农业税)。从表面看,税收成为财政收入的主要来源就是以工商税为主的税收结构的确立。然而,仔细分析我国和甘肃的经济社会现状,就发现这个结论还有待商榷:首先,我国农业税在2003年年底以前,基本维持在7%的水平,比许多营业税的税率还高;其次,工农业产品的价格剪刀差长期存在,改革开放前是体制因素,改革开放后是结构因素;第三,各种名目繁多的乱收费、乱集资、乱摊派支撑着县乡基层政府运转的相当一部分经费,替财政买了单。

以工商税为主的税收结构在经济学意义上的真正确定,必然要求加速工业化的进程。从地方政府的角度出发,要实现税收结构的转变,一方面要使GDP增速高于或至少不低于全国平均增长速度,另一方面要不断压缩第一产业在GDP中的占比,扩大第二产业和第三产业的占比,实现产业结构和就业结构的双转变。考虑到改革开放之初全国还处在工业化初级阶段的现实,要达到这两方面的要求必须大力发展工业。甘肃的财力一直相对紧张,在农业和三产上的倾斜投入,使经济发展的重心没有放到工业上来,用于工业的投入远低于全国平均水平。世界经济的普遍演进规律是产业结构由"一二三"型向"二一三"转变,进而升级到"三二一"型。根据我国和甘肃经济发展的现状看,目前我国正处在工业化发展的初级阶段,个别发达地区进入了工业化中级阶段,大力提高工业化水平是全国性的任务,更是欠发达地区的当务之急。哪个地区工业化搞得好,哪个地区就取得了发展的主动权。

（二）分税制的影响。1994年开始的分税制改革，对地方财政收入产生了深远的影响。分税制财政体制改革的目的在于提高中央财政收入的比重，从而强化中央财政的调控能力。基于此目的，中央首先将关税、消费税、增值税等数额大、易征收、增长稳定的税种划为中央税或中央地方共享税，而将农业税、农林特产税、契税、土地增值税、房产税、屠宰税、个人所得税、国有土地使用权转让收入、其他收入等涉农和零散税种划为地方固定收入。这种税种税源分散、计征困难、课税对象复杂多样、税收成本偏高。这就使地方财力削弱，并且获得财力的途径减少了。其次，地方上解中央的资金往往大于中央对地方的一般性转移支付的数额，加之税收增量的大部分上缴中央，共享税地方分享部分中央财政对地方返还需要一定时间，这都加大了欠发达地区日常开支的难度。

在分税制条件下，中央与地方税收分享虽然给了地方一定的财力，而税种和税率的确定权都在中央。欠发达地区为招商引资和发展经济，进行税收优惠和减免只能涉及地方税本级部分，不仅受到中央政策限制，而且由于优惠额度小，不具有多大的吸引力，这对本来就捉襟见肘的财政造成更大压力。

（三）公共财政框架体系构建的影响。在欠发达的西部，建立市场经济体制仅仅是改革的趋向和追求的目标，市场经济体制还远没有建立起来。西部现阶段的财政充其量只能称为基础财政，这就决定了在分税制体制下的西部财政不能跨越经济社会发展水平的现实，简单地实施公共财政的职能，从而不切实际地限制了财政的功能。

对区域经济产生更大影响的是财政职能的转变，从基础财政向公共财政转变。我国地域辽阔，经济发展不平衡，要想在全国实行统一的财政体制是很难行得通的。分税制基础上财政职能的转变从体制上限制了地方政府对市场失灵的矫正，是政府不作为的体制性原因。市场失灵和政府失灵现象大量存在的事实,说明在经济生活和政治生活变革的同时,必须考虑各地的经济社会现实发展水平,在政策上不能一刀切。

(四)省以下财税体制改革的不完善。1994年开始的分税制改革采取的一系列措施仅仅着眼于调整和规范了中央与省一级之间的财税分享,并没有设计省以下地方各级政府之间的分享体系。地方政府的主体税种在改革之初本就带有实验、过渡性质,缺乏稳定性,在中央的历次调整中又经常受到冲击,难以保证一级事权一级财权的对应统一,尤其是县乡财政由于地域小、人口少,根本无法应对财税管理体制的调整。此外,财政级次过多也是影响财税体制不完善的一个方面。甘肃省行政管理级次为省、市、县、乡四级,相应的财政级次也表现为四级。财政级次过多,从纵向看人为地增加了环节,加大了协调难度;从横向看财政主体过多导致了财政资金的浪费,而且导致了财政资金运转时间的加长,使财政效率降低。在市管县的财政体制下,由于市级财政普遍入不敷出,从而在财权的分配中市级政府会利用权力压缩县级财政的财力,在一定程度上抑制了县域经济的发展。

二、思路性原因

(一)片面理解分税制,过分强调涉农税种和三产税种。由于地方政府(尤其是市县政府)几乎不具有税收立法权(这一两年随着地改市步伐的加速,地级市一级开始逐渐具有了立法地位),"分税制"失去了真实内容,在经济欠发达地区就蜕变成了一种变相的收入分成方法和税收分级管理办法,成了一种变相的按照税种划分收入级次、分级入库的财政包干、超额分成的财政管理体制。由于基层政府(尤其是县乡政府)在分税制改革的权力博弈过程中,处于弱势地位,不具有应有的发言权。基层财政(尤其是县乡政府)的利益在历次财税管理体制改革和调整中无一例外地都受到损害。在甘肃这样还处在工业化初级阶段的省份，基层政府受制于分税制税收收入划分上的影响。基于当地以农业为主的现实，必然选择走特色经济之路，体现在财政上就是大力培植农林特产税税源、加大农业税的征收力度，这几乎是所有矿产资源缺乏地区县乡政府的第一选择。这种选择在我国成功入世、在国际上对农业普遍进行补贴的大背景下显得相当短视，但却是基层政府"火烧眉毛且顾眼下"的必然选择。这种选择在农业税免征后将受到极大的打击。

在分税制下，发展第三产业是基层政府的又一本能反应。发展第三产业投入少且能解决就业。然而在全省第二产业尤其是地方工业一定幅度萎缩的大背景下，第三产业的发展往往是为域外工业产品的倾销提供便利。这几年，在甘肃市场，仅有工业初级原材料的市场占有率可以达到30%左右的比例，其余的地产品连10%的市场占有率都不到。其余的第三产业比如餐饮娱乐也多是传统模式经营，档次低。这些量大面广、极其细碎的税源，相当部分由于没有形成规模，收入难以冲抵征收成本，往往也难以形成入库收入，造成税收流失。

（二）片面理解比例与速度问题，对共享税重视不够。1994年以来，分税制的实施和调整情况表明，凡是增长迅速、易征收和有利于经济实行调控的税种往往有成为中央税或共享税的趋势，并且还逐渐调整扩大中央的分享比例。比如，1997年，中央调整证券交易税分享比例，中央与地方的分享比例由1994年的5:5调整为8:2。再比如，在所得税增长迅速成为地方财政主要来源之一的情况下，国家于2002年又启动了所得税分享改革，当年中央与地方分享比例为5:5，2003年又调整为6:4。与地方财力有直接关系的共享税地方分享部分比例固定，不因地方政府的努力而增加，中央往往分享大头，且因税收返还存在时滞，故地方政府往往对其关注不够。但事实上，一些共享税已经成为地方政府的主要税种，比如甘肃增值税地方分享部分占一般预算收入的 20% 左右，是地方财政收入中紧随营业税的第二大收入。企业所得税在 2002 年前按企业隶属关系征收，在一级事权一级税权的体制下,地方政府往往只对本级的国有企业相对关注,对国有大中型企业支持不够。对国有大中型企业产值和增加值关注多,对企业的各种困难关注少，企业存在一些需要地方政府协调解决的实际困难常因地方利益和部门利益干扰得不到足够的重视，不能及时予以解决。

三、经济性原因

(一)经济总量偏小。甘肃经济总量在全国的份额偏小,2002 年 GDP 仅为全国的 1.11%,而人口却为 2.03%。

(二)经济结构不合理。2002 年,GDP 的产业结构为 17.49:40.72:41.79,三次产业的就业结构为 59.23:18.55:22.22。

(三)城乡经济脱节。工业的"嵌入式"特点没有改变,在大中城市集中的现象依然如故。乡镇企业没有得到相应的发展,在企业的组织制度和治理结构方面更是停留在低水平。

(四)科技贡献率偏低。由于存在大量的廉价劳动力、改革过程中的各种政策漏洞和其他软约束，以及科技成果转化的体系和机制不健全，导致市场主体技术革新的动力不足,GDP 的科技贡献率偏低。近年来,高新技术产品在工业总产值中的比例仅徘徊在 5% 左右。

(五)产业链条偏短。作为原材料大省,加工工业比重过低。采掘工业和原材料工业占重工业产值的绝对比重。轻工业产值中,以农产品为原料的产值比例偏高。

四、管理性原因

(一)预算外资金问题:数额巨大,给经济造成过大的压力;大量的预算外收入游离于财政监管之外,预算外专户储存流于形式,导致这些资金体外循环,不仅造成部门之间的分配不公,而且损失浪费严

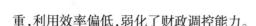

重,利用效率偏低,弱化了财政调控能力。

(二)费挤税问题:作为全部政府性收入的一个重要组成部分,这些非预算收入不仅极其不规范,而且名目繁多,监控难度大,漏洞多,使市场主体难以形成相对准确的预期,对经济的干扰破坏最大,加大了宏观税负,挤压了正常的税收空间。

(三)税收任务的确定缺乏科学的决策依据:基数加比例的税收任务往往忽视各地的实际情况,一方面有可能使一些税源相对较好的市县留有余地,为来年准备条件,造成税收的流失;一方面可能使税源紧张市县超收、预收,寅吃卯粮,人为地加重了税负,抑制了经济发展。

(四)支出不规范问题:预算的非严肃性、地方政府官员的拍脑袋工程、对专项资金的任意挪用、违反政策的担保。

(五)税收体制和征税手段、措施上的问题:税收制度和税收征管法自身的局限和盲区导致征收、管理稽查各机构间缺乏协调。

五、政策性原因

(一)全国改革开放进程中的地区非同步性。甘肃改革开放的进程受国家区域政策的调控,在全国处于滞后状态。

(二)市场经济发育程度的地区差异性。从区域的角度讲,市场经济的建立基础是各区域间经济发展水平处于同一或相近水平,只有这样才能防止利用市场力量损害其他区域的发展,导致统一市场结构的破坏。然而,我国的区域差距扩大的趋势迄今未有扭转的迹象,宏观制度层面上的地区差别发展,转化成了自由竞争名义下的市场经济发育水平的现实差距。

(三)区域布局的地区差异性。西部大开发中生态环境的建设与保护加大了甘肃工业的成本,改革开放前的过度开发使甘肃既有资源的潜力明显减弱,在新一轮开发中处于比较劣势,可实施的大项目明显偏少。

(四)转移支付体系和机制不健全。由于中央财政本身相对困难，转移支付的力度往往不足。各种专项转移支付大多是扶贫资金、救灾资金、基础设施建设资金，决策自上而下进行，数额的多少与地方政府的"跑部"有相当的关系，运作很不规范。缺乏对各种因政策性税收征收调整、减免进行补助的专项转移支付的科学决策机制，而且往往力度不足。如甘南州在国家实施"天保"工程后，财政收入影响达5015万元，而国家转移支付补助仅为2998万元，仅占影响额的60%左右。此外，近几年，各种增资政策的出台，转移支付也未按地方财政的实际支出给予补助。影响更大的是许多因政策调整引起的地方财政增支或减收，其转移支付补助往往合并到一般性转移支付中，不仅数量上难以确定、随意性很大，而且性质混淆、用途难以明确。

分税制下地方政府的行为选择及其政策建议

分税制下，作为欠发达省份的甘肃，2002年财政自给率仅为27.82%。14个市州中自给率高于30%的嘉峪关(107.07%，全省唯一的收入大于支出的地级财政)、兰州(61.9%)、金昌(45.89%)、酒泉(33.43%)、白银(33.11%)，其余都在30%以下；临夏州、甘南州、陇南地区的财政自给率分别只有10.32%、11.37%、13.64%；最低的宕昌县仅为7.67%。地方政府作为具有相对理性的"经济人"，本就因"信息不对称"而存在一些行为的偏差，在这样一种情况下，地方政府的行为进一步被扭曲，具体表现在：

一是地方政府在分税制中处于被动地位，级别越低发言权越小，在财政自给率处于如此低水平的情况下，地方政府更关心基数的确定和比例的选定。

二是在财政增长难以实现大的突破的情况下，地方政府虽然也关心财源的培育,但更热衷于跑项目、要资金。

三是在一些税种按行政隶属关系划分收入的情况下,各级政府必然更关心本地、本级企业的生存发展。

四是在国有资本不再作为资本金注入国有企业的前提下,地方政府必然会在发展第三产业和第一产业上下功夫,行政层级越低,这种倾向越明显。

五是"两个确保"是地方政府的一项政治任务,社会经济发展速度慢一些并不一定影响官员的升迁,但如果因工资和养老金拖欠影响社会稳定,则很可能影响某些人的政治前途。因此,挤占挪用各种专项资金和建设项目资金就成了各级政府的题中应有之义。

六是在"火烧眉毛且顾眼下"的形势和心态下,有的地方在推进改革中不分企业好坏,简单仓促处置国有资产,或不计代价地甩包袱,或低价变现,对国企改革中引起的各种社会矛盾和职工具体困难却关注不够。

这些行为是地方政府在既有条件下的一种无奈的选择,但都对全省财源建设的总体状况形成或大或小的负面影响。

基于以上分析,搞好财源建设可谓是形势紧迫,时不我待;加快财源建设步伐,机遇多多,已当其时。要结合变化了的形势,对全省财源建设的指导思想、工作思路和政策措施作必要的调整。进一步树立新的理念,明确发展的方向和重点,做到生财有道,聚财有方,用财有效。

结合"十一五"规划的制定,甘肃省财源建设指导思想应该是:以党的十六大精神为指针,全面准确地落实科学发展观,积极推进财政管理体制和财政增长方式的转变,以增强综合财力为核心,因地制宜,分层次、多渠道培植财源,进一步壮大稳固省级财源,重点发展县级财源,努力夯实乡级财源。逐步形成以市场为导向,资源为依托,科技为先导,基础稳固、具有产业发展后劲,后续财源旺盛,新的经济增长点层出不穷的区域财源体系,不断壮大财政实力。

基本思路和奋斗目标是:建立以中央"两税"为主的基础财源,以地方工业和农村支柱产业为主的主导财源,以非公有制经济和第三产业为补充的新型财源,以资源开发和加工增值等新的经济增长点为后续财源的稳定、高效、协调配套的梯级财源体系。具体奋斗目标是,到 2010 年,财政收入保持同步或略高于 GDP 增长,市县财政收支平衡。通过加快县域经济发展,使县级财政收入增长快于省级财政收入,大多数县能够消化累计的财政赤字。

鉴于此,甘肃省财源建设应采取以下政策措施:

一、财税体制方面

(一)争取中央给甘肃以优惠的财政政策,使财政资金参与资本运营。国家应充分考虑在落后地区主要着眼财政的建设功能,综合平衡公共财政的建设目标与财政的建设功能,给甘肃这样的欠发达地区以优惠政策,允许财政资金大规模地参与资本运营,并予以相应的资金支持。这是财源建设作为政府主导行为的必然要求。甘肃资本短缺,在当前金融紧缩的情况下,财政资金的作用发挥如何就显得尤为重要。

(二)建立健全财政转移支付的体系和机制,进一步加大财政转移支付力度。调整现行转移支付的结构,加大均等化转移支付的数量,完善计算公式,压缩专项拨款规模,大幅度增加一般性转移支付,归并和简化转移支付形式,使上级政府对下级政府的转移支付绝大部分通过规范的支付方式来实现,增大其缩小地区间差距的作用力度。同时控制专项转移支付的规模,通过建立严格的项目准入机制,减少项目设立的随意性和盲目性,并加强监管,提高专项转移支付资金的使用效率。

（三）建立税收任务的科学决策机制。数据的准确和完整与否对转移支付方法的可操作性以及是否能公正客观地反映各地的实际情况具有直接的影响。应加强各种有关转移支付制度的基础性数据的收集、统计、整理和分析，增强财政、税务、统计等部门统计人员的业务素质和各种硬件设施，尽可能收集更多更准确的基础性数据。

（四）完善省以下财税管理体制，减少财政级次。在现行的行政区划前提下，分税制的调整往往直接触及基层财政的情况，省以下财税管理体制的完善应着眼于转移支付机制和体系的完善，确保改革不造成基层财政之间的差距扩大，确保不造成基层财政收入上的巨大波动和锐减。一是要进一步按照预算管理级次理顺分配关系。使每一级政府所拥有的财权与相应承担的事权相一致，使事权和财权相统一，尤其是事权的划分需要进一步细化和具体，使县乡政府只承担本级财力所能完成的职责。二是大力推进乡财县管。三是积极试行"省管县"的财政体制。"省管县"财政体制，就是在维持现行行政隶属关系、确保各级既得利益的基础上，改变原来市管县的财政管理模式，将县财政划归省财政直接管理，这有利于提高财政资金的使用效率，调动县级政府加快发展的积极性。

二、产业发展方面

新形势下的地方财源建设要坚持效益和市场两个取向，即由追求产值向提高经济效益转变，由偏重内向型向拓展外向型转变。结合甘肃的实际，财源建设的重点从产业角度讲应该放在以下几个方面：

——优化农业结构，积极推进农业产业化经营。甘肃决定从2005年起全部免征农业税，这对农业税占税收比重较大的市县，特别是财源主要来自农业税的县乡两级财政无疑是一个严峻的挑战。针对农业税取消后出现或扩大的财政缺口，今后，要加大农业产业化的力度,延伸龙头企业,发展农副产品深加工和产供销、贸工农一体化的产业化经营实体,形成"基地促龙头;龙头带基地"的良性循环。通过延伸产业链条,培植增值税、营业税、所得税等多项工商税收,变一次创税为多次创税,变短线财源为长线财源,化解取消农业税和农林特产税造成的损失。

——结合实施工业强省战略和进一步加大国有企业改革力度,壮大工业骨干财源。重点培植骨干优势企业,整合壮大企业集团,特别要组建跨地区、跨所有制、跨行业乃至跨国经营的大型企业集团,形成一批优势企业群。立足现有产业基础,以优势企业为龙头,延伸产业链,进行原材料深度加工和产业化开发,如中草药、藏药系列、食品及农副土特产品等资源优势突出、市场前景广阔、发展潜力大、后劲足的产品开发,提高产品的科技含量和附加值,提高对财政的回报率。振兴支柱产业,改组、改造传统产业,着重抓好一批重点技改项目,培育壮大高新技术产业,大力发展潜力较大的环保产业。要围绕电子、信息技术、新材料、生物工程和具有甘肃特色的医药特效产品等新兴高技术项目,大力发展高新技术产业。在电子信息领域,重点发展集成电路、现代通信、新型电子元器件、电子软件等产品;在生物工程和新医药领域,重点发展甘肃独有的生物制剂品和具有甘肃特色的藏药、中成药产品;新型材料领域、核技术应用领域,要加快科技成果的转化,以产品的创新、新技术的开发为主导,建设一批具有自主知识产权的名牌产品和当代先进技术企业。要把工业园区和产业园区作为发展工业的主要形式,通过产业积聚实现规模效益。

大力支持第三产业的发展,努力培育新的财源增长点。营业税是地方税体系中征收数额最大的一个税种,为扩大税基,加速第三产业的发展,重点是交通运输、信息产业、现代物流业、房地产、环境和公共设施管理、居民服务业、金融保险业、旅游业等。

三、新兴财源和后续财源培植方面

(一)抓好民营企业的发展,使之成为财源建设的后备军。

(二)努力扩大招商引资工作,扶持"三资"企业发展,努力培植新型财源。

(三)积极开发资源转化型财源和替代财源。推进国有土地有偿使用制度的改革,使土地由无偿变有偿,开征土地增值税,开辟新兴财源。当今世界上主要市场经济国家大都实行酒类专卖,建议国家恢复酒类专卖,收取税费,增加财政收入,弥补取消农业税的缺口。加大政府对预算外财力的调控力度,进一步完善综合财政预算;加大事业单位创收力度,鼓励事业单位创办经济实体,对一部分行政事业单位的非经营性资产,加快"两个过渡"(即全额预算事业单位向差额预算事业单位过渡,差额预算事业单位向自收自支、企业化管理单位过渡),形成以实业补事业、以实业保事业的收入渠道新格局。

四、环境建设方面

从政府角度,为财源建设创造良好的环境。

(一)创造条件,使越来越多的工商企业在全省兴起和发展。一是在国家政策允许的范围内,尽可能降低门槛,减少投资费用;二是明晰政策规定,提高透明度,尽可能让投资人了解各项规定和要求;三是简化办事程序,提高服务质量和水平,提高办事流程的科学性,尽可能使之简单化;四是对起步困难,但是市场前景好、有发展潜力的行业、企业,明确条件,给予财政支持或税收优惠。

(二)规范经济运行秩序,提高法治化程度。加强经济执法,惩治各种经济违法行为,运用法律手段管理经济运行和发展的领域和范围,提高经济运行质量,降低各类工商企业非经济费用。

（三）巩固政府机构改革成果，切实转变政府职能，为各类工商企业的发展搭建平台，保驾护航，提供服务。

（四）发挥财政职能，促进财源建设。财政部门作为政府宏观调控部门，必须运用好调控经济和资源配置等手段，在财源建设中充分发挥财政资金的导向作用和乘数效应。一是根据全省产业发展导向，充分发挥税收杠杆作用，提出税收优惠范围和幅度、时限，扶持有希望快速发展的产业；二是根据财源建设重点，调整财政支出方向，引导加快财源建设，财政资金要采取以奖代补、贴息等方式吸引信贷资金、域外资金、社会闲散资金来增加对财源建设的投入；三是建立财源建设基金，鼓励高风险、高回报或新技术、创新技术项目开发、发展，促进科技成果转化；四是改革和完善地方财政体制，鼓励各地根据当地实际情况，制定财政扶持办法。继续完善"三保一挂"等行之有效的激励办法，使市县的财政收入增长情况、重点支出到位情况和财政收支平衡情况与奖惩挂钩，充分调动市县加快财源建设的积极性；五是提高财政资金管理水平，提高财政资金使用效率。严格预算管理，加强对行政性收费、预算外资金的"收支两条线"管理，增大市县财政的资金运筹总量。总之，全面围绕全省经济工作重点，落实加快财源建设的财政措施。

（五）加强协作，提高全省财源建设的整体水平。一是各部门之间的协作配合；二是各地之间的协作配合，沟通信息，发挥省内不同地区之间的比较优势，实现优势互补；三是大的建设项目间的协作配合；四是实施各项经济发展战略中的相互衔接、协作配合，重视项目间的匹配、弥合，减少重复建设，使所有项目发挥更大作用，提高整体功能。

（六）规范国有资产管理，提高国有资产运营水平。

（七）大力发展财政信用，积极协调银企关系。争取发行地方建设

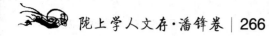

债券,积极引导、融通预算外资金;发展壮大贷款担保中心,利用财政资金发放小额贷款、贴息贷款,引导民间资金组建互助担保中心。

(《发展》2005 年第 10 期)

关于甘肃省失地农民情况的调查

随着工业化、城市化进程的快速推进,失地农民数量不断增多,了解和掌握甘肃省失地农民的现状,掌握第一手材料,对于保护失地农民的合法权益,建立失地农民基本生活保障制度,进一步健全社会保障体系,维护改革发展稳定大局,统筹城乡经济与社会发展,加快全省城市化进程具有重要意义。为此,我们于 7 月 10 日至 8 月 20 日,收集了兰州、平凉、庆阳市和临夏州的专题材料,对酒泉、武威、定西、陇南四个市七个县的失地农民情况进行了专题调研。

一、土地征用情况

自 1999 年新的《土地管理法》颁布以来,随着城市经济建设和国家重点项目建设的快速发展,被征土地、失地农民的数量呈逐年上升趋势。被征土地主要用于公路、铁路、机场、水库等国家重点项目建设;建立工业园区;城市供水、供热、供电、道路、城市扩容等城市基础设施建设;农村道路、村民宅基地、小城镇建设及乡镇企业建设等。根据省劳动和社会保障厅提供的数据,截至 2004 年年底,甘肃省共征用农民集体土地 30.2 万亩,涉及被征地农民 17.3 万人。对完全失地农民的情况,省统计局以及国土资源厅、劳动和社会保障厅、农口有关部门都未作过相应的调查和统计,市县提供的数据也由于各部门统计口径不同而无法汇总。但从我们调研的情况看,完全失地的农民主要集中在兰州市及各县区,酒泉市有 2977 人,武威市有 3500 人,定西市有 4132 人,临夏州有 469 人。其余各市州基本上没有完全失地农民。在涉及被征地农民 17.3 万人中,绝大多数人土地锐减,完全失地的农民只占 10% 左右。从失地农民较多的市州看,失地农民主要集中在靠近城市的乡镇。兰州市城关区农民失地最为严重,拱星墩街道、雁北街道、广武门街道所辖的村庄农民几乎没有可耕土地。西固区四季青街道陈官营村人均只有 0.19 亩耕地。榆中县来紫堡乡和金崖镇由于榆钢占地(6400 亩地)和其他项目征用土地,共有 1125 户、4475 人完全失地;金崖镇前川区 5 个村 6055 人,人均占有耕地在 0.3 亩以下。

酒泉市被征用农民集体土地 6745.83 亩,主要是肃州区新城区开发和玉门石油管理局生活基地搬迁。涉及西峰乡 4 个村,其中新村农民整体失地,其他 3 个村共有 755 户、2977 人完全失地。

武威市被征用农民集体土地 11593 亩,凉州区金羊镇、黄羊镇、和平镇、武南镇有 7 个村民小组、3500 人完全失地;37 个村民小组、11300 多人人均耕地不到 0.2 亩,9800 人人均 0.4 亩,126 个村民小组、26700 多人人均不到 1 亩地。

定西市被征用农民集体土地 22395 亩,涉及征地农民 22432 人,其中失地农民 4132 人,主要集中在陇西、临洮、岷县三县。

二、被征地农民生活及补偿安置情况

(一)被征地农民生活情况

从我们调查的情况看,甘肃省失地农民的生活状况可分为三类。一类是比较好的,占 30% 左右。一类是生活状况一般的,这部分人占大多数。一类是生活发生困难的,这部分人占 10% 左右。

甘肃省农调队曾于 3 月份在全省抽选了五个县区的十个乡镇,对 100 户农户的基本情况、就业、生活与社会保障进行了专题调查。

在这 100 户农户中:共有家庭人口 467 人,人均耕地 1.41 亩。从 2000 年至今,这些农户的耕地共被占用 298.59 亩,人均 0.64 亩。在 270 名劳动力中,征地时安置就业 4 人,从事农业 149 人,从事二、三产业 67 人,外出务工 48 人,只有 2 人赋闲在家。

在接受调查的 100 户农户中, 耕地被占用前的年人均纯收入为 2139.3 元,耕地被占用后的年人均纯收入为 2128.6 元,减少 10.7 元,下降 0.5%。其中,年人均纯收入持平和增加的分别有 25 户和 41 户,分别占调查总户数的 25% 和 41%;下降的 34 户, 占调查总户数的 34%。生活没有受太大影响的农户, 其收入来源绝大部分为非农收入、企事业单位工资、外出打工、家庭开店办厂等收入已经占整个家庭收入的绝大比例,再加上已拿到的土地补偿费,手头相对有了较多的可支配收入。生活水平略有下降的农户,主要是原有的家庭收入来自土地经营,土地被征用后,收入来源减少。与此同时,耕地被占用前的年人均生活消费支出为 1296.2 元,而耕地被占用后的年人均生活消费支出为 1356.3 元,增加 60.1 元,增长 4.64%。主要由于失地后,一部分农户住宅条件改善,取暖费、电费、水费、物业费、饮食费等支出增加,导致生活消费支出增大。

(二)补偿安置情况

在征地过程中, 各地基本上是按照《土地管理法》《甘肃省实施〈土地管理法〉办法》《甘肃省基础设施征用土地办法》等规定,依照被征用耕地村社农民人均占地及种植农产品实际情况,分别计算土地补偿费和安置补助费及其他补偿费用(青苗补偿费和地上附着物补偿费),制定征地补偿安置方案,统一补偿安置标准。

目前各地采用的安置方式大致有以下几种:

一是货币安置,自谋职业。即将征地补偿费一次发放到个人,这是各地主要采用的安置办法,利用安置资金发展养殖业和二、三产业,各市、州因征地种类和用途不同,每亩补偿地价标准不一,差距很大。

二是修建小康住宅和商用房安置。与货币安置不同的是没有将安置补偿资金发放到农民手中,而是根据农民建房要求和标准,统一建设商住两用的楼房,分配给被征地农民,补偿资金扣除建房费用后,将剩余部分发给农民。兰州市城关区、酒泉市肃州区等按照城市规划统一修建住宅楼和商业铺面,为失地农民修建了住宅,同时又为他们提供商业铺面经营和出租。

三是农业安置。被征土地由村集体统一划拨,所剩土地通过每户平均调减的办法重新调配。征地后,采取将安置费一次性支付给村社集体,再由集体将征地补偿费按人头平均分配。由于只造成耕地的锐减,没有形成完全失地的状况。相对来说,这部分人还不存在重新安置的问题。

四是开办乡镇企业安置。一些"城中村"依靠独特的区位和环境优势,通过大力发展村办集体企业、修建集贸市场、发展流通贸易和仓储业提供就业岗位,增加经营收入。如兰州市五里铺村、段家滩村、光辉村为 18 岁以上的村民基本解决了就业安置。有些村还每月为 55 岁以上的村民发放 150~300 元不等的生活费。甘州区下岗村创办集体企业金张掖机动车交易市场,解决本村劳动力 50 人就业,市场设施租赁和管理费年收入可达 100 万元,投资入股农户每年增收 8000 元,人均纯收入可达 5100 元。

五是逐年补偿安置。文县汉坪嘴水电站把被征用耕地分类,按照 2000 年至 2002 年三年平均产值,水田每亩每年 1570.1 元、水浇地 1168.2 元、旱地 744.1 元、河滩地 959.9 元的标准,每年用现金补偿,且根据市场粮价变化,每五年调整一次,直到电站报废为止。

六是入股安置。土地被征后,土地补偿金由村集体用于发展二、三产业,失地的农民按照被征土地的多少以入股的形式参与分红。这种形式主要集中在大中城市周围,如兰州市城关区的五里铺村、光辉村、雁滩乡等。

三、存在的问题

从调查的情况看,广大农民群众对重大建设项目征用土地都给予了积极配合,作出了贡献,大多数农民对补偿安置比较满意。但也有一部分农民因此而失去土地,变成了"种田无地、上班无岗、就业无门、低保无份"的特殊群体。归纳起来有以下三个方面的问题:

(一)对征地农民的补偿标准问题

一是国家重点建设项目、基础设施建设用地补偿标准较其他征地类型相比偏低,都在1万元左右,最低的每亩6000元,但城区建设用地补偿地价在十几万元到几十万元不等。尤其是同类土地因征用项目不同而补偿标准不同,引起了农民的攀比和不满。二是国土资源部《关于完善征地补偿安置制度的指导意见》要求各省制订统一的年产值标准和制订征地区片综合地价标准。由于这项工作量大,加之国土资源部的通知颁布实施不久,甘肃省至今还没有制定区片综合地价标准,致使各地无据可依,标准太低农民不愿意,标准过高财政负担不起。因此在执行过程中标准不一,有的地方给农民的补偿达到了60倍,远远超过了国家规定最高20倍的标准,各地对此反映比较强烈。

(二)生计和就业问题

土地是农民生存的基础,是维持家庭生计的最可靠最稳定的收入来源。一旦土地被部分或全部征用,农民的生活势必受到影响,有的甚至会陷入贫困。一是生活在"城中村"的失地农民,以货币方式进行安置的,得到的失地补偿费较高,只要精打细算,生计问题基本可以解决,如果不会安排生活,有可能两三年后就会成为贫困户。二是以入股形式参与二、三产业进行安置的,或者以入股形式参与兴办乡镇企业进行安置的,由于被征用的土地具有独特的区位和环境优势,通过修建集贸市场、发展物流和仓储等行业,有稳定的收入来源,生计暂时无忧。三是处于城乡边缘或因公路建设等原因失去土地,过去主要以农业收入为生活来源的纯农业户,征地后比征地前的生活水平有所下降,青壮年农民能够实现就业的,生活勉强可以维持,年老和年幼无法实现就业的,生活就很困难。

总体来看,对土地收益的高度依赖和就业难,是纯农业户失地后减收的最主要因素,这部分被征地农民在没有其他收入来源或收入来源不稳定的情况下,就难免要陷入贫困境地。另外,被征地农民一方面是"收入无门",另一方面是"支出无底",在收入水平总体下降的同时,失地农民的生活消费支出却普遍上升。土地被征用前,农民家庭的食品消费如粮食、蔬菜和食用油等主要依靠自己生产,现在基本上要靠从市场购买。再加上部分农户迁到市镇或搬进楼房,取暖费、电费、水费、物业费等项目支出增加,导致生活消费支出增加。

在失地农民中就业最困难的主要有三类群体:一是大龄的失地农民,尤其是女 35 岁、男 40 岁以上者。这部分人主要以农业生产为主,现在失去了土地,由于年龄、文化、体力、技能等限制,缺乏就业竞争优势,转业十分困难。即便能就近找到一份有收入的工作,诸如看厂护院等工作,也多不稳定。二是被征地前完全依赖土地为生的纯农民。对他们来说,失地就意味着失业,这些人总体素质不高,只能干一些诸如工程队、搬运工等工作。在调查中,一些外来投资企业和当地乡镇企业征用了大批土地,但是很多农民在企业就不了业,原因是一点技术都不懂,企业不需要没有技术的人员。特别是在就业矛盾日益突出的今天,大多数人很难找到合适的工作岗位。三是生活在远郊和偏远地区的失地农民。相对于生活在城中或城乡接合部的失地农民,这部分人的就业机会和就业选择余地要小，就业意识和择业观念也比较保守,因而失去土地对他们就影响很大。同时,由于部分县区是吃饭财政,对就业培训的投入有限,缺乏对失地农民开展有针对性的就业指导培训和服务。

(三)社会保障问题

由于土地被征用后农民的就业、收入等方面的稳定性差,养老、医疗、失业等社会保障便成了他们特别是大龄失地农民一块很大的心病。当前甘肃省失地农民社会保障存在的问题,一是城乡社会保障存在巨大差距。甘肃省经济欠发达,城乡差别表现得尤为突出。2004年年末,全省城镇居民人均可支配收入 7376.74 元,而农民人均纯收入只有 1852 元。在城镇,基本建立了面向绝大多数劳动者和社会成员的社会保障制度,国家机关、企事业单位的劳动者根据现行政策规定,可以享受养老、医疗、工伤、失业和生育保险待遇,部分城镇困难群体享受城镇低保待遇;而在农村,数量占全省总人口三分之二的农民(2004 年年末,全省农业人口 1869.55 万人,占总人口的 71.39%)基本被排除在社会保障体系之外,主要以家庭养老为主,很容易因为年老、疾病、失地等原因返贫。二是失地农民社会保障制度还未建立。从调查的情况看,虽然兰州市、酒泉市、定西市的部分县区已经制定了解决失地农民社会保障的政策规定,但由于国家、省上没有明确的指导性意见和参考的政策依据,仍处于探索阶段。三是农村未实行最低生活保障制度。按照现行政策规定,最低生活保障制度只在城市实行,虽然有一部分城郊失地农民也享受了低保,但范围很小,政策控制得很严。

(四)观念问题

由于甘肃省经济发展相对滞后,城市化、工业化水平较低,每年所征耕地数量有限,加之国土面积、耕地面积较大,完全失地的农民数量比较少,大多数地方对此问题还未引起足够的重视。受传统观念的影响,绝大多数农民至今仍然是抱着养儿防老、家庭保障的传统观念不放,从心底里压根就没想过依靠参加社会保障来解决养老问题。在我们调查的部分市县中,有的地方也曾搞过失地农民参加社会保险的尝试,把部分征地补偿金用于参加社保所缴纳的费用,但由农民承担的这一块资金很难落实。主要是由于从国家到省上还没有关于解决农民社会保障问题的规定,也没有具体的政策和措施,各地制定的现行办法也还不规范、不完善,或者说是临时的,应急的。农民担心现在交了钱,几十年以后无法兑现。部分失地农民拿到补偿金后,急于用这些得来不易的现钱盖房子、娶媳妇或改善生活,对几十年以后的事情,根本不考虑,完全将养老寄托在儿孙身上,或者寄希望于以后出了问题找政府。

(五)政策执行上有偏差

按政策规定,失地农民的养老金由三部分组成,财政拿一块,集体拿一块,个人负担一块。征地补偿费集体应留一部分,作为公共积累,用于发展集体经济和公益事业。但在实际执行中,相当一部分村社大都把这一部分钱全部给了农民。这样一来,社保基金中集体的一块很可能落空,集体不拿钱,农民的工作就很难做。从我们了解到外省的情况看,各省都处在探索阶段,中西部地区除个别经济实力较强的城市如成都市、西安市外,基本都未建立失地农民的社会保障机制。东部沿海发达地区情况稍好些,但也大多停留在试点探索阶段,绝大多数失地农民仍处在无保障或者低保障状态。解决这一问题,需要研究的问题很多,还有很长的一段路要走。

四、政策建议

就总体情况看,由于甘肃省失地农民较少,暴露出来的矛盾和问题还不十分突出。随着西部大开发战略不断深入,甘肃省工业化、城市化进程不断加速,失地农民面临的困难和问题也将日渐显现出来。目前,农村新型合作医疗制度正在试点,将在今后两三年内在全国普遍建立。农村养老保险、失业保险、最低生活保障和救助制度也已在发达省区开始试行。我们也应结合实际,学习和借鉴外省市好的做法,尽快研究制定甘肃省有关的政策和措施,这要比问题成堆、积重难返时再解决,困难要小得多,成本也低得多。

为此,我们建议:

(一)高度重视农村社会保障问题

从目前情况看,农村生育保障基本已落实,合作医疗正在试点,失业保障还没有列入议事日程,养老保障正在探索。省上应把农村社会保障作为一个系统工程来考虑,对养老、医疗、失业、生育等保障给予通盘筹划。具备条件的可以先行,暂时不具备条件的可以慢慢创造条件逐步实行。

(二)完善征地补偿制度

建议省国土资源主管部门尽快研究制定统一年产值标准。按照国土资源部的《通知》精神,"省级国土资源部门要会同有关部门制订省域内各县(市)耕地的最低统一年产值标准,报省级人民政府批准后公布执行"。尽快研究制定征地区片综合地价。按照《通知》精神,"有条件的地区,省级国土资源部门可会同有关部门制订省域内各县(市)征地区片综合地价,报省级人民政府批准后公布执行,实行征地补偿。制订区片综合地价应考虑地类、产值、土地区位、农用地等级、人均耕地数量、土地供求关系、当地经济发展水平和城镇居民最低生活保障水平等因素"。这样做的好处在于有利于缓解政府、项目业主与被征地农民之间的矛盾,工作中也便于操作。

各地年产值和区片综合地价确定后,任何用地单位或个人均按此拟定土地补偿方案,并将土地补偿费用纳入工程概算,依法实施补偿,确保失地农民的生计和地方政府实施失地农民养老保险。综合地价要规定一次定价后适用的年限,在规定的年限到期后,要按照市场价格的变化等新的因素重新测定新的综合地价。

征地补偿标准太低,是农民蒙受损失和上访的最主要原因。在农用地转为建设用地的过程中,应引入市场机制,让农民直接参与土地交易全过程,以保证他们对土地的使用权、处置权,使其利益得到有效保障。同时尽快完善土地征用补偿机制,在确定补偿标准时,可考虑将失地农民参加社会养老部分成本打入补偿标准,提高农民参保的积极性。

(三)促进被征地农民的就业

一是千方百计增加就业。可行的办法有五条:在出让土地时,本着互惠互利的原则,与征地单位签订提供一定数量或一定比例就业岗位的协议,或在同等条件下优先吸纳被征地单位的劳动力;将失地农民纳入小额担保贷款的政策范围,鼓励他们自主创业、自谋职业;实行公共就业工程计划,大力开发社区就业岗位,把解决失地农民再就业问题同加强城市的绿化、环保、卫生、交通、便民服务等项事业结合起来,帮助大龄失地农民再就业;就业资源枯竭地区,应组织开展劳务输出;加强对失地农民的就业技能培训,以市场需求和农民需求来定培训项目(对失地农民实行"菜单式"和"计单式"培训),以竞争定培训机构(对就业技能培训机构实行面向全社会的招标制),以补贴促参与(对参加就业技能培训的失地农民,政府给予一定的财政支持)。二是用经济手段和优惠政策降低劳动力成本。如对招用失地农民的企业,政府给予一定的税费减免、社保补贴、岗位补贴等优惠政策;对自主创业的失地农民,与下岗失业人员一样同等享受再就业方面的优惠政策,如免交相关税费、提供小额担保贷款等优惠政策。

（四）建立甘肃省失地农民社会保障制度的具体设想和建议

要以统筹城乡经济与社会发展为方向，保障水平与经济发展水平相一致，统一制度与因地制宜相结合，政府、集体、个人共同承担，立足当前，着眼长远，为今后全面建立农村社会保障制度打基础、创经验、做准备。

一是尽快成立由省政府统一领导，劳动保障、国土资源、财政、农口等相关部门组成的组织协调机构，由省劳动保障厅牵头制定甘肃省失地农民社会保障制度（试行）方案或指导性意见。

二是资金的筹措与来源，建议按照省级统筹、分级负担的思路建立保障基金。资金由政府、集体、个人共同承担。省上从每年的土地收益中拿出一定比例的资金，用于建立失地农民基本生活保障风险准备金，以应对未来可能出现的支付风险，统一调剂余缺。市、县两级出资部分不低于保障资金的30%，从各级政府土地收入中列支；村集体承担50%，从土地补偿费中列支；个人承担20%。

三是失地农民参加社会保障，原则上实行自愿和奖励相结合的办法，谁参加，谁将享受省市县政府以及村集体的配套资金补助，参多少，补多少，不参加不补助，以推动养老保险的稳步发展。

四是保障资金要实行收支两条线管理，建立单独账户，其中集体、个人缴费部分应由当地财政部门和国土资源部门在征地费用拨付过程中负责一次性统一拨付办理，省市县三级政府则根据参保的具体人数按相应的比例从土地收益中一次性补齐。

五是建立健全相应的基金监管和管理机制，确保被征地农民生活保障基金安全运营和实现保值增值。

（五）加快推进撤村建居和"城中村"改造

对城市市区内失去大部分土地的村，要积极推进撤村建居，实现失地农民向城镇居民身份的转换。同时，将其纳入城市三条保障线的

范围统一安排。各地要根据城市建设的需要,统一规划,统一开发,采取优惠政策,加快"城中村"改造,实现村庄占地的功能转换和农民住房的更新。在撤村建居和"城中村"改造中,要首先对原有的村集体资产进行股份制改造,其收益优先用于安排村民的生活保障。在符合城市规划开发许可和有关土地政策的前提下,可在村庄改造过程中,适当留出一定比例的建设用地,用于失地农民的居住和生活。

(六)重视征地招工进入国有企业人员的社会保障问题

在调查中天水市反映,在计划经济时期,企业建厂,征地农民带地进入企业,户籍是"非农非城",企业没有为这部分人办理社会保险,现企业改制破产,造成这部分人员失业,成为"两不管"人员,生活保障处于空挡。建议省劳动保障厅和省民政厅给予研究。

(《调研报告》2005 年第 13 期)

新农村建设生产发展是基础

建设社会主义新农村，是中央针对我国经济社会发展所处的历史阶段提出的一个重大历史任务，是一项前无古人的宏大的社会系统工程。作为一个经济欠发达省份，如何把这一工程建设好，真正实现"生产发展、生活宽裕、乡风文明、村容整洁、管理民主"的目标，甘肃农业发展面临着重大历史选择，形势严峻，任务艰巨。

多年来，通过全省各族人民的共同努力，甘肃农业和农村经济得到了健康快速发展。2005 年，甘肃粮食总产达到 837 万吨，基本实现了省内自求平衡。农民人均纯收入达到 1980 元。农业和农村经济结构日趋合理，广大农民的生产和生活条件得到有效改善，贫困落后面貌有所改观。但自然条件严酷，农业基础较差，经济社会发展相对滞后，城乡差距不断拉大依然是我们的基本农情，"三农"问题仍然是方方面面关注的大问题，牵动着各级领导的心。

建设社会主义新农村，关键在于大力发展农村生产力，核心是加速推进现代农业建设和农村工业化进程。只有生产发展了，农民收入增加了，才会过上宽裕的生活，也才能为农村的政治建设、文化建设和推进社会文明奠定物质基础。而我们目前的发展水平还很低，同新农村建设的要求相比还有很大的差距。因此，必须加快发展步伐，进一步增强经济实力，以此保障新农村建设的顺利进行。这就有必要从科学发展观的视角来审视今后相当一个时期甘肃农业发展究竟应该走什么样的路子。本文拟就这个问题谈一些观点和看

法,以飨读者。

一

——政策惠农。党中央近几年为解决"三农"问题,陆续出台了以中央一号文件为主要标志的各项惠农政策和一系列配套改革措施。从农民反映突出的问题来看,最担心落实政策"赊账",减、免、补"打白条"。因此,要继续把落实党的各项富民政策作为首要任务,切实做到贯彻政策要全面,执行政策不走样,落实政策抓到位。要把党的富民政策送到农民的心坎上,真正成为农民增收的"保护伞"。实践证明:狠抓政策落实也是解放生产力,政策的感召力、动员力和凝聚力,可以把蕴藏在农民身上的爆发力和创造力最大限度地激发出来,化为农民增收致富奔小康的强大"力量之源"。继续落实好国家的土地政策、农资政策和对农民种粮、农机具购置等实行的各项资金补贴政策。落实对农村贫困学生的"两免一补"政策,逐步建立农村部分困难群众最低生活保障制度、农村新型合作医疗制度和农村困难群众的医疗救助制度等解决农村人民群众生活困难的各项政策。财政支农投入要做到存量适度调整、增量重点倾斜,从而实现农业的健康可持续发展。

——产业强农。目前甘肃农业产业化发展态势良好,整体发展水平逐年提高,产业化领域不断拓宽,企业和农户建立了较为合理的利益连接机制,龙头企业的带动能力明显增强。但也存在着覆盖面窄,农产品加工水平不高,农民真正享受农产品加工增值所带来的收益不多;龙头企业规模小,市场竞争力不强,区域性或具有地方特色的品牌还很少;扶持政策不到位等问题。因此,在"十一五"期间,充分发挥农业产业化在全省农业和农村经济发展中的重要作用,具有十分重要的意义。

（一）加大政府调控力度，营造农业产业化经营的发展环境

在推行农业产业化经营中，政府的职能不是去干预企业的经营活动，而是应发挥服务职能。一是制定规划。应根据国内外市场的需求，立足当地的自然资源和社会经济状况，规划地方产业发展方向，合理布局农业生产力，发挥地方优势，发展"名、优、特"产品。二是科学指导。通过传递市场信息、技术信息，指导和协调产业化经营过程中的各个环节，帮助改进生产和经营管理，提高经济效益。三是加强管理。规范农业产业化经营组织的章程和合同文本，帮助农业产业化经营组织加强内部管理，减少权益纠纷，促进农业产业化经营的健康发展。

（二）加快涉农部门职能转变

供销、粮食、农机、农技、食品等涉农部门，要依托目前已经具备的专业队伍和经营条件，与农民形成风险共担、利益共享的紧密联合体，服务农业生产，带动农户闯市场，在服务农业中壮大自己。也可以结合党政机构改革，分流一些有技术专长的干部创办"龙头"企业。

（三）遵循市场经济规律，构建农业产业化经营机制

农业产业化必须坚持市场化，确立主导产业要面向市场，龙头企业要充分发挥其联系市场与农户的桥梁与纽带作用，善于捕捉市场信息，敏锐观察市场动向，在市场的引导下，准确及时地带动农户调整农业产业结构。创办和改造"龙头"企业要引入市场机制，做到产权清晰、权责明确、政企分开、管理科学。必须建立和完善自主经营、自负盈亏、自我约束、自我发展的经营机制。龙头企业与农户之间，应通过入股、契约等方式结成相对稳定的利益共同体。企业收购农户的农产品要严格履行契约规定，充分保障农民利益，遵循价值规律，以质论价。农户投入"龙头"企业的土地、劳务、资金等都要折股分红。成立有农户代表参加的董事会、监事会，按照《公司法》的有关规定制定公

司章程。建立严格的内部监督、约束机制。

二

——工业哺农。据统计,中华人民共和国成立 50 多年来,农业对工业的"有形"贡献就超过 1 万亿元,农民以税赋形式所作的贡献几乎贯穿中华人民共和国成立以来的各个历史时期。农业在付出的同时,得到的却很少。财政投入长期以来偏重于工业和城市,农村基础设施建设和文化、教育、卫生等社会事业发展严重滞后。中央提出实行工业反哺农业、城市支持乡村的方针,蕴含着城乡统筹、协调发展的科学发展观,是全面提升农业综合生产能力、改变农村经济增长方式和建设社会主义新农村的根本要求。

(一)用工业化思维谋划农业

进一步革除传统农业和小商品经济意识的羁绊,牢固树立现代农业和工业化理念,遵循自然规律、经济规律和科学规律,用办工业的方法办农业,用抓工业的手段抓农业。

(二)大力发展农副产品加工业

甘肃农副产品的多样性为加工业的发展提供了得天独厚的资源条件,而农副产品加工业的发展又是增加农民收入的最佳选择。因此,一定要把加工业的发展摆在重要的位置,倾力把农副产品加工这篇文章做大做足。要立足现有的基础,做优做强一批农产品加工龙头企业,起到办好一个龙头企业、兴一项产业、建一片基地、富一方群众的作用,不断提高加工制品占初级农产品和消费市场的比重,通过加工增殖,增加农民收入,使农民得到更多的实惠。

(三)大力发展乡镇企业

乡镇企业是我国亿万农民的伟大创造,是农村改革开放的一项重要成果,在扩大农民就业、增加农民收入、繁荣农村经济、推进农村各项社会事业发展和壮大县域经济等方面已经和仍在作出不可磨灭的贡献。许多地方的实践证明,凡是社会主义新农村建设搞得好的典型,无一不具备一个共同的特点,那就是乡镇企业发展得好。因此,要继续坚持大办乡镇企业不动摇,继续把乡镇企业作为解决农民就业的重要渠道,作为实现农村工业化的依靠力量和主体力量,通过乡镇企业的发展真正体现工业反哺农业。

(四)确定工业企业反哺农业的责任

作为老工业基地,甘肃拥有一大批工业企业,为甘肃经济的发展作出了巨大贡献。但工农业之间二元结构的矛盾也非常突出,大企业对地方工业的直接带动作用发挥得不够,尤其是同农村经济发展的关联度很低。要真正体现工业反哺农业,必须重视发挥大企业的作用。要发挥大企业优势,为现代农业的发展提供资金、技术、人才支持,在延长产业链和产品扩散方面带动地方经济发展,以工促农,农工双赢。金川公司每年都拿出 400 多万元支持当地农业和农村经济发展,已为永昌县和金川区培训农民工 1000 多人,优先安排到公司就业。企业所在地也要主动和大企业联姻,实行村企联合、以企带村、以村促企、村企共赢。抓住国有大企业调整生产结构和产品结构的有利时机,依托现有的工业基础和工业园区,创造条件承接大企业梯度转移出来的产品、技术和人才资源,与国有企业"错位"发展,推动地方企业的技术改造和产品升级。

三

——流通活农。实施"流通活农"工程,加强农产品现代营销体系建设是农民增收的桥梁和纽带。随着工业化、城镇化建设的发展,农产品供求关系发生了根本变化。农产品销售渠道不畅、农民卖难的问题依然存在。整顿农村市场流通秩序,严打伪劣假冒产品,改善农产品流通环境,广辟"绿色通道"。鼓励农商挂钩,农企联姻,发展订单农业,规范产销合同,建立风险共担、诚实守信的约束机制,已经成为农民的迫切需要。

(一)建立畅顺高效、便捷安全的农产品流通体系

一是规范传统的农产品零售渠道,全力实施好"万村千乡工程",加快农村集贸市场经营设施的建设,强化管理,提高农贸市场档次。二是积极鼓励和引导农产品批发市场和农产品加工企业直接向综合超市、食品超市、社区菜市场、便利店配送产品。鼓励有条件的大型超市、食品超市和便利店的经营企业直接从产地采购,与农产品生产基地建立长期的产销联盟。三是大力推行食品放心工程,抓紧完善农产品流通领域的标准体系和监测体系,实行采购、储存、加工、运输、销售等全过程质量安全控制。

(二)加大对农产品批发市场建设的支持力度,更好地发挥农产品流通的主渠道作用

重点培育和完善地区性或区域性批发市场,县、乡应加快建设服务于当地农业生产、方便农民销售的专业批发市场。加强信息化建设,培育农产品市场信息中心、咨询中心。农产品批发市场应向上下游延伸经营链条,一方面建立农产品基地,发展专业化、工厂化生产;另一方面向零售领域延伸,细化加工和配送功能,形成农产品批发市场与零售店之间配送—销售—消费的有机链条。加强对农产品批发市场的监管,完善交易规则。

(三)发挥农村合作经济组织的作用,消除各种影响农民进入市场的障碍

农村合作经济组织是流通活农的重要组织形式,是传播信息、技术,连接生产、市场、消费的重要渠道。随着农村经济的发展,有必要通过一定的组织形式,把千家万户的小生产和千变万化的大市场有

机联结起来。为此必须建立和健全农村合作经济组织,为农民提供生产资料供应、农产品销售、生产技术指导等服务,按国内外市场需求组织生产,满足加工销售企业对原料的需求,从而实现小生产与大市场的对接。

一是要因地制宜,选准形式。农村合作经济组织有三种形式:"公司+基地+农户""合作经济组织+农户" 即中介组织带动、"专业市场+农户"。各地可根据不同的资源条件,选定适合自己的组织形式。对于经济欠发达地区来说,发展起步慢,受人才、资金等因素制约,难以全面培育发展龙头企业。应鼓励农民自愿组成各种行业性的合作组织,并通过这些专业组织促进小生产与大市场的对接,提高农业产业化经营的规模和水平。二是建立完善的运行机制。制定既具有激励功能又有约束作用的规范制度,使利益分配合理,各项任务和责任明确,奖惩有章可循。但必须明确合作经济组织和农民之间的权利义务关系,并通过合同进行约束,不得借发展农村合作经济组织之名强行将农民承包地收回,侵犯农民的承包权;农民进出合作经济组织或向农村合作经济组织投资、投劳必须坚持自愿原则,不得强迫命令、干预限制。三是对那些政府职能部门中与农村发展关系密切的供销、信用、农机、农技、植保、畜牧兽医等部门,要积极沟通农户与市场的联系,消除各种影响农民进入市场的障碍。

四

——劳务富农。自 20 世纪 90 年代初以来,农村富余劳动力不断摆脱土地的束缚,跨地域跨行业向非农产业转移,形成了大规模外出寻找就业机会的"民工潮","打工经济"即劳务经济随之蓬勃发展起来,形成了劳务富农的新气象。劳务经济在农民收入的构成中已占有极其重要的位置,成为经济相对落后地区增加农民收入的主渠道。因此,大力推进劳务经济发展,是"十一五"乃至以后相当时期内农民现金收入的主要来源。从总体上说,目前甘肃省农村劳动力转移及劳务经济的发展尚处于自发、分散和组织化程度较低的初级阶段,必须根据劳务经济发展的特点,遵循劳务经济发展的基本规律,积极引导促进劳务经济的发展,大力推进劳务经济扩量提质。

(一)加强对劳务经济的领导,引导支持劳务经济发展

各级政府和职能部门要把劳务经济作为一种经济现象加以研究,引导支持,促进劳务经济发展。在各地区建立健全劳务经济工作机构和劳动保障服务站,完善工作职责,明确工作任务,切实搞好组织服务工作。

(二)整合职业技术教育资源,加强农村劳动力的职业培训

农村劳动力素质的高低,是发展农村劳务经济、推进劳务经济扩量提质的前提。通过教育与培训,使"体力型"劳务输出向"智力型"劳务输出转变,加快农村人力资源向人力资本的转变。一是整合现有的教育资源,把各类职业技术学校办成甘肃省职业技能培训的大本营。按照市场化、社会化的要求,制定农村劳动力就业培训的总体规划,完善农村劳动力职业培训体系。二是加大农村劳动力转移培训的投入。各级都应将劳务培训作为当地经济发展项目予以支持,同时鼓励民间资本和社会资金兴办农民技术培训学校。三是以提高职业技能为重点,主要突出职业技能培训,法律、法规、政策培训,就业岗位知识培训和安全常识培训。

(三)健全劳动力输出服务体系,提高劳动力转移的组织化、市场化程度

完善信息沟通渠道,加快劳动力就业信息网络建设,准确反映劳务供求信息,扩大农村劳动力的转移规模。变农村劳动力的自发盲动为市场组织的有序流动,形成城乡结合、统一、开放、规范、高效的劳

动力市场网络,从机构组织、教育培训、劳务信息、工需接轨、权益保障等方面为劳务产业发展提供服务。

(四)优化劳务经济发展环境,为劳动力转移就业创造条件

稳定农村土地承包经营。认真贯彻落实中央关于农村家庭承包经营的基本政策,按照"依法、自愿、有偿"的原则,保护外出务工农民承包土地的使用权,严格执行国家农村税费改革政策,不得向外出民工收取其他任何费用。改革社会保障制度,将劳动力有序流动与养老保险、失业保险制度有机结合起来,解决农民脱离土地后的后顾之忧。建立和完善务工人员的法律服务工作,把劳务经济和农村劳动力转移就业纳入法治化轨道,保障农民工的合法权益。

(五)引导、鼓励返乡创业,推动县域经济发展

农民工返乡创业是劳务经济发展过程中的重要环节, 鼓励引导农民工返乡创业是提升农村经济质量, 加快农村经济发展的重要途径。实践证明,多渠道、多途径引导外出务工人员返乡创业,可产生劳动力输出与回流的共振效应。要为返乡创业提供税费优惠,加大对农民工返乡创业的信贷支持和金融服务力度,为农民工提供优良的创业环境。

五

——科技兴农。改革开放以来, 甘肃省农业生产能力大幅度提高,农产品供给实现了由长期短缺到供求基本平衡、丰年有余的历史性转变,科技的贡献功不可没。发展现代农业、农业与农村经济结构的战略性调整、农业产业链的延伸、附加值的增加、农产品产量与质量的提高,都需要有更强有力的科技支撑。因此,只有认真落实科教兴农战略、完善科技推广体系、开展农业教育和科技的广泛普及应用,才能实现农民收入的持续增长和增强农村经济发展后劲的目的。

(一)落实科教兴农战略,着力依靠科技进步和提高劳动者素质

科技是第一生产力,生产力中人是最活跃的因素,农业科技与农村经济的结合,必先与人结合。只有依靠科技进步和提高劳动者素质,才能实现农业和农村经济的快速发展。甘肃省科技成果应用率虽有所增长,但农业科技贡献率仍然处在一个较低的水平,与经济发达地区相比差距甚远。如果把发展农业由原来以资源为依托转变为以依靠科技进步和提高劳动者素质来支撑,农业就不再是传统意义上的低效益产业,其发展潜力和比较效益必将成倍显现。

(二)完善科技推广体系,大力促进成果转化

农业科技推广服务,最重要的是建立一个有利于科研、推广和应用三方面利益互动的成果转化市场机制。要在允许并扶持多种形式的农业推广体系共存的同时,由农业科研院所、大专院校、农业推广机构和农户(包括涉农企业、基地等)几个方面联合组建股份合作制的农业科技服务企业或协会。企业的科研与推广、经营产品与技术指导、信息咨询与联系产销于一体,完全实行企业化管理、专业化经营和市场化运作,使各方形成"优势互补、相互配合、利益共享、风险共担"的利益共同体,以此来推动农业生产力的发展。

(三)转变政府管理职能,强化服务农业意识和对科技市场监督

政府提供科技服务的职能,应由原来的直接推广某项技术,转变为对科技供求和质量信息的收集与发布。加强农村科技传播基础设施建设,使省内外科技知识信息及其传播以最低的成本和最快的速度进入千家万户。要大力扶持和构建民间技术合作组织、科技示范基地、专业技术协会。明确其法律地位,界定其经营和服务规则,使他们真正发挥作用。要建立健全技术交易市场,配备相应的技术设施和人才,并建立具有权威性的农业技术咨询、技术鉴定评估和技术仲裁机构,实行规范有序运作。鼓励省内外农业技术成果进入统一市场流

通,公平竞争。对农业技术生产企业、技术经营者的资格和水平进行严格检查,坚决打击和取缔生产领域和流通领域出现的假冒伪劣农业技术和信息以及不规范交易行为,以保证科技应用安全,为农户采用科技创造一个安全可靠的环境。

(四)利用信息传播技术,开展农业教育和科技的广泛普及应用

大力发展农业短期培训和科技普及教育,在农村义务教育中可考虑适当增加农业科技教育内容。同时制定优惠政策,鼓励农业高校毕业生、退休科技工作者到农村创办农业职业技术教育或科技进修学校,切实为农村培养一大批留得住、用得上的乡土人才。对现有职业技术教育机构进行合并重组,集中人力、物力和财力兴办一批真正具有良好示范辐射作用的农业技术学校或培训基地,对科技示范户、致富能人(企业家)等进行集中学习深造。利用大众传媒和多媒体技术,采用农户容易理解和接受的方式,开展农业科学知识普及活动。组织农业专家和农业工程技术人员为农村创作一批科技普及读物,以适应当前农户对科技文化发展的迫切需要。

六

——金融支农。农村金融体系改革是深化农村经济体制改革的一项重要内容。目前,农村金融服务主体少,能力弱,难以满足农户和农村中小企业对信贷的需要,已成为制约农村经济发展的一个瓶颈。金融系统要从农村实际和农民需要出发,按照有利于增加农户和企业贷款,有利于改善农村金融服务的要求,加快改革和创新农村金融体制。在严格监管、有效防范金融风险的前提下,通过吸引社会资本和外资,兴办直接为"三农"服务的多种所有制金融组织。要推进政策性农业保险试点,扩大试点范围。

(一)尽快建立农村资金回流机制,增加农村金融有效供给

一是通过人民银行提高支农再贷款比例, 将邮政储蓄新增存款中来源于农村的资金,返还给当地农村信用社用于放贷。二是通过立法形式, 要求有关金融机构必须对所在区域的农村经济发展提供相应的信贷支持,如将现行的邮政储蓄机构改造为邮政储蓄银行,允许其既经营存款业务又经营贷款业务。三是要求存款类机构按一定比例购买农业政策性金融债券、农村信用社债券,或允许委托有关银行发放县以下农村贷款,使农村资金最大限度地用于支持农村经济发展。

(二)强化政策性金融职能

政策性金融是世界各国普遍运用的重要支农手段, 现有的农业发展银行亟待重新定位,使其更显政策支农作用。一是扩大其业务外延。二是将经营网点由县市下伸到乡镇,进一步贴近农村、方便农民。三是允许通过发行农业金融债券、建立发展基金等途径扩大农发行资金来源渠道。

(三)探索建立新的"低费率、高补贴"的政策性农业保险体系

在发达国家,政府对农业的保护,常常体现为保费补贴、农业信贷、价格保护、灾害救济、结构调整等多项措施的配套实行,这种配套式推动的政策性农业保险对广大农民吸引力大,约束力强,运作效率高,同时可成为农民福利政策的一部分。应尽快组建有中国特色的政策性农业保险机构,或委托农业政策性银行、商业保险公司开办此项业务。

七

——城镇带农。发展小城镇,是带动农村经济和社会发展的一大战略。通过小城镇建设的带动作用,不但可以优化农村产业结构、繁

荣农村经济、增加农民收入、改善农民生产生活条件,同时也可为全省国民经济的快速增长注入活力。一是随着小城镇的快速发展,实现了农村富余劳动力的就近转移,农民进城务工、经商、办企业,带动了建筑、建材、装潢、流通、餐饮等产业的快速发展,部分农民在家门口就可以找到生产、生活的"乐土"。二是随着小城镇的繁荣,加快了农村产业化和工业化进程,拓宽了民营经济发展空间,实现了工业拓展城镇产业、城镇服务乡镇企业、乡镇企业带动农业的良性循环模式。三是小城镇的建设和发展不仅使生活在城镇里的农民享受到了城镇化的好处,也给附近的农村带来了较大的变化,使农民开阔了眼界,拓宽了思路。

(一)搞好规划,确定功能定位

抓紧小城镇规划的修编,大胆创新城镇规划建设思路,突出特色、集聚人口、加快建设,增强小城镇的流通、服务、开发功能,充分发挥对经济社会发展的示范带动作用。多渠道筹集资金,加快小城镇道路、供水、排水、污水和垃圾处理等设施的建设和完善。

(二)改革现行户籍制度,实行户籍登记制

积极促进农村人口向城镇转移,对已在城镇有稳定职业和收入的农村人口,优先落户。调整就业政策,形成城乡统一的劳动力市场。在保护耕地和保障农民合法权益的前提下,改革土地管理制度,妥善解决城镇建设用地。允许集体土地使用权以转让、出租等方式进入市场,允许进镇农民继续保留承包耕地。

(三)遵循市场规律,形成多元投资主体

走以地生财、以财建镇、以镇招商、以商带农、自我积累、滚动发展建设小城镇的路子。在规划指导下,引导乡镇企业向小城镇集中。按照"谁投资、谁所有、谁受益"的原则,引导和鼓励省内外企业、个人投资城镇基础设施建设、兴建市场和兴办二、三产业。增加政府投资、信贷投资,扩大社会融资、招商引资,形成小城镇建设多渠道、多元化投融资格局。

(四)大力发展主导产业,增强小城镇的凝聚力

因地制宜,合理确定和培育小城镇和周围农村的主导产业和经济发展重点,培植产业支撑体系,扩展服务领域。疏通城乡人流、物流、信息流渠道,充分发挥城镇对广大农村经济和社会发展的广泛带动效应,取得"聚集效益"和"外部效益"。

(五)完善城镇管理,提高管理水平

尽快形成符合小城镇特点的行政管理体制,提高城镇管理水平。重视城镇绿化,加强城镇环保。建设富有特色、经济繁荣、环境优美、文明卫生的现代新型小城镇。

低价强制征占用农民耕地是工业化初级阶段工业抽取农业资源的一种形式,对农民的权益造成了极大的侵害。在新的形势下,这种强制性的剥夺是绝对不能允许的。要明确界定政府的土地征用权和征用范围,完善土地占用审批管理制度,并严格区分公益性和经营性用地。提高公益性用地的补偿标准,实行以土地换保障、以土地作价入股等办法,合理保障农民的权益。同时还要建立经营性用地的市场定价机制,强化社会监督机制,提高土地征用市场的公开性和透明性。

八

——扶贫济农。目前扶贫工作的现状:一是贫困地区农民生活水平明显低于其他地区,而且差距在继续拉大。贫困人口的相对弱势地位没有得到根本改变,有的甚至情况更为严重。二是贫困人口微观分布极为分散,有时很容易作为少数人群而被忽视。三是农民收入来源的单一化和脆弱性。虽然这些年贫困地区经济结构调整和劳务输出取得了重要进展,但是贫困群众的经济来源主要还是农业收入。增收

渠道比较单一,而且极不稳定,一遇天灾人祸就出现返贫。四是贫困地区人口素质不高,社会事业发展滞后的状况仍未改变。

(一)强化扶贫工作责任制,提高扶贫成效

应继续把强化和完善扶贫工作责任制作为扶贫工作的首要任务来抓。一是应完善对扶贫重点县的检查制度,同时建立重点县向上级扶贫领导小组汇报制度,强化重点县领导的责任。二是建立重点县对所属重点乡镇村的检查制度。三是在重点贫困村建立贫困户档案制度。通过建立和健全这几项制度,形成省、县、乡、村层层抓落实的扶贫工作责任制,把扶贫工作真正落实到农村贫困户身上。

(二)健全投入机制,扩大投入规模

近几年,国家对贫困地区的资金投入和政策支持都进一步加大。在不断增加财政扶贫资金投入、扩大以工代赈规模的同时,鼓励各种资源尤其是企业和民营资本投入扶贫开发,形成多元化的扶贫投入格局。

(三)强化扶贫资金管理机制,确保资金及时足额到位

一是实施扶贫资金"阳光工程"。扶贫资金的分配、使用一律实行公告、公示和报账制,依靠广大群众的监督,防止出现各种问题。尽快建立扶贫资金监管体系,加强管理,确保资金用于与贫困农户有直接关联的项目上,真正使贫困农户受益。二是改革扶贫贴息贷款运作机制,整合资源,探索有效的扶贫到户贷款新形式,提高资金使用效益。三是加大财政及审计部门对扶贫资金的检查与审计力度,防止挤占挪用扶贫资金,发现问题,及时处理,确保扶贫资金的高效、安全运转。

(四)建立农村社会保障制度

根据农村经济社会发展进程,可分两步实行农村社会保障制度:一是按照低水平、广覆盖、有保障的原则,初步构建最基本的农村基本养老保障、基本医疗保障、最低生活保障和规范化的政府救济制

度,使农村社会保障从"无"到"有";二是随着农村经济社会发展,逐步提高农村社会保障标准,缩小城乡社会保障差距,形成城乡一体化的社会保障制度。

九

——改革利农。增加农民收入是"十一五"期间农村经济工作的重点和难点。而要解决农民增收和农村经济快速发展的问题,就必须大力推进农村经济制度的改革与创新,这是提高农业生产力、增加农民收入的重中之重。要按照中央的要求,继续巩固和完善家庭承包经营、统分结合的农村基本经济制度,积极推进农村综合改革。要继续坚持"多予、少取、放活"的方针,巩固税费改革成果,加大对农业的支持和保护力度。要把乡镇机构改革作为解放农村生产力、增加农民收入的关键。农村许多地方,尤其在经济落后的县乡,就业门路狭窄,人们都想往"吃财政饭"的国家干部行列里挤,造成行政机构臃肿,人浮于事,行政效率低下,群众对公共产品和公共服务的需求得不到满足,严重制约了农村生产力的发展。因此,要从转变乡镇政府职能入手,积极稳妥地推进乡镇机构改革,建立适应市场经济需要的高效廉洁、运转协调、行为规范的行政管理体制,切实发挥乡镇政府社会管理和公共服务职能。进一步改革县乡财政体制,推进"省直管县"和"乡财县管乡用"改革试点,提高县乡财政的自我保障能力。

(《甘肃经济与信息》2006 年第 5、6 期)

不同地区失地农民社会保障探析及政策建议

——以甘肃省为例

在中国这样一个典型的二元社会经济结构条件下,由于城乡之间户籍制度、社会保障和就业渠道等尚处于分割状态,农民土地一旦被征用,就必然导致一大批农民从土地上剥离出来,失去土地,也就意味着失去了基本的生活保障。这部分失地农民,既不是现代意义上的城镇居民,又不同于传统意义上的农村村民,而成为"种田无地、上班无岗、社保无份"的"三无"农民。如何对这部分失地农民进行保障,显得尤为重要。"十一五"规划明确提出"坚持最严格的耕地保护制度,加快征地制度改革,健全对被征地农民的合理补偿机制"。因此,解决失地农民的社会保障问题已成为现阶段及今后政府农村工作的重中之重,同时也是构建和谐社会,建设社会主义新农村的根本要求。

一、甘肃省失地状况及失地农民的生活状况

(一)失地状况

近年来,由于经济建设和生态建设的需要,甘肃的大量土地被征用,从征地的类型及用途来看,主要用于城市化、城镇化及公共基础设施建设、农村道路及住宅建设、退耕还林还草等方面。截至2004年,共征用土地 30.2 万亩,涉及失地农民 17.3 万人,占总农业人口的 0.93%;完全失地农民 1.7 万人左右,占失地人口的 9.83%。

（二）失地农民生活状况

1.失地前后农民收支状况。为了正确反映甘肃失地农民在失地前后的生活状况,我们对甘肃省的 100 户农民进行了抽样调查。在接受调查的 100 户农户中, 耕地被占用前的年人均纯收入为 2139.3 元,耕地被占用后的年人均纯收入为 2128.6 元,减少 10.7 元,下降 0.5%。其中,年人均纯收入持平和增加的分别有 25 户和 41 户,分别占调查总户数的 25%和 41%,下降的 34 户,占调查总户数的 34%。进一步分析表明:生活没有太大影响的农户,其收入来源中,绝大部分来源于非农收入,以及家庭成员在企事业单位就业的工资收入、外出打工、家庭开店办厂等,再加上土地补偿费,手头相对有了较多的可支配收入;而生活水平略有下降的农户,主要是原有的家庭收入绝大多数来自土地经营,土地被征用后,收入来源减少。与此同时耕地被占用前的年人均生活消费支出为 1296.2 元,而耕地被占用后的年人均生活消费支出为 1356.3 元;增加 60.1 元,增长 4.64%。主要由于失地后,一部分农户搬进楼房,取暖费、电费、水费、物业费、饮食费等支出增加,导致生活消费支出增大。

2.失地前后失地农民就业情况比较。失地农民非农就业不足,就业形势相当严峻。具体表现为:(1)失地农民在土地被征用的同时能获得就业安置的比重甚小,占失地农民的比重最多不超过 2%;(2)外出务工和从事二、三产业成为多数失地农民就业的主要途径。通过以上两种方式获得就业的失地农民占各地被调查人数的半数左右,最少也占被调查人数的 33%,最多者达到 82%;(3)部分地区城镇化进程速度较慢,不具备非农就业条件,失地农民中有相当一部分仍在从事农业生产,主要是农村和山区;(4)闲散无业人员所占比例居高,多数地区在 1.6%左右。

3.失地农民的预期生活状况。经过调查发现,一方面,失地农民的支出在不断增加,农民失去土地这个最基本的生产资料后,无论愿不愿意"农转非",他们的一切生活都已经城市化了,以往自己种自己吃,而现在大部分生活用品都要到市场去买,因而增加了生活成本。另一方面,失地农民的收入增长却是缓慢甚至是下降的。这表现在:一是失去了最稳定、最基本的生活来源。二是再就业困难重重。目前,农村有一技之长的农村劳动力大多数已找到工作,而那些素质低及老弱病残的劳动力就业难度大,土地征用前他们难以找到工作,失地后亦然。此外,社会保障机制不健全,生活在城市边缘的失地农民,在就业、子女就学、社会保障等方面享受不到有关政策,这也增加了失地农民对未来生活预期的不确定性,严重影响到农村社会稳定和经济发展。

二、甘肃省失地农民社会保障存在的问题

从调查的情况看,广大农民对国家重大建设项目的土地征用都给予了积极配合,作出了贡献,但这种贡献却是以牺牲自己的生存保障为前提的。来自江苏省的调查表明,在全省农地转用增值的土地收益分配中,政府得到 60%~70%,农村集体经济组织得到 25%~30%,而农民只得到 5%~10%。发达地区尚且如此,作为欠发达地区问题就更为严重。从我们调查的情况看,目前甘肃省失地农民的社会保障主要存在以下几方面的问题。

(一)失地农民社会保障水平和保障年限偏低

尽管甘肃各地失地农民的社会保障水平同农村社会保险制度相比有较大提高,但同农民的土地利益缺损相比,保障水平依然偏低。保障年限偏低,主要体现在退耕还林还草的失地农民补偿及社会保障方面,甘肃按照国家规定的补偿年限一般为 5~8 年。保障数额小,保证年限短,而且单一采取发补偿款的办法,无法从根本上保障失地农民的长远生计。

（二）保障资金的缺口大

由于预期的基本养老金支出远远大于保险金的缴纳，造成了保障资金出现较大的资金缺口，而且这个问题带有普遍性。

（三）社会保障内容单一及失业、医疗保障缺失

从目前各地实行的失地农民社会保障内容来看，最主要的方式是提供一定的养老保障和最低生活保障。这种制度安排有两个明显的局限：一是只解决了退休年龄段失地农民的基本生活保障，其他年龄段的失地农民仍面临生存压力；二是医疗、失业等其他保障方式则少有涉及。就失业而言，对于年老和年幼者，因身体状况无法实现就业，生活很困难。就医疗保障而言，在失地前后（除了城郊失地农民）基本上以自主负担为主，失地后，农村和山区农民的可支配收入下降将会使医疗保障的矛盾更为突出。据调查，目前有相当部分地区的医疗与失业保障还处于真空状态。

（四）失地农民的自我保障意识差

农民的土地被征用之后，会得到一定数目的相应补偿。农民在拿到这笔补偿费后，由于缺乏理财能力和投资能力，不知道补偿资金怎样开支、怎样投资，往往集中用于盖房等大宗消费上，没有长远打算，甚至出现任意挥霍、奢侈浪费、参加赌博等，结果不到几年时间就把钱花光了。定西友谊村这种情况就很突出，有些农民一股脑儿把钱全部用在了子女教育、子女结婚、修建房屋和偿还债务上，有些农民盲目投资经商，结果血本无归。

（五）政策执行有偏差

按政策规定，失地农民的养老金由三部分组成，财政拿一块，集体拿一块，个人负担一块。征地补偿费也应给集体留一部分，作为公共积累，用于发展集体经济和公益事业，包括承担一部分养老金。但在实际执行中，相当一部分地方都把钱全部给了农民，集体一分不

留。这样一来,在缴纳养老金时,集体拿不出钱,农民的工作就很难做,社保资金的统筹和养老金的发放就无法操作。

从我们了解到外省的情况看,关于失地农民的社会保障问题,各省也都在探索,中西部地区除个别经济实力较强的城市如成都市、西安市外,基本都未建立失地农民的社会保障机制。东部沿海发达地区情况稍好些,但也大多停留在试点阶段,绝大多数失地农民仍处在无保障或低保障状态。解决这一问题,需要研究的问题很多,还有很长的一段路要走。

三、对策建议

和全国其他地方一样,甘肃在解决失地农民的补偿安置和社会保障方面,基本都是依据 1998 年修订的《中华人民共和国土地管理法》及 2004 年 11 月国土资源部发布的《关于完善征地补偿安置制度的指导意见》。由于甘肃征地类型及失地农民生活状况的复杂性,目前仍没有比较好的征地补偿及关于失地农民社会保障的相关制度,结合甘肃的实际情况和不同征地类型的特殊性,这里主要从不同地区失地农民社会保障和政府在失地农民社会保障方面的作用两个方面提出几点对策及建议:

(一)结合甘肃特殊的地理环境和城乡结构,打破原有统一的失地农民保障制度,建立健全针对不同群体的失地农民社会保障制度

以下以征地的区域为依据,对城郊、农村、山区的失地农民社会保障分别提出不同的对策建议。

1.城郊失地农民社会保障。这部分失地农民主要是在城市化、城镇化的建设过程中形成的。失地后, 他们已经由农民转变为城镇居民,随着身份的转变,他们的社会保障体系也一同转向城镇。从短期来看,政府着重将他们的基本生活保障、养老保障、医疗保障、失业保

障等一同纳入城镇居民的社会保障体系之中，他们的社会保障问题也就相应得到了解决。从长期来看,解决他们的社会保障核心是能够让他们得到充分就业。一是发展地区经济,以发展促就业,并且在发展过程中注重创造就业岗位, 例如兴办乡镇企业和第三产业以吸收更多的失地农民就业。二是加强对失地农民的再就业培训,提高失地农民的就业技能,为失地农民再就业创造条件,适应社会对劳动力的需求,多渠道、多方式解决其就业问题。三是引导失地农民转变观念,破除等、靠、要的思想,鼓励其灵活就业,尤其要鼓励他们到非正规就业部门,诸如为市政、市容、社区提供保洁、保绿、保安服务等服务行业就业。总之,只有解决了城郊失地农民的就业问题,才能从根本上解决失地农民的长远生计。

2.农村失地农民社会保障。由于这部分失地农民远离城镇(例如公路沿线、库区等),他们的社会保障不可能纳入城镇居民社会保障体系,而是要区别加以考虑。短期内农村失地农民的社会保障主要集中在农村最低生活保障和部分养老保障 (大部分为失去劳动能力的"五保户"),必须尽快建立农村失地农民的最低生活保障,以保证这部分农民的生活水平不下降,使他们的生存权免受挑战。在基本生活保障和养老保障制度的设计上,使之更加合理与完善,消除他们的后顾之忧。长期以来,由于农村医疗保障和失业保障处于启动或未开展状态,因此,要把解决和完善农村失地农民的医疗保障和失业保障作为建设社会主义新农村和实现城乡一体化的关键。一是要继续不断完善农村新型合作医疗制度, 同时加大力度改善农村的医疗条件和设施,使生活困难的失地农民免遭病痛的折磨,避免小病拖成大病的现象,使其得到最基本的医疗保障。二是建立针对农村失地农民的就业培训机构和劳务输出组织机构,帮助农民改变过去的劳作习惯,增强技能,走上自主就业和创业的道路。三是全面落实国家的各项义务教育政策,保证失地农民的子女受到良好的教育。

3.山区失地农民社会保障。这部分失地农民主要是在国家退耕还林还草政策下形成的。由于这些地区大都属于25度坡度以上的山区,生活条件相当艰苦,对他们来说最主要的就是解决最基本的温饱问题。从短期来看,无论是失地前还是失地后,大部分山区农民的生活一直在温饱线上徘徊,失地后如何保证这部分失地农民的生活水平不下降甚至有所提高,是一个非常艰巨的任务。由于山区失地农民大部分是退耕还林还草造成的,而目前的保障机制又存在许多缺陷,如前面提到的保障水平和保障年限偏低等问题,使他们对以后的生活预期并不乐观。因此短期内除了解决他们的基本生活保障外,还必须解除他们的后顾之忧,解决保障水平和保障年限偏低等问题。加强交通、通信、文化、卫生等基础设施建设,进一步改善生产生活条件。对部分贫困山区的失地农民加大易地扶贫搬迁的工作力度,让他们远离生存条件差的地区,开辟新的发展领域,避免补偿期满后又陷入等、靠、要的境地。

(二)在完善对各种不同失地类型进行不同补偿办法的基础上,进一步解决政府在失地农民社会保障过程中所存在的问题

首先,要注重相关制度的衔接。失地农民是一个特殊群体,其基本生活保障制度与农村社会养老保险、城镇居民基本养老保险及城乡最低生活保障等相关制度是有区别的。

其次,要注重受益对象的宽泛性与层次性。应该将失地农民基本生活保障制度分为男60周岁,女50周岁或55周岁以上,男16~60周岁,女16~50周岁或55周岁及16周岁以下三个年龄段,从而把所有被征地对象都纳入保障范围,体现社会保障制度的广泛性、公平性原则,进一步解决失地农民年老后的生活问题,解除失地农民的后顾之忧。

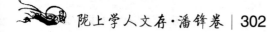

最后,要注重资金筹集和管理的科学性。应借鉴浙江省"三个一点""收支两条线"和财政专户管理的资金筹集和管理模式(因为这种模式与我国现行的农村社会养老保险制度的资金筹集与管理模式相比更为科学,资金来源的社会化程度更高)。"三个一点"的资金筹集模式强调了政府、集体和农民的共同责任,体现了权利与义务相一致的原则。"收支两条线"和财政专户管理的管理模式,会使保障资金运作的透明度更高更便于监督,能够有效防范和杜绝资金收缴和发放过程中被挪用、转借、截留或挤占等不正当行为。

总之,由于失地农民的社会保障方式有很强的地域性、阶段性,应坚持因地制宜,分类施策,不能简单地照搬某一种制度标准,而要考虑和权衡不同地区的收入水平、消费水平、地方经济发展水平、城市化水平及政府财力等方面的因素,综合地、科学地确定适合经济发展水平的失地农民基本生活保障水平。

(《发展》2006 年第 6 期)

发展非正规就业实现农村富余劳动力的
有效转移

引　言

　　非正规就业，根据国际劳工组织的定义，就是非正规部门就业或非正规组织形式就业。从我国的情况来看，非正规就业指的是没有建立正规的劳动关系和没有正规的劳动组织程序的就业。从现象上来看，摆地摊、微型"小企业"、沿街叫卖、人力车夫、修鞋、修配钥匙、搬家、送货等五花八门、无所不包，就业空间十分广阔；从其生存的环境来看，包括非正规部门的雇用劳动者、小业主等自营劳动者和正规部门中的非正规雇用者三种基本类型。由于非正规就业自身具有进入障碍小、经营规模小、劳动技能低等特点和扩大就业、减缓贫困、解决城镇失业等外部特征，近些年来已为多数国家和地区所重视。

　　在我国农村富余劳动力日益增长的情况下，面对严峻的就业形势，《中华人民共和国国民经济和社会发展第十一个五年规划》要求，"把扩大就业摆在经济社会发展更突出的位置，实行积极的就业政策，统筹城乡就业，努力控制失业规模"。因此，开创形式多样的就业方式，已成为缓解目前我国就业压力的重要举措。据统计，2005年全国流动人口达到1.4亿，其中农村富余劳动力占到60%左右，而这其中又有80%的人以非正规就业的形式就业。可见，在经济增长对就业的带动作用乏力的情况之下，非正规就业的发展与完善为庞大的失

业群体提供了较大的就业空间，这对缓解我国现阶段的就业压力具
有重要意义。

发展非正规就业的重要意义

——非正规就业大大缓解了农村富余劳动力的就业压力。无论
从国际经验还是国内实际情况来看，由于进入城镇的农村劳动力自
身文化水平、技能等方面的限制，很难进入或者需要较长的时间才能
进入正规部门就业。因此，在未进入正规部门就业期间，非正规就业
就成为他们就业的主要形式，这对缓解我国就业压力和社会稳定起
到了重要作用。

——非正规劳动力市场的灵活性、多样性，为农村富余劳动力提
供了更广阔的就业空间。这不仅表现在雇用形式和工资价格制定的
灵活性、敏感性上，还表现在对消费市场多样性、个性化需求能够迅
速反应，组织批量生产的灵活适应能力上，这种能力为一般劳动力市
场增加了弹性，具有创造新的工作岗位的巨大潜能。特别是在经济结
构调整过程中，非正规就业较低的准入门槛，为低技能群体和不同技
能的劳动者在不同部门之间的置换过程，提供了一个重要的缓冲带，
避免了大量结构性失业群体的出现。

——非正规就业起着调节就业和收入的双重作用。当经济增长
出现低迷或严重危机时，正规就业人员的工资将下降，就业随之减
少，而非正规就业相应上升。例如，1981—1983 年巴西经济衰退期
间，非正规就业上升了近30%。同时在经济衰退期，非正规就业可以
提高一部分人员的收入，从而在宏观上保持一定的有效需求。目前，
就业不足已经成为我国农村家庭贫困的最主要原因之一。因此，解决
农村贫困问题，除了要健全养老保险和社会救济制度外，根本出路在
于提高农村富余劳动力的就业水平，而非正规就业就成为解决这一

问题的重要举措之一。

——有利于弥补城市生活服务产品供给不足的现状。在计划经济体制向社会主义市场经济体制转轨过程中,相当多的大中城市,原体制下的"配给制"消费品分配系统被取缔,取而代之的是那些具有小商品经济特征的"马路市场"和走街串巷的小商小贩,如上海市75.1%的非正规就业劳动组织主要在社区从事零售配送、文体服务、修理修配、计算机应用服务、小型制造业等职业,不仅推动了居民服务业的发展,还满足了市民不断提高生活质量的需要,也在一定程度上弥补了城市生活服务系统的供给真空。

我国非正规就业发展的现状分析

从我国的情况来看,目前在对非正规就业发展的认识、政策支持、社会保障和社会支持等方面存在一些问题,这其中既有非正规就业者自身的认识问题,也有来自社会方面的认识问题,对非正规就业形成了观念性和体制性障碍。

——非正规就业者对非正规就业这种形式存在认识上的误区。而产生这种误区的原因主要有以下两个方面:首先,由于我国的失业保障面还比较窄,能领取失业保险金的人还比较少,失业保险水平也很低,很多劳动力失去工作后就失去了生活费来源,因此都力求能从事有稳定收入的劳动,这样,正规就业就成为他们的理想和首选的就业形式;其次,由于我国各类企业、事业和机关单位还没有完全改变"铁饭碗、大锅饭"的机制,这种就业观念在许多人心中已经根深蒂固,短时间内难以改变,尤其是西部经济落后地区,这种就业观念就更为严重。由于对就业的错误认识,从而使得非正规就业只是一种过渡性的就业形式。这样,非正规就业的积极作用也难以得到发挥。

——缺乏专门的社会保障政策和制度。我国现行制度与促进灵活多样就业的要求很不适应，可以说社会保障政策制度基本将非正规就业人员排斥在外。即使是正规用人单位，为了降低用人成本，也往往对非正规就业人员不签订劳动合同、不为之缴纳社会保险费。

——法律的缺位。法律的缺位主要体现在现行的劳动法律体系中，对于非正规就业方式没有专门的规定。现有的各项法律法规一般都明显不适应多样化的灵活就业情况，结果是对规模巨大的非正规就业缺乏必要的法律规范，使得他们的各项权利得不到有效的法律保障。

——缺乏基本生活与其他权益的保障。一般来说，非正规就业的劳动者往往生活比较困难，他们对失业、医疗和养老保险的需求相对较大，而大多数人又没有被纳入现行的养老、医疗、失业的社会保障体系。就非正规就业人员来说，许多人对社会保障持消极态度，担心交了社会保险费也享受不到相应的待遇。

——缺乏能够维护其利益的组织。由于灵活多样的就业基本都是单个人的行为，其劳动时间短且分散，没有行业性组织或工会作为组织层面和社会层面的代表来对其进行保护。因此，处于弱势条件的人成为非正规就业者后，弱势地位更加突出，其合法劳动权益很难得到保证，甚至一些就业者的人格尊严也得不到尊重。

为非正规就业创造良好的发展环境

——正确认识非正规就业的客观存在。首先，作为非正规就业者，应当认识到，在市场经济条件下，由于多种经营方式的存在和社会经济活动的多样性，社会需要各个方面的劳动者。因此，非正规就业者的存在不仅是合理的而且也是社会经济发展所必需的，随着市场经济的发展和各项社会保障制度的完善，非正规就业者的地位和贡献也会得到社会的认可。其次，在理论认识方面，很多时候，将非正规就业视为"非正式"的,不是就业,而归入失业、下岗状态,或者是非全日制,钟点工、临时工、弹性工时制等层面的就业。事实上,非正规就业是就业的一种形态,并非失业。由于认识上的误区,导致对非正规就业形式进行管制甚至取消的政策措施,不仅影响了非正规就业的发展,也不利于我国就业目标的实现。因此,正确认识非正规就业形式的合理性与必要性,是发挥非正规就业形式这个劳动力"蓄水池"的必要前提。

——加大现有法律法规的监督实施力度,为非正规就业的有序发展提供法律保障。在这方面,首先,要对非正规部门和在非正规部门就业的劳动者的基本权益作出明确的法律规定,比如最低工资标准,提供各种保险津贴,通过相应的法律法规,使在非正规部门的从业者享有组织工会的权利以及拥有安全的工作环境等。其次,应对非正规部门的从业者进行相关的法律法规教育,以便提高他们的法律意识,明白自己所享有的权利和应尽的义务。最后,还应加大对非正规部门的劳动执法力度,规范非正规部门的劳动用工行为。对于随意克扣工资、雇用童工等违法现象要及时查处。

——建立非正规就业组织,为非正规就业创造良好的制度环境。由于政府过多地将非正规就业纳入制度管理当中,甚至出现"管理即收费",而广大从业者需要的是资金技术等方面的扶持以及管理上的简化和宽松。上海市建立了非正规就业组织——社区就业服务体系,这种组织集岗位开发、管理、服务和社会保障托底功能于一体,由劳动部门核准颁发非正规就业劳动组织证书,由劳动部门统一培训、管理和监督,推动社区服务业和家庭工业化向产业化发展,从而解决了政府对非正规就业"一管就死,一放就乱"的两难困境。

——建立健全社会保障体系,为非正规部门的劳动者提供安全保障。各级政府应积极推进社会保障制度的改革,以扩大社会保障的覆盖面为突破口，尽快将非正规部门中就业相对稳定的群体纳入社会保障的范围。通过社会保障的社会化，统一全社会基本社会保险标准，建立与劳动者工作单位、地区及劳动者身份无关的养老、医疗、失业等个人账户，实行"国民待遇"，从而消除非正规部门从业者的后顾之忧。

——尽量减少非正规就业"正规化"的外在成本，使其走上规范化道路。由于非正规就业具有易进入、资金少、技能低等特点，使得非正规就业者遍布城市各个角落，这不仅影响城市环境建设，也对社会的稳定带来隐患。因此，对其加以正规化是必要的。但由于目前对部分非正规就业的正规化仅仅建立在使其进入政府所规划的指定就业场所，这种正规化不仅没有使其有效发展，反而不利于其发展。例如，沿街的小商小贩，如果让其进入一个正规的商场进行贩卖商品，一是他可能无力进入，二是即使进入也会由于成本过高而入不敷出，最终被迫退出。所以正规化不是对其进行控制与集中，而是让其规范发展，在一个正常的市场秩序下发挥其积极作用。

（《西部论丛》2006年第7期）

甘肃新农村建设中农村文化问题研究

　　建设社会主义新农村，是党的十六届五中全会提出的重大历史任务，是在深刻分析国际国内形势、全面把握我国经济社会发展阶段性特征的基础上，从党和国家事业发展全局出发作出的战略决策。社会主义新农村是一个全面的、综合的概念，是反映一定时期农村社会以经济发展为基础、以社会全面进步为标志的社会形态，是一个涉及经济、政治、文化和社会文明进步的大系统。建设这个大系统既离不开经济建设这一物质基础，也离不开文化建设这一精神支撑。

　　文化是民族的灵魂，也是新农村建设的灵魂。正如胡锦涛总书记在中共十七大报告中指出："当今时代，文化越来越成为民族凝聚力和创造力的重要源泉、越来越成为综合国力竞争的重要因素，丰富精神文化生活越来越成为我国人民的热切愿望。要坚持社会主义先进文化前进方向，兴起社会主义文化建设新高潮，激发全民族文化创造活力，提高国家文化软实力，使人民基本文化权益得到更好保障，使社会文化生活更加丰富多彩，使人民精神风貌更加昂扬向上。"而农村文化是一种以农民生活为主题的农村区域文化，是整个农村工作的重要组成部分，是和谐社会建设的主要组成部分，更是新农村建设的主要组成部分。在新农村建设过程中，农村文化具有促进农村人力资源开发、促进农村经济发展、增强农民的环保意识、促进农业可持续发展、提高农民的政治素质和促进农民角色转变等多种功能。因此，要实现社会主义新农村建设的各项要求和目标，必须在大力发展经济的同时,充分利用和依靠文化、教育和科技等力量,切实加强农村文化建设,加速改变农村落后面貌,促进农村各项事业的长足发展。

一、甘肃省农村文化建设的现状与特点

(一)甘肃农村文化建设的现状

甘肃是一个典型的农业省份,全省现有县(市、区)86 个,乡镇1371 个,行政村 2 万多个,农业人口 1869 万人,占全省总人口的71.39%。2006 年,农民人均纯收入 2134 元,比上一年增长了 7.8%,虽然仅相当于全国农民人均收入 3255 元的 65.56%,但是跟自己相比已经有了很大的进步,农民生活水平普遍得到提高。与此同时,农村文化建设也取得了一定成效。2006 年,全省县级"两馆"建设进度加快,国家和省上投资立项建设的 83 个县级图书馆、文化馆,累计完成投资总额 8954 万元,已竣工 63 个。全省信息资源共享工程已建成 1个省级、12 个市级和 30 个县级基层中心,辐射到大部分乡镇文化站。除此之外,文化教育、娱乐消费和农村劳动力文化程度也都有一定程度的改善。具体情况如表 1、表 2、表 3 所示:

表 1　甘肃农村文化设施建设情况表

指标名称	单位	1980 年	1990 年	2000 年	2006 年
文化馆	个	93	84	98	101
公共图书馆	个	39	83	91	90
报纸出版数	万份	10300	20568	25660	35033
杂志出版数	万册	671	3274	8064	13190

表2　文化教育、娱乐消费支出情况表

指标名称	单位	2002 年	2003 年	2004 年	2005 年	2006 年
文娱用电	元	14.67	21.00	17081	29.88	23.59
文娱用品	元	0.18	0.29	0.43	0.88	0.89
纸张文具	元	3.00	3.36	3.59	4.19	4.23
书报杂志	元	5.45	7.49	7.10	6.41	7.42

表3　农村劳动力文化程度情况表

指标名称	单位	2002 年	2003 年	2004 年	2005 年	2006 年
不识字	人	978	979	949	814	782
小学	人	1388	1394	1433	1564	1509
初中	人	1921	1958	1959	1960	2073
高中	人	595	604	633	545	586
大专以上	人	31	27	36	44	58

数据来源:甘肃农村统计年鉴 2007 年

　　在群众文化活动方面,各市州、县区立足本地文化资源,因地制宜,开展了各种特色示范文化活动,极大地丰富了城乡群众的文化生活。同时,全省各级群艺馆、图书馆、文化馆调整工作思路,积极开展送戏、送图书、送文化辅导下乡进社区等活动,不断为基层提供各式各样的文化服务。

　　(二)现阶段甘肃省农村文化建设的特点

　　1.民间民俗特色文化稳步推进。民间民俗文化是农村文化的重要组成部分,它的发展可以带动整个农村文化的发展。2006 年,甘肃

各地区在推动民间民俗文化产业方面做了大量的工作。如庆阳市政府出台了加快和促进民间文化产业发展的意见；武威市举办了首届文化产品博览会；张掖市、平凉市制定了"十一五"文化产业发展规划等。在深圳国际文化产业博览会期间，甘肃展台每天都有数千观众前来咨询洽谈和观看演出，招商引资工作成果丰硕，特色文化产品成交额25万元，达成意向性文化产业项目13个，协议金额4.4亿元。

2.农村文化人才队伍建设得到加强。2006年，甘肃省制定了《关于对全省文化系统2006—2010年专业人员队伍建设工作的指导意见》，对未来5年农村文化人才队伍建设作出了全面的规划和部署。除此之外，还组织开展了全省农村实用文化人才高级职称评定工作，10个市州为101位农村实用人才评定了副高职称。酒泉、天水等市州和省直属单位的34名学员还参加了省艺研所与西北民族大学联合举办的"文化干部艺术管理大专班"的学习。

3.群众文化活动蓬勃发展。2006年，甘肃省各级文化艺术院团继续深入农村基层，全年共演出15000多场，并围绕庆祝建党85周年、纪念红军长征胜利70周年等大事件进行了专门演出，营造了良好的氛围。在省委宣传部与省文化厅联合举办的全省首届农民文艺调演活动中，有38个优秀节目、500多位农民演员在兰州参加了演出，全面展示了新时期农民群众的精神面貌。此外，在以关注农村、关爱农民为主题，以春节民俗文化活动为主要内容的2006年"文化春节"活动中，全省各级文化部门精心组织，极大地活跃了农村基层群众的文化生活。

4.非物质文化遗产保护工作进一步加强。2006年，甘肃省文化厅与张掖市政府联合举办了"甘肃民间艺术品展览暨民间才艺展示"活动，与白银市政府联合举办了甘肃省特色文化大省宣传周白银主题活动。非物质文化遗产保护基础性工作也扎实推进，特别是环县，命名 80 名"道情皮影传承人"、成立了道情皮影研究会和保护中心、并投资 1200 万元建立了道情皮影博物馆。2006 年 10 月,在庆阳市召开的全国非物质文化遗产保护试点经验交流会上,环县的保护经验得到了文化部的充分肯定。

然而,从总体上看,甘肃农村社会事业基础仍然比较薄弱。由于经费紧张、政策难以落实等原因,文化馆、公共图书馆大都处于维持状态,而乡镇文化站更多的则是处于闲置状态,难以提供有效的服务。

二、甘肃省农村文化建设存在的问题

(一)整体上资金投入不足

甘肃省在整体上对农村文化建设的投入严重不足,当前各地对农村发展投入的资金本来有限,在前几年优先发展经济的思路下,农村文化建设的经费投入更是少得可怜。从人均受教育水平、农民文化娱乐活动支出比、乡镇图书馆覆盖率三个方面看,2005 年甘肃省的实现程度无论与新农村建设的标准相比,还是与全国 2004 年的平均水平相比,都有一定的差距。具体表现如表 4 所示。

表 4 甘肃农村文化建设投入表

指标名称	单位	标准	实际值		实现程度(%)	
			2004 年	2005 年	2004 年	2005 年
			全国	甘肃	全国	甘肃
人均受教育水平	年	≥9	7.7	7.3	85.6	81.1
农民文化娱乐活动支出比	%	3.6	3.5	51.4	50	
乡镇图书馆覆盖率	%	100	78	54	78	54

数据来源:国家统计总局甘肃调查总队

（二）认识上的偏差和思想观念的落后

认识上的偏差主要存在于对文化建设的地位和作用以及文化建设与经济建设的关系上，表现之一是"附属论"，即片面强调经济建设对意识形态的决定作用和文化建设对经济建设的服务作用，却忽视了文化建设对经济建设的促进作用；二是"靠后论"，主张把经济建设搞上去后再去进行文化建设；三是"代价论"或"牺牲论"，认为牺牲文化建设是加快经济发展所必须付出的代价。这些认识上的偏差造成一些农村地区文化建设裹足不前，甚至倒退，同时也造成了当地经济社会畸形发展。而思想观念落后主要表现在：因循守旧、安贫乐道、小农意识影响了农民主动寻求商机和开拓市场的能动性；宗教观念、个人主义限制了农民的视野和对外开放的能力；拜金主义、封建迷信思想盛行，严重损害了人们平等友爱、崇尚科学、尊重知识的社会风尚。

（三）文化的生产与消费脱节

目前，农村文化产品本来就不多，反映社会主义新农村的作品更是少之又少。有些文化创作人员不深入农村基层，不了解新时代农村的新变化，其作品严重脱离农村的实际。有的文化工作者违背社会公德和职业道德，为了眼前的经济利益，迎合某些人的低级趣味，制作"媚俗"的文化产品甚至淫秽黄色的文化垃圾，严重败坏了社会风气。在文化消费方面，甘肃省山区的绝大多数农民依然沿袭"日出而作，日落而息"的古老生活方式，没有时间、精力、财力投入文化消费中去。虽然一部分有条件的农民已经开展了一些文化娱乐活动，但大多局限于闲聊、打牌、喝酒甚至赌博等单调、低层次的活动方式。

（四）农村文化建设滞后，农民文化生活贫乏

农村文化是一种区域文化，一种以农民为主题的农村居民文化。在农村，农民除了看看电视、听听广播以外，少有其他文化娱乐活动，有的地方也仅局限于在重大节日时搞些文化娱乐活动。在甘肃，有村

级文化活动站的村占 27.93%，经常去文化活动站的农户占 23.31%，偶尔去一次的占 49.49%。农民获取信息的主要渠道是与人交谈、报纸、村里的公告与通知，且订阅报纸杂志的农户仅占 15.58%。可见，农村文化建设与经济社会的协调发展不相适应，与农民群众的精神文化需求不相适应。

（五）教育资源不均衡，农村义务教育不到位

近年来，甘肃的农村教育取得了巨大成就，在人口众多、生产力水平较低的情况下，全省全面实现了普及初等义务教育，76.78%的人口基本普及了九年义务教育。但由于农村义务教育阶段的欠账太多，不少地方农村中小学教职工工资保障、校舍维修、改造和建设、公用经费保障等问题仍然突出。此外，教育资源分配也极不均衡，城市20%的人享受着80%的教育资源，而农村80%的人仅享受20%的资源。对教育投入不公，明显地重城市、轻农村，好的设施、师资、管理等公共教育资源流向城市。农村教育资源的贫乏，直接影响了当地义务教育的普及。城镇居民与农村居民在平均受教育年限这一指标方面差异显著，前者的平均受教育年限为12.3年，相当于高中文化程度，而后者的平均受教育年限为7.51年，相当于初中一年级的文化程度。在这种情况下，劳动者运用现代科学技术和适应现代市场的能力都比较低。从某种意义上说，农村教育资源的匮乏已成为制约甘肃省经济社会发展的重要因素。

三、加快甘肃省农村文化事业建设的途径

《中共甘肃省委、甘肃省人民政府关于加强全省农村文化工作的意见》指出：农村文化工作是整个农村工作的一个重要组成部分，做好农村文化工作对于提高全省广大农民的思想道德素质和科学文化素质，塑造有知识有文化的新农民，提升农民的公共意识和能力，巩

固社会主义思想文化阵地,建设农村社会主义精神文明,维护农村社会稳定,促进农村经济发展和社会进步,改变农村落后现状,实现农村物质文明、政治文明和精神文明协调发展,具有重要的现实意义和长远的历史意义。因此,甘肃省在新农村建设过程中,应把文化建设列入经济和社会发展总体规划,列入新农村建设的目标,落实建设经费,逐步建立国家、社会、集体、个人相结合的多渠道投入体系,以促进农村物质文明、政治文明、精神文明建设和谐发展。

(一)积极传播先进文化

先进文化是一个地区不可或缺的核心价值观念。先进文化所蕴含的价值观念不仅仅是建立各种社会制度的价值渊源,而且也是建立一系列思想、道德等社会规范的价值尺度。当今甘肃省的大多数农村地区都有着丰富的民俗文化形式,但先进文化的传播渠道却较为单一,力度有待加大。向农民传播先进文化,大多采用"我讲你听"的简单模式,收效极为有限。如果让农民主动参与,自觉接受先进文化教育,重要的是开展内容健康、格调清新又为群众喜闻乐见的特色文化活动,寓教于乐。可通过鼓励农民自发组织文娱活动,如各种文化节、自编自演小剧目、征文赛、读书活动、演讲赛等等,使各种先进文化以潜移默化的方式进村入户、入脑入心。

(二)提高农民文化生活质量

首先,重视家庭文化建设。农民既是农村文化建设的主体又是农村文化的客体,他们既被农村文化及外界文化改造、提高,又用他们自身的努力推动着农村文化的发展。但我们要看到,农民在夯实了自己的经济基础后,迫切希望提高自己的政治地位和文化素质,但他们一般不容易形成文化自觉意志和付诸行动,即有一定的惰性和被动性。有相当一部分农民为了眼前的经济利益,把主要的时间精力都投在了做生意赚钱上,而放松甚至是放弃对科技文化知识学习。在这种情况下,就要注重家庭文化的熏陶,而高质量的书籍报刊应当成为富裕农民家庭的基础。只有当家庭文化建设成为农民有意识的行为、自觉的追求、社会的时尚时,才意味着农民的文化生活质量有了质的提升。

其次,鼓励农民群众自发开展各种文化活动,充分发挥其在农村文化建设中的作用。采取民办公助、政策引导等措施,积极扶持热心文化活动的农户组建文化大院、文化中心户、文化室、农民书社等,支持农民群众自筹资金、自我管理,兴办民间艺术团、电影放映队等群众文化组织。鼓励引导文化专业户相互联合,逐步形成具有一定资源优势和产业集中度的文化企业。扶持以公司加农户、专业加工户等形式,开发农村特色文化产品和开展文化服务,活跃农村文化活动,丰富农民文化生活形式。

(三)加强农村基础教育,改善农村落后的办学条件

农村青少年是农村经济建设的后备力量,他们的文化教育素质程度的高低将直接关系着新农村建设的未来。农村文化建设离不开高素质的农民群体,同样,新农村建设也离不开科学技术知识和大批高素质的农村劳动者。因此,必须重视农村的基础教育。要加大对农村教育的投入力度,解决农村办学难的问题,确保农村义务教育阶段每一位适龄儿童和青少年学习知识的基本权利;坚持基础教育面向农村、为农村建设服务;加强农村教育基础建设,制定农村教育的优惠政策,使城乡教育资源得到合理配置与利用,从而实现教育公平化,提升农村基础教育的质量和水平。

(四)努力扩大农村职业教育和培训

甘肃省农村人口平均受教育年限不足 7 年,小学以下文化程度占 40%以上,绝大多数外出务工者没有接受过职业技术教育。自 20世纪 80 年代以来,各地曾有过零散的培训,然而,由于当时的经济发展水平和各种主客观因素的制约,受训者仅占外出务工者的 7%。农

村人口的科学文化素质不高、专业技能偏低,已成为新农村建设中的突出"瓶颈"。因此,努力扩大农村职业教育和培训,每县至少办好一所中等职业技术学校,千方百计对农村16岁以上青壮年农民进行职业技能培训和教育,切实有效地提高农民的创业或就业能力。按照学历教育和短期培训相结合的要求,实行产教结合、校企结合,开展多种形式的联合招生和联合办学,支持企业和其他社会力量举办或联办职业技术院校,面向农村开展职业教育和培训。推进职业教育和培训与劳动力市场对接,加强农村初高中毕业生的职业技能培训,增强农民的"造血功能"。

总之,加强农村文化建设,推动农村文化的自我发展、自我完善、自我超越,日益壮大农村先进文化的力量,不断提高农民的思想素质和科学文化素质,提升农民的公共意识和能力,有效化解农村社会基层矛盾,能够促进农村社会的和谐发展,加快社会主义新农村建设的步伐。

四、结论

甘肃省的农村文化建设严重滞后,是不争的事实,也是制约新农村建设的一个主要因素。农村文化落后,从表面上看,是农民生活单调,农民生活质量不高,更重要的是,农村文化的落后,禁锢了农民的思想、畸形了农民的观念、扭曲了部分农民的灵魂。而社会主义新农村建设不仅要发展经济,要让农民致富,还要不断丰富农民的精神文化生活。因此,必须大力加强农村文化建设,通过农村文化建设把农民的思想活跃起来,把农民的观念转变过来,把农民的精力集中起来,把农民的动力发挥出来,使甘肃省的新农村建设得以顺利进行。

(《现代农业研究》2008 年第 7 期)

附录

潘锋学术年表

1983 年

12 月,参加了在郑州召开的中国商业经济学会"发挥国营商业主导作用"学术研讨会,并撰写大会论文《从批发商业在国民经济中的地位和作用谈其改革的必要性》。

1985 年

潘先生以笔名晓攀撰写论文《漫谈编修地方志的意义和作用》,发表于《商经学刊》1985 年第 5 期;12 月,参加商业部下达的专题调查任务,关于张掖南楼饭馆实行集体租赁经营的调查。

1986 年

参加了在兰州召开的西北五省区第一届商业理论讨论会,并撰写会议论文《关于搞活大中型企业的几点拙见》;同年,撰写《搞活大中型企业刍议》论文,发表于《商经学刊》1986 年第 2 期。

1987 年

参加了在西宁召开的第二届西北五省区商业理论讨论会,并作了题为"两权分离暨租赁经营的反思"的主题发言,随后撰写了《怎样搞好租赁经营》论文,发表于《商经学刊》1987年第4期;借鉴和总结发达地区的先进经验,撰写了《自选市场之我见》论文,发表于《兰州经济研究》1987年第4期。

1988 年

与陈宝生合作撰写了《商业结构调整和产业政策实证分析》《走逆向式发展道路》两篇文章,分别在《商经学刊》杂志1988年第3期、《发展》杂志1988年第2期公开发表;随后以晓攀为笔名撰写了《承包租赁经营与公证》一文,发表于《商经学刊》1988年第6期;《走出困境的抉择》(专著)由兰州大学出版社出版,本书由陈宝生、邓志涛、潘锋、郭峰联合主编。

1989 年

当年在对新疆、内蒙古等内陆地区以及部分沿海开放地区学习考察后,撰写了《甘肃对外开放的初步思考》《关于新疆对外开放的考察报告》《对内蒙古实施对外开放情况的考察报告》等系列文章,分别在《经济动态与决策》杂志1989年第9期、19期、32期公开发表;与陈宝生合作撰写的《创立适应商品经济发展要求的流通新格局》一文,发表于《商经学刊》1989年第4期;与张永业合作的文章《加快甘肃教育事业发展的对策》,刊发在《经济动态与决策》1989年第11期;撰写《甘肃省河西地区农村人口控制问题研究》一文,刊发在《发展》1989年第5期;魏武峰主编的《甘肃产业政策研究》一书由甘肃人民出版社出版,潘锋参与了该书第四章的执笔写作;主持承担甘肃省科技厅软科学项目《西进东挤战略研究》课题项目。

1990 年

魏武峰主编的《2000 年的甘肃》一书由甘肃人民出版社出版,该书第十一章节由潘锋执笔写作,本书获得了 1990 年甘肃省社科一等奖、甘肃省经济学会优秀成果特等奖;潘锋参与写作的《甘肃产业政策研究》一书,同年获得了甘肃省科技进步三等奖;潘锋参与执笔的《甘肃商业志》一书由甘肃人民出版社出版;与葛正芳、侯万军合作撰写的《从甘肃经济发展谈缩小东西部差距》一文,在《求是》杂志 1990 年第 4 期公开发表;与韩福俊、温友祥合作的文章《临夏回族自治州人口问题研究》,发表于《西北人口》1990 年第 4 期;撰写的《全省经济运行情况的调查》和《关于当前劳动就业问题的调查》两篇调研报告,分别在《经济动态与决策》杂志 1990 年第 22 期、29 期公开发表。

1991 年

潘锋主持承担甘肃省软科学项目《甘肃农村人口研究》课题项目,国家体改委下达的研究项目《市场发育及计划与市场结合形式探索》立项;与张永业等合作的文章《对市场疲软问题的再认识》《关于科技兴工的若干研究》分别在《商经学刊》1991 年第 1 期、《甘肃科技情报》1991 年第 56 期公开发表;撰写的《关于兰州市民百大楼搞活商品经营的调查》一文,发表于《经济动态与决策》杂志 1991 年第 35 期。

1992 年

徐炳文主编、潘锋担任副主编的《河西走廊小康工程实施方略》(专著)由经济管理出版社出版;陈宝生主编的《走向二十一世纪》

(专著)由中国经济出版社出版,潘锋担任本书第六部分报告十的撰写;在《发展》1992年第1期发表文章《土库曼斯坦散记》;撰写的《也谈转换企业经营机制》一文在《商经学刊》1992年第4期发表;撰写的《关于建立敦煌旅游经济特区的调查与思考》和《关于发展甘肃省生产资料流通产业化的探讨》两篇文章,分别在《经济动态与决策》1992年第56期和《甘肃物情》1992年第4期公开发表。

1993 年

姚以农主编的《摆脱贫困之路探索》由农业出版社出版,该书第八章节由潘锋执笔写作,该书获1992年甘肃省社科三等奖、甘肃省农业区划成果一等奖;撰写的文章《甘肃财政:如何渡过难关》在《发展》1993年第12期刊发。

1994 年

撰写的多篇文章《甘肃财政困难的出路》《五子登科:念好蔬菜经》《特点　原因　对策》分别在《发展》1994年第1期、4期、9期发表;撰写的《关于解决甘肃省财政问题的若干思考》一文,在《社科纵横》1994年第1期发表;与张泽林合作撰写的《进一步加强发展甘肃省商业流通产业的几点思考》一文在《商经学刊》1994年第1期刊发。

1996 年

由潘锋担任副主编的《河西走廊小康工程实施方略》一书获1996年甘肃省科技进步三等奖;与张宇合作撰写的《深刻领会抓大放小战略　推动企业改革步伐》一文在《统计分析决策》1996年第6期发表。

1998 年

与张新兰合作撰写的《清费立税：深化财税体制改革的必然选择》一文在《发展》1998 年第 9 期发表；与陈宝生、张宇合作撰写的《培育小巨人　重塑地县经济新框架》一文在《经济管理研究》1998 年第 3 期发表；当选为中国区域经济学会会员。

2000 年

与张泽林、张宇等人合作的《知识经济：甘肃实现跨越式发展的必然选择》和《新阶段　新机遇　新任务》两篇文章分别在《发展》2000 年第 9 期、10 期发表；撰写的《甘肃：跨世纪的发展战略》一文在《企业决策参考》2000 年技改特刊刊发；当选为甘肃省商业经济学会理事。

2001 年

与李沛文、张宇合作撰写的两篇文章《甘肃经济结构实证分析》《甘肃社区就业问题解析》分别在《发展》2001 年第 9 期、12 期发表；10 月 9 日参加了由甘肃省运输管理局召开的《陇运快客发展战略研究》课题评审会；担任《发展》杂志总编辑、兰州都市圈规划编制工作委员会委员。

2002 年

与李沛文、张宇等人合作撰写的文章《积极迎接入世　加快甘肃发展》在《开发研究》2002 年第 1 期发表；与张宇等人合作的文章《应把发展社区就业作为近期扩大就业的首选措施》在《调查与研究》2002 年第 7 期发表；撰写的理论文章《坚持在邓小平理论指导下前进》在《发展》2002 年第 5 期发表；主持承担甘肃省科技厅软科学课题《甘肃第三产业发展研究》；4 月 12 日参加甘肃省运输管理局召开的《现代物流业发展规划》课题评审会；参加由甘肃省政府研究室、省交通厅、兰州大学经济、兰州市委研究室、天水师范学院等单位主持召开的 6 项课题评审会；被聘为甘肃省招商引资项目专家咨询委员会专家。

2003 年

与张宇撰写的文章《关于提升县域经济竞争力的几点思考》在《调查与研究》2003 年第 2 期刊发；与王立朝等人合作撰写的《小水电 大文章》一文在《时代学刊》2003 年第 9 期发表；撰写的《对提高独生子女心理素质的理性思考》一文在《发展》2003 年第 3 期刊发；参加甘南.临夏民族经济发展情况的调查；主持承担省科技厅软科学课题项目《加强甘肃财源建设的实证研究》；参加由甘肃省交通厅、甘肃省财政厅、中科院资源环境信息中心、甘肃省社会科学院、甘肃省发展和改革委员会和兰州大学等单位主持召开的 5 项课题评审会；被聘为甘肃省市场营销协会学术委员会顾问。

2004 年

潘锋主编的《甘肃县域经济发展实证研究》（专著）由兰州大学出版社出版；撰写的《2003 年甘肃县域经济发展情况》一文在 2004 年《中国县域经济年鉴》刊发；当选为甘肃省陇台协会副理事长；被聘为甘肃省粮食局国有粮食企业改革试点专家顾问；担任甘肃省城市规划委员会委员；参加由人民银行甘肃省分行、中科院兰州分院、甘肃省科技厅、金昌市政府研究室、兰州市政府研究室、甘肃省建设厅、甘肃省经贸委、兰州大学城市规划设计研究院、玉门市政府等多家单位主持召开的 14 项课题评审会。

2005 年

参加中日经济知识交流会第 25 届年会，并在大会上作了题为《加强合作交流，谋求共同发展》的主旨发言；开展酒泉卫星发射基地调查；主持承担兰州市科技局软科学项目《兰州经营城市的理念与途径探索研究》；撰写的《对建设金融生态环境的几点看法》一文在《金融时报》2005 年 3 月 28 日刊发；与沈俊涛合作撰写的文章《甘肃农村信息公共服务网络建设模式分析》在《甘肃经济信息》2005 年第 5 期、6 期发表；与张宇合作的《甘肃：应推广"金塔模式"》一文在《中国信息界》2005 年第 2 期发表；与李永生合作撰写的文章《农村信用社产权制度改革分析》在《发展》2005 年第 12 期公开发表；被聘为金昌市"十一五"规划专家顾问；担任甘肃省公开选拔地厅级领导干部和高级管理人员面试考官、甘肃省区域经济专家咨询委员会成员；参加由甘肃省委党校、甘肃省科技厅、甘肃省发展和改革委员会、甘肃省经济研究院、西北师范大学资源环境学院、中科院资源环境科学信息中心、金昌市政府、甘肃省人口委、甘肃省政府研究室等多家单位主持召开的 15 项课题评审会。

2006 年

开展了一系列专题调研并形成了专题研究报告：1.全省住房公积金使用情况的调查报告，2.美国工业企业考察报告，3.全省矿产资源开发情况的调查报告，4.全省教育卫生及人力资源开发情况的调查报告；主持承担甘肃省社科规划课题《甘肃省农村社会保障制度建设及对策研究》；主持承担兰州市科技局软科学课题《兰州市都市农业与农村经济发展研究》；撰写的《加快甘肃县域经济发展十策》一文在《甘肃经济信息》2006 年第 5 期、6 期连续刊发;与陈祖贵撰写的文章《新农村建设生产发展是基础》在《甘肃经济信息》2006 年第 5 期、6 期连续刊发;与毛锦凰合作撰写的《发展非正规就业 实现农村富余劳动力的有效转移》和《不同地区失地农民社会保障探析及政策建议》两篇文章分别在《西部论丛》2006 年第 7 期专刊和《发展》2006 年第 6 期发表;与李金权等人合作的《积极探索新农村建设投入新机制——临泽整合支农资金的实践与思考》一文在《发展》2006 年第 8 期刊发;被聘为甘肃农村发展研究院兼职董事(研究咨询专家委员会专家)、甘肃省科技创新团队首席专家;担任甘肃省期刊研究会副会长、甘肃经济日报顾问;参加由甘肃省工程咨询中心、甘肃省统计局、甘肃省发展和改革委员会、甘肃省经济研究院、兰州大学资源环境学院、甘肃省科技厅等单位主持召开的 13 项课题评审会。

2007 年

参加西部省区第二次研究室主任联席会议,并在大会上作了题为《加强生态环境建设 实现甘肃又好又快发展》的主题发言;参加永靖刘兰公路修建文化墙情况的调查、全省征收水资源费情况的调查、全省软环境建设情况的调查、甘肃省城镇职工医保实施情况的调查、全省"四加一"改革情况的调查,并形成系列专题调研报告;潘锋主编的《甘肃工业中小企业发展研究》(专著)由甘肃人民出版社出版;潘锋主编的《甘肃县域经济发展实证研究》获 2007 年甘肃省科技进步三等奖、2007 年中国发展研究奖、甘肃省第七届优秀图书出版奖;与巩月明、韩畅合作撰写的文章《甘肃城乡居民收入差距研究》《大学生创业现状分析及对策》分别在《发展》第 7 期、8 期发表;与毛锦凰撰写的《基于 SWOT 分析的甘肃省县域特色农业发展战略研究》一文刊发在《开发研究》2007 年第 6 期;被聘为兰州大学经济管理学院兼职教授硕士生导师;当选第六届甘肃省金融学会常务理事;参加由甘肃省科技情报所、崆峒区科技局、兰州理工大学、兰州交通大学、甘肃省农牧厅、兰州大学经济学院、甘肃农业大学、中科院图书馆等单位主持召开的 16 项课题评审会。

2008 年

参加全省商品粮生产情况的调查、甘南生产生活秩序恢复情况的调查等调研活动;撰写的《工业怎样反哺农业》一文在《发展》2008年第 7 期刊发;与王晓亮合作撰写的文章《甘肃新农村建设中农村文化问题研究》在《现代农业研究》2008 年第 7 期发表;被聘为西北民族大学经济管理学院兼职教授、兰州商学院经济管理学院兼职教授;参加由甘肃农业大学、甘肃省投资贸易局、兰州理工大学、甘肃省社会科学院、甘肃省发展和改革委员会、甘肃科技厅等单位主持召开的11 项课题评审会。

潘锋论著要目

论 文

1.《漫谈编修地方志的意义和作用》,《商经学刊》1985 年第 5 期。

2.《搞活大中型企业刍议》,《商经学刊》1986 年第 2 期。

3.《怎样搞好租赁经营》,《商经学刊》1987 年第 4 期。

4.《自选市场之我见》,《兰州经济研究》1987 年第 3 期。

5.《怎样搞好租赁经营》,《商经学刊》1987 年第 4 期。

6.《承包租赁经营与公证》,《商经学刊》1988 年第 6 期。

7.《商业结构调整和产业政策实证分析》,《商经学刊》1988 年第 3 期。

8.《走逆向式发展道路》,《发展》1988 年第 2 期。

9.《创立适应商品经济发展要求的流通新格局》,《商经学刊》1989 年第 4 期。

10.《甘肃对外开放的初步思考》,《经济动态与决策》1989 年第 9 期。

11.《关于新疆对外开放的考察报告》,《经济动态与决策》1989 年第 19 期。

12.《对内蒙古实施对外开放情况的考察报告》,《经济动态与决策》1989 年第 32 期。

13.《甘肃省河西地区农村人口控制问题研究》,《经济动态与决策》1989 年第 11 期。

14.《加快甘肃教育事业发展的对策》,《发展》1989 年第 5 期。

15.《从甘肃经济发展谈缩小东西部差距》,《求是》1990 年第 4 期。

16.《临夏回族自治州人口问题研究》,《西北人口》1990 年第 4 期。

17.《全省经济运行情况的调查》,《经济动态与决策》1990 年第 22 期。

18.《关于当前劳动就业问题的调查》,《经济动态与决策》1990 年第 29 期。

19.《对市场疲软问题的再认识》,《商经学刊》1991 年第 1 期。

20.《关于科技兴工的若干研究》,《甘肃科技情报》1991 年第 56 期。

21.《关于兰州市民百大楼搞活商品经营的调查》,《经济动态与决策》1991 年第 35 期。

22.《土库曼斯坦散记》,《发展》1992 年第 1 期。

23.《也谈转换企业经营机制》,《商经学刊》1992 年第 4 期。

24.《关于建立敦煌旅游经济特区的调查与思考》,《经济动态与决策》1992 年第 56 期。

25.《关于发展甘肃省生产资料流通产业化的探讨》,《甘肃物情》1992 年第 4 期。

26.《甘肃财政:如何渡过难关》,《发展》1993 年第 12 期。

27.《甘肃财政困难的出路》,《发展》1994 年第 1 期。

28.《进一步加强发展甘肃省商业流通产业的几点思考》,《商经学刊》1994 年第 1 期。

29.《五子登科:念好蔬菜经》,《发展》1994 年第 4 期。

30.《特点　原因　对策》,《发展》1994 年第 9 期。

31.《关于解决甘肃省财政问题的若干思考》,《社科纵横》1994 年第 1 期。

32.《深刻领会抓大放小战略　推动企业改革步伐》,《统计分析决策》1996 年第 6 期。

33.《清费立税：深化财税体制改革的必然选择》，《发展》1998 年第 9 期。

34.《培育小巨人 重塑地县经济新框架》，《经济管理研究》1998 年第 3 期。

35.《知识经济：甘肃实现跨越式发展的必然选择》，《发展》2000 年第 9 期。

36.《甘肃:跨世纪的发展战略》，《企业决策参考》2000 年技改特刊。

37.《新阶段 新机遇 新任务》，《发展》2000 年第 10 期。

38.《甘肃社区就业问题解析》，《发展》2001 年第 12 期。

39.《甘肃经济结构实证分析》，《发展》2001 年第 9 期。

40.《积极迎接入世 加快甘肃发展》，《开发研究》2002 年第 1 期。

41.《应把发展社区就业作为近期扩大就业的首选措施》，《调查与研究》2002 年第 7 期。

42.《坚持在邓小平理论指导下前进》，《发展》2002 年第 5 期。

43.《关于提升县域经济竞争力的几点思考》，《调查与研究》2003 年第 2 期。

44.《对提高独生子女心理素质的理性思考》，《发展》2003 年第 3 期。

45.《小水电 大文章》，《时代学刊》2003 年第 9 期。

46.《2003 年甘肃县域经济发展情况》，《中国县域经济年鉴》（2005 年）。

47.《对建设金融生态环境的几点看法》，《金融时报》2005 年 3 月 28 日。

48.《甘肃农村信息公共服务网络建设模式分析》，《甘肃经济信息》2005 年第 5 期、6 期。

49.《甘肃:应推广"金塔模式"》，《中国信息界》2005 年第 2 期。

50.《农村信用社产权制度改革分析》,《发展》2005 年第 12 期。

51.《加快甘肃县域经济发展十策》,《甘肃经济信息》2006 年第 5 期、6 期。

52.《新农村建设生产发展是基础》,《甘肃经济信息》2006 年第 5 期、6 期。

53.《发展非正规就业 实现农村富余劳动力的有效转移》,《西部论从》2006 年第 7 期专刊。

54.《不同地区失地农民社会保障探析及政策建议》,《发展》2006 年第 6 期。

55.《积极探索新农村建设投入新机制——临泽整合支农资金的实践与思考》,《发展》2006 年第 8 期。

56.《基于 SWOT 分析的甘肃省县域特色农业发展战略研究》,《开发研究》2007 年第 6 期。

57.《大学生创业现状分析及对策》,《发展》2007 年第 8 期。

58.《我省城镇职工医保实施情况的调查》,《调研报告》2007 年第 16 期。

59.《甘肃城乡居民收入差距研究》,《发展》2007 年第 7 期。

60.《工业怎样反哺农业》,《发展》2008 年第 7 期。

61.《甘肃新农村建设中农村文化问题研究》,《现代农业研究》2008 年第 7 期。

编　著

1.陈宝生、邓志涛、潘锋、郭峰主编:《走出困境的抉择》,兰州大学出版社,1988 年。

2.魏武峰主编:《甘肃产业政策研究》,第 4 章执笔,甘肃人民出版社,1989 年。

3.魏武峰主编:《2000 年的甘肃》,第 11 章执笔,甘肃人民出版社,1990 年。

4.陈宝生主编:《走向二十一世纪》,第六部分报告十《市场发育及计划与实仓结合形式的探索》执笔,中国经济出版社,1992 年。

5.党诚恩主编:《甘肃商业志》,第 16 章执笔,甘肃人民出版社,1993 年。

6.姚以农主编:《摆脱贫困之路探索》,第 8 章执笔,农业出版社,1993 年。

7.徐炳文主编、潘峰副主编:《河西走廊小康工程实施方略》,经济管理出版社,1996 年。

8.潘锋主编:《甘肃县域经济发展实证研究》,兰州大学出版社,2004 年。

9.潘锋主编:《甘肃工业中小企业发展研究》,甘肃人民出版社,2007 年。

《陇上学人文存》已出版书目

第一辑

《马　通卷》马亚萍编选　　　《支克坚卷》刘春生编选

《王沂暖卷》张广裕编选　　　《刘文英卷》孔　敏编选

《吴文翰卷》杨文德编选　　　《段文杰卷》杜琪　赵声良编选

《赵俪生卷》王玉祥编选　　　《赵逵夫卷》韩高年编选

《洪毅然卷》李　骅编选　　　《颜廷亮卷》巨　虹编选

第二辑

《史苇湘卷》马　德编选　　　《齐陈骏卷》买小英编选

《李秉德卷》李瑾瑜编选　　　《杨建新卷》杨文炯编选

《金宝祥卷》杨秀清编选　　　《郑　文卷》尹占华编选

《黄伯荣卷》马小萍编选　　　《郭晋稀卷》赵逵夫编选

《喻博文卷》颜华东编选　　　《穆纪光卷》孔　敏编选

第三辑

《刘让言卷》王尚寿编选　　　《刘家声卷》何　苑编选

《刘瑞明卷》马步升编选　　　《匡　扶卷》张　堡编选

《李鼎文卷》伏俊琏编选　　　《林径一卷》颜华东编选

《胡德海卷》张永祥编选　　　《彭　铎卷》韩高年编选

《樊锦诗卷》赵声良编选　　　《郝苏民卷》马东平编选

第四辑

《刘天怡卷》赵　伟编选　　《韩学本卷》孔　敏编选
《吴小美卷》魏韶华编选　　《初世宾卷》李勇锋编选
《张鸿勋卷》伏俊琏编选　　《陈　涌卷》郭国昌编选
《柯　杨卷》马步升编选　　《赵荫棠卷》周玉秀编选
《多识·洛桑图丹琼排卷》杨士宏编选
《才旦夏茸卷》杨士宏编选

第五辑

《丁汉儒卷》虎有泽编选　　《王步贵卷》孔　敏编选
《杨子明卷》史玉成编选　　《尤炳圻卷》李晓卫编选
《张文熊卷》李敬国编选　　《李　恭卷》莫　超编选
《郑汝中卷》马　德编选　　《陶景侃卷》颜华东　闫晓勇编选
《张学军卷》李朝东编选　　《刘光华卷》郝树声　侯宗辉编选

第六辑

《胡大浚卷》王志鹏编选　　《李国香卷》艾买提编选
《孙克恒卷》孙　强编选　　《范汉森卷》李君才　刘银军编选
《唐　祈卷》郭国昌编选　　《林家英卷》杨许波　庆振轩编选
《霍旭东卷》丁宏武编选　　《张孟伦卷》汪受宽　赵梅春编选
《李定仁卷》李瑾瑜编选　　《赛仓·罗桑华丹卷》丹　曲编选

第七辑

《常书鸿卷》杜　琪编选　　　　《李焰平卷》杨光祖编选
《华　侃卷》看本加编选　　　　《刘延寿卷》郝　军编选
《南国农卷》俞树煜编选　　　　《王尚寿卷》杨小兰编选
《叶　萌卷》李敬国编选　　　　《侯丕勋卷》黄正林　周　松编选
《周述实卷》常红军编选　　　　《毕可生卷》沈冯娟　易　林编选

第八辑

《李正宇卷》张先堂编选　　　　《武文军卷》韩晓东编选
《汪受宽卷》屈直敏编选　　　　《吴福熙卷》周玉秀编选
《蹇长春卷》李天保编选　　　　《张崇琛卷》王俊莲编选
《林　立卷》曹陇华编选　　　　《刘　敏卷》焦若水编选
《白玉岱卷》王光辉编选　　　　《李清凌卷》何玉红编选

第九辑

《李　蔚卷》姚兆余编选　　　　《郗慧民卷》戚晓萍编选
《任先行卷》胡　凯编选　　　　《何士骥卷》刘再聪编选
《王希隆卷》杨代成编选　　　　《李并成卷》巨　虹编选
《范　鹏卷》成兆文编选　　　　《包国宪卷》何文盛　王学军编选
《郑炳林卷》赵青山编选　　　　《马　德卷》买小英编选

第十辑

《王福生卷》孔　敏编选　　《刘进军卷》孙文鹏编选

《辛安亭卷》卫春回编选　　《邵国秀卷》肖学智　岳庆艳编选

《李含琳卷》邓生菊编选　　《李仲立卷》董积生　刘治立编选

《李黑虎卷》郝希亮编选　　《郭厚安卷》田　澍编选

《高新才卷》何　苑编选　　《蔡文浩卷》王思文编选

第十一辑

《伏耀祖卷》王晓芳编选　　《宁希元卷》戚晓萍编选

《施萍婷卷》王惠民编选　　《马曼丽卷》冯　瑞编选

《祝中熹卷》刘光华编选　　《安江林卷》陈润羊编选

《刘建丽卷》强文学编选　　《孙晓文卷》张　帆　马大晋编选

《潘　锋卷》马继民编选　　《陈泽奎卷》韩惠言编选